● 本书为全国教育科学"十三五"规划教育部重点课题项目"大陆高职与台湾地区技职院校创业教育非课程生态系统的比较研究"（课题批准号：DJA190349）的成果。

桐江学术丛书

高职院校创业生态系统 "能量范式" 重构研究

洪少春 著

厦门大学出版社 国家一级出版社
XIAMEN UNIVERSITY PRESS 全国百佳图书出版单位

图书在版编目(CIP)数据

高职院校创业生态系统"能量范式"重构研究 / 洪少春著. -- 厦门：厦门大学出版社，2024.7. --（桐江学术丛书）. -- ISBN 978-7-5615-9428-5

Ⅰ. G717.38

中国国家版本馆 CIP 数据核字第 20243HE528 号

责任编辑	江珏玙
美术编辑	李嘉彬
技术编辑	朱　楷

出版发行　厦门大学出版社

社　　　址	厦门市软件园二期望海路 39 号
邮政编码	361008
总　　机	0592-2181111　0592-2181406(传真)
营销中心	0592-2184458　0592-2181365
网　　址	http://www.xmupress.com
邮　　箱	xmup@xmupress.com
印　　刷	厦门集大印刷有限公司

开本	720 mm×1 020 mm　1/16
印张	18
插页	2
字数	260 千字
版次	2024 年 7 月第 1 版
印次	2024 年 7 月第 1 次印刷
定价	62.00 元

本书如有印装质量问题请直接寄承印厂调换

厦门大学出版社
微信二维码

厦门大学出版社
微博二维码

前　言

　　笔者从事大学生就业创业研究已经超过20年，一直在寻找一个全新且更符合大学生创业特点的研究角度。最近兴起的生态系统视角提供了一个全新的研究方向，有助于我们重新理解和解决大学生创业成功率不高的问题。创新创业教育必须融入高校人才培养全过程，已经逐渐成为教育界的共识，特别是在国家提出加快形成和发展新质生产力的形势下，"培养创新精神，强化创业意识，提升创新创业能力"，不是仅靠开设创业课程就可以实现的，而是需要高校全方位地进行创新创业的氛围营造、生态支持及素养沉浸。

　　通过广泛的调查和研究可知，创业教育的成效乃至大学生创业工作的推进，与课程因素、非课程（教育）因素两者虽都有关系，但与非课程因素的关系更密切。然而，融合在学校办学体系和广泛的内外部条件中的非课程因素，必须形成友好的系统生态才能发挥强大的整体效能。而生态系统理论是适用于高校大学生创业支持工作研究的创新系统理论，我们借此认为，如果要提升创业教育特别是大学生创业工作成效，工作重点应从"创业教育导向"向与"创业支持导向"融合的思路转变，并进而转变为以创业支持为主要策略的"创业生态系统"优化导向。我们依此思路申报全国教科规划教育部重点课题并获得立项。

　　笔者基于"大陆高职与台湾地区技职院校创业教育非课程生态系统比较研究"项目的成果《高校创业教育非课程生态系统创业支持导向优化及创

I

业辅导重构》,在本书中首先探讨非课程(教育)因素对高职院校大学生创业生态系统优化的意义,首次提出系统非课程因素的概念,构建了包括创业教育在内的以"创业支持"为导向的高校大学生创业生态系统理论。这一系统理论包含了创业教育生态系统理论在内,是创业教育生态系统理论的升级版。而从生态学角度来看,要促进生态系统的优化,需要系统外部的"能量输入"和系统内部的"能量流转",因此可以从"能量流动范式"(简称"能量范式")的角度去研究创业生态系统的优化问题。就此,本书基于能量范式提出创新的高校大学生创业生态系统模型,从维度、要素和主体三个层次进行结构分析和内涵阐释。

系统中最重要的参与主体是"政府"和"高校",其中政府主要是指地方政府,是责任主体,而高校是维护主体,因此,大学生创业生态系统优化思路主要包括两方面:

一方面是地方政府引导"能量输入"策略研究。根据能量范式,在创业生态系统模型理论中,地方政府是高校创业生态系统"能量输入"的责任主体,由此,我们在福建省进行了高职院校大学生创业生态系统调查,重点进行"能量输入"视角下地方政府主导作用发挥情况的调查,然后根据调查结果分析能量输入模式下的优化策略。我们还在调查中发现地方政府主导的高职学生创业服务体系要素方面存在很多不足,并重点进行创业服务要素的研究。

另一方面是学校创业支持生态维度优化策略研究。这方面我们提出了福建省高职院校学生整体创业生态维度的重构策略与实施路径。

在本书中,笔者从能量范式出发,以"能量流转"为主线,创新性地提出了"生态系统动态平衡需要能量输入""强大友好的创业生态系统创业主体和参与主体间能量需要充分流动"的观点,并据此提出能量范式重构思路:(1)政府主导方面:"能量输入"策略、创业服务支持要素重构两方面;(2)高校主导方面:"能量流转"导向下学校创业支持维度的要素重构。这些研究旨在为高职院校构建友好强大的创业生态系统，以及为政府建设高职院校创业生态系统发展需要的支持维度体系提供新的思路。

本书视角新颖独特，笔者本着严谨务实的态度进行撰写，不追求脱离实际的理论推导，而是脚踏实地地观测各个因素、要素及维度，在体现完整性的前提下，尽量突出重点、注重实践。但因为高职院校创业生态系统要素和体系本身非常松散，福建省高职院校数量多且实力较弱，所以难以用完美的系统理论来描述，这也是本书的不足和今后进一步研究需要解决的问题。

本书的完成，凝聚了无数的心血与汗水。撰写过程中，泉州师范学院分管副校长夏侯建斌，课题组核心成员方坪珍、叶世超、梁旭军、侯栋梁、张宇森等提供了大量的支持与协助，他们的辛勤付出使得本书得以顺利完成。同时，感谢所有为本书付出努力和作出贡献的人们，是你们的支持和帮助，让本书得以顺利完成并出版。

笔者衷心希望本书能够得到专家、学者和大学生创业者的关注与支持，希望本书能够为大学生创业支持生态系统理论的发展贡献一份力量，为更多的大学生创业者提供有益的指导和帮助。

最后，笔者深知自己的水平有限，书中难免存在疏漏或不足之处，恳请各位读者批评指正，并提出宝贵的意见和建议，笔者将虚心接受大家的意见和建议，不断完善和提升自己的研究水平，以期能够对支持创业的研究者、实施者以及有志于创业的大学生朋友们有所启发和帮助。如果本书能够为读者带来一些思考和启示，笔者将倍感荣幸。

洪少春

2023 年 12 月于福建泉州

目　录

第一部分　理论模型建构

第二部分 调查分析研究

第三部分 "能量范式"重构

第一部分　理论模型建构

第一章 绪 论

第一节 创业生态系统研究背景

一、创业生态系统研究的动态

创业生态系统的概念在学术界逐渐被认可和深化。创业生态系统的概念最早是由 Dunn、Cohen 和 Isenberg 等学者提出的。从 Dunn 到 Cohen 的论述中，我们可以看到这一概念的核心要素和演变过程。Dunn[1] 提出创业生态系统概念，但并未给出明确的定义，其观点更多的是在麻省理工学院的基础上，强调创业生态系统的存在及其重要性。虽然没有明确的定义，但从其文章中我们可以了解到，创业生态系统是一个复杂的网络环境，其中包含了许多相互关联、相互作用的要素和主体。而 Cohen[2] 则对创业生态系统进行了更为具体和详细的定义。他指出，创业生态系统是特定区域内相互作用的主体形成的群落。这些主体包括但不限于创业者、投资者、政府、教育机构、研究机构、中介机构等。这些主体之间通过相互合作、资源共享、信息

[1] DUNN K.The entrepreneurship ecosystem[J].MIT technology review,2005(9):23-25.
[2] COHEN B.Sustainable valley entrepreneurial ecosystems[J].Business strategy and the environment,2006,15(1):1-14.

传递等方式,共同支持和促进新创企业的创建和成长。创业生态系统的目标是实现可持续发展,创造社会和经济价值。

市场、政策、资金、人才、文化以及专业支持,被 Isenberg[1] 认为是创业生态系统的重要组成。林嵩[2]提出,创业生态系统是由新创企业及其赖以存在和发展的创业生态环境所构成的,是彼此依存、相互影响、共同发展的动态平衡系统。系统中的创业企业、投资机构、高校等主体和所处内外部软环境(例如政府政策、法律法规、社会文化),通过正式或非正式的联系来提升整体绩效。创业教育缘起于 Myles Mace(1947)在哈佛商学院针对 MBA 学生开设的一门课程,不过,由于受当时美国社会经济环境的制约,大企业垄断经济主流主体,创业困难,创业教育并没有得到广泛的关注和重视,后来的研究认为该课程侧重于新创事业过程的财务与组织管理。[3] 而创业教育生态系统(entrepreneurship education ecosystem)作为一个描述创业教育的新概念在我国由李凌己博士[4]提出,但他没有深入阐述创业教育生态系统的建构问题,后来的专家学者相应进行了一定的研究,华东师范大学的卓泽林、赵中建[5]对创业教育生态系统构成要素进行了一定的分析,浙江大学的郑刚、郭艳婷[6]以斯坦福大学为例,论述了世界一流大学如何打造创业教育生态系统,浙江大学的徐小洲、倪好[7]提出"深化体制机制改革是加快实施创新

① ISENBERG D J. The entrepreneurship ecosystem strategy as a new paradigm for economic policy:principles for cultivating entrepreneurship[R].Presentation at the institute of international and european affairs,2011.
② 林嵩.创业生态系统:概念发展与运行机制[J].中央财经大学学报,2011(4):58-62.
③ KATZ J A.The chronology and intellectual trajectory of American entrepreneurship education:1876-1999[J].Journal of Business Venturing,2003,18(2):283-300.
④ 李凌己.创业教育能否让学生满意[N].中国教育报,2010-05-24.
⑤ 卓泽林,赵中建.高水平大学创新创业教育[J].教育发展研究,2016(3):64-70.
⑥ 郑刚,郭艳婷.世界一流大学如何打造创业教育生态系统[J].比较教育研究,2014,9(296):25-30.
⑦ 徐小洲,倪好.面向2050:创新创业教育生态系统建设的愿景与策略[J].中国高教研究,2018(1):53-56,103.

驱动发展战略的内在要求",认为创业教育生态系统需要打通大学与校区周边区域协同发展的创业生态链,大学与社会中的各个参与主体是处于创业企业的生态链的上下游的关系,分析并提出大学生创业企业与地方商业界、政府、社区团体等具有"共生"的关系。由联合国教科文组织中国创业教育联盟、联合国教科文组织创业教育教席、浙江大学主办的"创业教育生态系统建设"国际研讨会暨联合国教科文组织中国创业教育联盟 2017 年会在浙江大学顺利召开,会上,美国社区学院创业协会主席 Rebecca A.Corbin 以美国社区学院创业协会案例为切入点,强调以生态系统思维为抓手来打造政府、高校、企业的合作伙伴关系,这是比较少的有关高职类学生创业生态系统较为系统的论述之一。东北师范大学刘海滨[①]对高校创业教育生态系统构建策略进行了一定的研究。臧玲玲和梅伟惠[②]对高校创业教育课程生态系统的生成逻辑与建设路径进行了分析。温州医科大学黄兆信和王志强[③]分析了高校创业教育生态系统的关键特征,从"知识生产—知识扩散—价值创造"的完整价值链分析了高校创业教育生态系统构建路径研究。吉林大学的蔡莉、彭秀青、Satish Nambisan、王玲[④]认为创业生态系统具有多样性、网络性、共生性、竞争性、自我维持性和区域性等六大特征。根据以上理论,创业生态系统可以理解为一个能够促进和支持创业主体得到政策制度、环境文化等外部支持,获取创业资源,拥有创业配套的办公环境、物流运输等支持的群落。

目前,创业生态系统理论在概念层面较为清晰,但总体还缺乏系统的深入分析和论述,而且高校创业生态系统研究多集中于"创业教育生态系统"

---

① 刘海滨.高校创业教育生态系统构建策略研究[J].中国高教研究,2018(2):42-47.

② 臧玲玲,梅伟惠.高校创业教育课程生态系统的生成逻辑与建设路径[J].华东师范大学学报(教育科学版),2019(1):23-29.

③ 黄兆信,王志强.高校创业教育生态系统构建路径研究[J].教育研究,2017(4):37-42.

④ 蔡莉,彭秀青,NAMBISAN S,等.创业生态系统研究回顾与展望[J].吉林大学社会科学学报,2016,56(1):5-15.

方面,而对基于创业支持与服务、创业环境氛围营造的"创业生态系统"的实证研究还不多,对高职院校相关的创业生态系统的论述更少。官方首次提出"大学生创新创业生态系统"的是教育部网站发布的《北京大学全方位构建大学生创新创业生态系统》一文①,但文中只是提出,并没有具体展开论述,后续也没有指导意见发布。

从创业教育生态系统理论来看,成熟高效的高职院校创业教育不仅需要高校本身的积极参与,更需要政府、非政府组织、企业、投资商、创业基金、校友会、中小学校各方的融合与参与,只有各种资源都共同参与到创业教育过程中来,相互促进并形成合力,创业教育才能够真正发挥积极的引领作用并产生实效。创业教育生态系统理应包含各种资源、网络和支持服务,为大学生创业提供宝贵的实践机会。在友好的创业教育生态系统中,大学生可以将在课堂上学到的理论知识应用到实际中,从而更好地理解和掌握创业的真谛。

高校大学生创业教育与高校大学生创业教育生态系统之间存在着相互促进的关系。这种关系不仅推动了创业教育的发展,也为创业教育生态系统注入了新的活力和创新力量。

一方面,高校大学生创业教育通过系统的课程和实践训练,培养了一批又一批具有创新思维和创业能力的大学生。这些优秀的在校大学生创业者毕业后,带着他们在创业教育中学到的知识和技能,以及独特的创新思想,投身于创业实践中。他们创办的企业和项目,不仅为市场带来了新的产品和服务,也为整个创业教育生态系统注入了新的活力。他们的成功故事和创业经验,又成为后来者的榜样和动力,进一步激发了更多大学生的创业热情。

① 北京大学.北京大学全方位构建大学生创新创业生态系统[EB/OL].(2016-08-02)[2020-03-20]. http://www. moe. gov. cn/jyb _ xwfb/s6192/s133/s134/201608/t20160802 _ 273669.html.

　　另一方面,友好的创业教育生态系统也为高校大学生创业教育提供了丰富的实践资源和教学案例。生态系统中的成功案例、失败教训、市场动态等信息,都可以作为创业教育的生动教材。这些实际案例可以帮助学生更好地理解和应对创业过程中的各种挑战,提升他们的创业素养和能力。同时,高校创业教育生态系统中的企业、投资者和创业导师等资源,也可以为高校创业教育提供实践机会和职业发展指导,帮助学生将理论知识与实践相结合,更好地培养他们的创新思维和创业精神。

　　这里的高校创业教育生态系统已经更多地体现为支持的特征,不该再用"创业教育生态系统"来定义,称为"创业支持生态系统"更为贴切,高校大学生创业教育已经成为这一支持生态系统的要素,并占据着核心地位。因此,如果从生态系统理论来研究高校大学生创业工作,应该重视并加强对"高校大学生创业生态系统"的研究,这里的"高校大学生创业生态系统"亦称为"大学生创业支持生态系统",当然,更准确的是"高校大学生创业生态系统",因为创业生态系统本身就是在"支持和促进"创业主体的创业导向下,提供完善的创业配套的硬件设施和软件服务的群落。

　　创业教育的泰斗、现代创业教育之父、美国百森商学院的 Jeffry Timmons 教授[①]认为:"创业过程是从开始就进行的连续寻求平衡的行为。创业过程依赖于机会、创业团队和资源这三个要素之间的匹配和平衡。"他认为创业过程是一个连续寻求平衡的行为,并强调了机会、创业团队和资源之间的匹配和平衡对于创业成功的重要性。可见,大学生创业具有很强的社会属性,不仅仅是个人的单独行为,而是需要得到各种要素资源支持的社会行为,对社会和国家的经济发展具有举足轻重的意义。

---

① TIMMONS J A.New venture creation:entrepreneurship for the 21st century[M].Boston, MA:Irwin McGraw-Hill,1994.

Dunn[①]认为创业生态系统可以培育高校校园创业精神,Brush[②]则指出基础性资源、核心活动和外部环境构成了大学创业生态系统。国内在公开文献中首个较为系统地论述"高校创业生态系统"的是西安电子科技大学的苟琳娜[③],她系统地分析了高校创业生态系统的结构、功能及运行机制,提出构建以创客生态圈为创业生态群落,以资源生态圈、环境系统为创业支撑环境的高校创业生态系统理论,并以西安电子科技大学为例进行实例研究,探寻了高校创业生态系统的运行机制。长春工业大学的张莹[④]对大学生创业中政府服务存在的问题进行分析,就构建服务型政府理念下的大学生创业生态系统的双向协作系统、支撑平台系统、组织保障系统、机制保障系统进行路径分析。易锐[⑤]也提出了构筑充满活力的高校创业生态系统的思路,但没有进行深入论述。

二、创业生态系统研究的依据

大学生创业过程从创业计划到融资获取再到创业运行,项目从初期发展到提升改善等各个环节,可以说各个阶段都需要良好的多要素、多层面联动创业生态系统的支持。通过生态系统中各创业主体、群落及支持环境等之间的能量流转,不断为创业主体注入动力,为创业行为注入活力,可以让创业主体的创业企业或者创业行为克服各种困难和不利因素,促进创业企业或者项目的可持续发展。而且创业者创业素养的提升也需要友好的创业生

---

① DUNN.The entrepreneurship ecosystem[J].MIT technology review,2005(9):23-35.
② BRUSH C G.Exploring the concept of an entrepreneurship education ecosystem[J].Advances in the study of entrepreneurship innovation & economic growth,2014,24:25-39.
③ 苟琳娜.高校创业生态系统运行机制与评价研究[D].西安:西安电子科技大学经济与管理学院,2017.
④ 张莹.服务型政府理念下的大学生创业生态系统构建[D].长春:长春工业大学,2017:9.
⑤ 易锐.构筑充满活力的高校创业生态系统[J].中国社会科学报,2018,21(10):1-2.

态系统来孕育。用"生态系统"理论来研究大学生创业支持体系及创业教育的有关问题，是个全新的研究模式和视角，总体来看，创业生态系统研究已经成为高等教育研究的一个重要领域。"能量流转"和"物质循环"是创业生态系统的两个重要观测点，我们选择其中的"能量流转"问题进行重点观测。

创业教育生态系统研究是解决我国高校创新创业教育和大学生自主创业工作推进效果不佳这一困境的创新路径，但它无法很好地解决创新创业教育如何服务于大学生自主创业工作推进的问题。从"创业教育"到"创业教育生态系统"是巨大的进步，而从"以创业教育为核心"的"创业教育生态系统"提法向"以创业支持为核心"的"大学生创业生态系统"提法的转变，体现了大学生创业教育推进工作从"加强创业教育导向"向"加强创业支持导向"的转变，是高校关于大学生创业工作的生态系统建构和支持导向的回归。

福建省属高职院校的创业教育工作近几年才全面铺开，创业教育力度还很薄弱，以非课程因素为主的高职院校大学生创业生态系统友好度偏低，措施和政策比较零散。目前我国学者对创业教育的研究主要集中于创业教育课程研究，集中于课程教育因素的研究，而对非课程因素的研究很少。

创业教育的成效乃至大学生创业工作的推进与非课程因素、课程因素两者虽都有关系，但与非课程因素的关系更大，然而非课程因素必须形成有效的高校大学生创业生态系统才能发挥强大的整体性作用。而福建省高职院校大学生创业意愿比较强烈，但创业教育及创业工作推进还不尽如人意，与福建省经济发展水平较高不相适应，因此，我们选择福建省高职院校为例，从生态系统角度，对高职院校大学生创业生态系统进行系统研究并提出优化和重构策略。

通过深入研究，我们可以明确福建省高职院校大学生创业生态系统在三个维度、十三个要素上的优劣势。针对福建省高职院校大学生创业生态系统存在的问题，我们提出具有实践意义的意见和建议，并据此重构思路，以期为福建省高职院校大学生创业生态系统的优化提供借鉴与参考。

本书将"支持与服务"为主要特征的"高校大学生创业生态系统"简称为"高校创业生态系统",在这一系统中,创业主体特指"大学生创业者及其创业企业"。

大学生创业支持体系的各个部分相辅相成、相互促进,共同作用于高校创业生态系统,为大学生创业提供政策、人力、信贷以及环境氛围等支持,决定着大学生创业成功率的高低。大学生创业的外部保障体系的主导者是地方政府,它通过各种政策和法规为大学生"双创"乃至"三创"提供政策红利、保障和动力支持。高校为大学生提供"双创"校内资源,负责创新型、创业型人才培养的实施。社会和企业是推动大学生创业的强大动力,是外部"能量输入"的参与者和促进者,它们不仅为大学生创业者们提供技术支持、项目孵化、资金帮扶,还为大学生创业营造出一种敢闯敢拼的外部创业氛围环境。总之,如果能站在一个整体有序运行的视角对大学生创业生态系统进行研究,那么,大学生创业工作的研究将可能步入一个全新的阶段。①

想要解决高职院校创业教育质量低、支持大学生自主创业力度不够与高职学生创业意愿高不匹配等问题,就需要在"大学生创业支持"导向下进行大学生创业生态系统的重构。而创业生态系统是由多种参与主体(包括创业者、创业企业及相关组织和机构)及其所处的制度、市场、文化和基础设施、自然环境等通过交互作用形成的有机整体,致力于提高区域创业活动水平(即创业企业数量和创业成功率等)。② 创业生态系统是以企业家精神和创新人才为引导,通过创新的知识溢出效应来实现衍生经济的活跃及发展,构成以创业企业家群体为核心的系统。③ 创业生态系统具有多样性、网络

---

① 杨敏."大众创业、万众创新"背景下大学生创业支持体系的构建[J].中国石油大学学报(社会科学版),2017(6):5-5.
② 蔡莉,彭秀青,NAMBISAN S,等.创业生态系统研究回顾与展望[J].吉林大学社会科学学报,2016,56(1):5-15.
③ 滕堂伟.创业生态系统研究的知识基础与前沿重点[J].管理世界,2017(9):184-185.

性、共生性、动态性、自我维持性和区域性六大特征,[①]而"动态平衡"是根本保证,对创业者友好是创建目标。在我国政府主导型社会下,在大学生创业生态系统中,地方政府是责任主体,高校是维护主体,大学生创业者及创业企业是系统主体。

三、检索结果及研究意义

通过对 CNKI(知网)、万方、维普全文数据库进行检索,列出"高校创业生态系统""大学创业生态系统""院校创业生态系统""创业生态系统""高职""两岸""闽台""非课程因素"等 8 种检索组合,得到检索结果如表 1-1 所示。其中篇名含"高校创业生态系统""大学生创业生态系统""院校创业生态系统"的论文,CNKI 有 33 篇,万方有 366 篇,维普有 227 篇;篇名含"高职""创业生态系统"的论文,CNKI 有 13 篇,万方有 49 篇,维普有 28 篇;篇名含"创业生态系统""两岸"的论文只找到 1 篇,为 2014 年杨德斌发表在《中国科技产业》上的《科技创业生态系统的重要因素》。用篇名含"创业生态系统"与"闽台","创业生态系统"与"非课程因素","高职"、"创业生态系统"与"非课程因素","高职"、"创业生态系统"与"闽台","创业生态系统"、"闽台"与"能量"分别对三大数据库进行检索,相关论文的数量都是 0。

表 1-1　高职院校创业生态系统研究方向国内文献检索结果

序号	关键词	CNKI	万方	维普
1	"高校创业生态系统"或"大学创业生态系统"或"院校创业生态系统"	33	366	227
2	"高职"与"创业生态系统"	13	49	28

---

① 蔡莉,彭秀青,SATISH N,等.创业生态系统研究回顾与展望[J].吉林大学社会科学学报,2016,56(1):5-15.

续表

序号	关键词	CNKI	万方	维普
3	"创业生态系统"与"两岸"	1	1	1
4	"创业生态系统"与"闽台"	0	0	0
5	"创业生态系统"与"非课程因素"	0	0	0
6	"高职"、"创业生态系统"与"非课程因素"	0	0	0
7	"高职"、"创业生态系统"与"闽台"	0	0	0
8	"创业生态系统"、"闽台"与"能量"	0	0	0

数据来源：2021年9月的检索数据。

我们查阅了大量的研究文献，发现已经有很多专家学者关注大学生创业问题，也有很多专家学者关注创业生态系统研究，但国内的专家学者主要把研究目光聚焦在政策体系、法律法规等方面，用创业生态系统理论来研究高校大学生创业问题则还处于起步的初级阶段，系统模型建立思路分歧还比较多，远未达到成熟阶段。此外，高职院校创业教育课程生态系统研究是热点，而且对课程体系生态系统的研究相对比较成熟，但对以非课程因素为主的高职大学生创业生态系统的研究则基本没有。

另外，从"能量"角度进行创业生态系统的研究还没有，从"能量"角度来研究创业生态系统是一个新颖且富有潜力的研究方向。进一步分析发现，已有研究多停留在宏观整体层面，针对创业生态系统微观领域的比较少，从"能量范式"视角来研究高校创业生态系统的目前还没有，采用"非课程因素"体系为主的视角来研究高校创业生态系统的也没有。因此本书的探索在一定程度上能够填补国内研究的空白，对福建省高职院校提升创业生态系统的友好度、推进高职大学生创业工作的开展具有积极作用。

第二节 创业生态系统相关概念解析及关系分析

一、创业教育的缘起

《2017 年全球创业指数》[①]依据创业态度、创业能力和创业愿望等三大指标的 14 项子指标,对全球遴选出来进行观测的 137 个国家和地区的创业环境进行分析和评估,指出在创新驱动的经济体中,创业生态系统总体上最为强大。该报告提供了关于全球创业环境的深入洞察,不仅揭示了各个国家和地区的创业态度、创业能力和创业愿望的差异,还展示了中国在全球创业舞台上的位置和角色。在全球所有被观测国家及地区中,冰岛、美国和芬兰是创业态度的前三名,丹麦、美国和瑞士是创业能力的前三名,美国、瑞士和加拿大是创业愿望的前三名,中国的企业家态度排名第 67 位、企业家能力排名第 66 位、企业家愿望排名第 32 位。作为发展中国家和金砖国家的重要成员,中国在全球创业指数中排在第 48 位,在金砖国家中排名第一。我国唯一评分低于 4.0 分的项目是在学校阶段的创业教育。这说明在我国,学校阶段包括高等教育的创业教育都存在不足,整体需要提高。

2020 年 12 月 9 日,世界知识产权组织与欧洲工商管理学院等在日内瓦联合发布了主题为"谁为创新出资?"的《2020 年全球创新指数》报告,中国以53.28 分的全球创新指数,在 131 个参与经济体中排名第 14 位,是唯一进入全球创新指数前 30 名的中等收入经济体。但学校阶段的创业教育还是有

① Global Entrepreneurship Development Institute(GEDI). Global Entrepreneurship Index Report 2017[R].GEDI,2018.

待进一步提升,特别是高职院校的大学生创业虽然数量比较多,但水平却比较低。中国已经初步确立了作为全球创新领先者的地位,在专利、实用新型、商标、工业品外观设计申请量和创意产品出口等重要指标上均名列前茅。中国有 17 个区域进入全球创新集群百强,相较于 2017 年增加了 10 个,表明我国区域创新集群数量和质量正快速提升。① 当然,如果中国要进一步提升整体的创新优势地位,那么作为人才培养的主阵地,包括高职院校在内的广大高校创新创业支持环境也需要进行提升,以提升大学生参与创业的积极性和创业质量。

2018 年 9 月 10 日,全国教育大会在北京召开,标志着中国教育进入了现代化建设的新阶段,开启了加快教育现代化的新征程。大会提出,要把创新创业教育贯穿于高校人才培养的全过程,坚持面向全体、结合专业、强化实践,强化创新创业课程体系、教学方法、实践训练、教师队伍等关键领域改革和建设,持续办好"互联网＋"大学生创新创业大赛,努力实现以赛促教、促学、促改的人才培养改革目标。②

联合国教科文组织 2015 年发布的《反思教育:向"全球共同利益"的理念转变?》(Rethinking Education:Towards a Global Common Good)报告中强调,世界正在变化,教育也必须改变。世界各地的社会正在发生深刻的变化,这需要新的教育形式以及新的创业教育,以发展当今和未来社会和经济所需的能力。③ 高等学校大学生创业教育工作更需要改变,大学生创业教育及大学生创业支持工作不仅需要高校自身各部门的全方位参与,还需要来自政府、非政府组织、企业、投资商、创业基金、校友会等的资源支持,调动各

---

① 刘垠,操秀英.全球创新指数 2020 出炉! 中国排名保持第 14 位[N].科技日报,2020-09-03.

② 林蕙青.努力实现新时代高校人才培养新作为[EB/OL].(2018-10-26)[2024-03-26]. http://www.moe.gov.cn/jyb_xwfb/moe_176/201810/t20181026_352793.html.

③ 安俊达,李莲英.大学生创业的社会支持路径研究[J].中国大学生就业,2016(16):39-41.

种资源形成有效的支持体系来支撑大学生创业工作,才能使得课程因素与非课程因素形成合力,切实推动大学生创业的有效开展,加强对非课程因素的重视更为迫切。

二、高校大学生创业支持导向研究视角的提出

高校关于创业的工作主要有两方面:一是创业教育,二是大学生创业工作。随着时代的发展和创新创业浪潮的到来,大学生创业已成为推动社会进步和经济发展的重要力量。过去,我国高校关于创业工作的重点放在创业教育的实施上,这是为了培养学生的创业意识和创业能力。然而,在新时代背景下,仅仅提供创业教育已经不能满足社会的需求,更需要实际支持大学生创业,让他们能够将学到的创业教育知识和技能应用到实践中去。

"促进大学生自主创业工作"与"统筹做好高校创新创业教育",前者是后者的延伸和实践,只有通过自主创业,学生才能真正将所学的创业知识和技能转化为经济价值和社会价值。同时,成功的创业案例又能反过来促进创业教育的发展,为教育内容提供实践经验的支撑。"促进大学生自主创业工作"已经与"统筹做好高校创新创业教育"相提并论甚至更为迫切。而高校大学生创业的支持体系,如果从"支持体系"角度来看待,包括三个重要组成部分:学校支持体系、政府支持体系、社会支持体系。而政府支持体系、社会支持体系必须通过学校支持体系发挥作用,其中政府支持体系是主导,最终目标是实现高校整体创业支持体系的建设。高校大学生创业的学校支持体系建设包括课程系统建设、制度体系建设、实践体系建设、师资体系建设和组织体系建设等五个方面,而校外各种政府职能部门、社会、企业、商会、基金会和创投组织等会通过各种形式影响学校支持体系建设。其中的制度体系建设、实践体系建设和组织体系建设,以及师资体系建设中的辅导孵化体系,属于非课程因素支持体系,如图 1-1 所示。

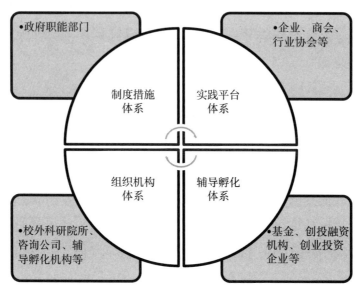

图 1-1　高校非课程因素支持体系组成

三、创业与创新、创造的关系思辨

创业与创新、创造是一个辩证统一体,高校的创业教育必须既抓创业又抓创新,创新驱动人类进步,仅抓创业不抓创新,创业教育就会失去生机和活力;仅抓创新不抓创业,创业教育就会失去土壤和根基。[①]

作为大学生,创业前期需要有创新意识,创业中间需要有创新思维,才能使创立的事业具有创新品质,并推动社会经济文化的发展,也才能在瞬息万变的市场外部环境中立足并壮大。从这个角度来看,创新是大学生创业者创业成功的核心所在。

习近平总书记对中小企业、年轻人发展给予了特别的关注,要求"为中小企业、年轻人发展提供有利条件""要营造有利于创新创业创造的良好

---

① 蒋德勤,许正宏.创业教育的四个关系[N].光明日报,2012-02-01.

发展环境。要向改革开放要动力,最大限度释放全社会创新创业创造动能,不断增强我国在世界大变局中的影响力、竞争力"①。以上重要讲话表明,党和国家十分重视推进支持创新创业创造的外部良好"发展环境",而且创业是和创新、创造相互紧密联系的,国家治理中需要着力解决影响创新、创业、创造的"体制机制"问题。因此,大学生创业生态环境这一研究方向是符合国家发展战略的。而培养包括高校大学生在内的青年人的创造力是教育的主要目标之一,未来的社会需要更多的创造型人才,创造力和智力是不同的范畴,智力教育不能代替创造教育。②"创新""创业"通常成对出现,比如由科技部、财政部、教育部、国家网信办和中华全国工商业联合会等共同指导举办的一项以"科技创新,成就大业"为主题的著名全国性创业比赛就叫中国创新创业大赛。创业与创新、创造三者是紧密联系的,因此本书中的"创业"一词包含"创新"和"创造"的意思。

四、创业支持导向"非课程因素"的提出

大学生创业学校支持体系非课程因素是指高校内部保证创业教育顺利有效开展并支持大学生创业的各种制度措施、保障条件和实践平台等因素的有机集合。

目前,我国学界特别是创业就业指导上对大学生创业素养问题在学校层面的研究主要集中于创业教育研究,对非课程因素的研究很少,对非课程因素为主构成的创业支持体系研究更少。事实上,创业教育的根本目标应该包括多个方面。一是培养学生的创新创业精神。由于创新和创业需要面对新鲜事物,因此其核心是突破常规思维、探索新方法。二是提高大学生创

---

① 张敏彦.在福建团,习近平提出这些殷切希望[EB/OL].(2019-03-11)[2022-03-11].
https://www.moj.gov.cn/pub/sfbgw/gwxw/ttxg/201903/t20190311_166891.html.
② 鲍亮亮,聂扬飞,汪国梁,等.在营造良好发展环境上再创佳绩[N].安徽日报,2019-03-11.

新创业的能力和水平,尤其是培养学生独立处理事务特别是难题的能力。三是提高大学生创业的成功率和质量。

马克思说过:"人创造环境,同样环境也创造人。"比如硅谷(Silicon Valley)、奥斯汀(Austin)、麻州 128 号公路(Route 128)、冰岛等创业者聚集之地,早在创业课程之前,就有良好的创业生态环境。那些应运而生的创业,首先是由于接触到了客户及可用的人才,以及获得了资金。[①] 所以,在具有职业性、应用性特点的高职院校中,大学生创业工作应该从两个方面去推进:一是加强创业教育,二是支持大学生创业。目前高校中最薄弱的是大学生创业支持系统的构建,学校要根据社会对人才的需求,改革和创新教学内容和教学模式,把更多的创业知识传授给大学生,并更加注重通过实践教学、案例教学等方式培养大学生的创业技能。高校和地方政府应积极拓展渠道,通过设立大学生创业基金、共同创业基金等,为大学生自主创业提供优惠、便利的资金支持;同时,通过培训财务知识和技能、提供财务顾问等,帮助大学生做好创业企业的财务管理工作,提高企业资金使用效率。[②] 政府、学校、企业和社会各界应搭建相应的创业服务平台,提供政策、法律和咨询等配套服务,形成鼓励和支持大学生创业的合力[③]。当然此处阐述的实施路径还是比较粗浅的,笔者将进行较为深入的系统探索。

与其他创业群体相比,大学生创业者群体具有一定的特殊性。而支持和推动大学生创业的高校创业支持生态非课程因素不是一个独立的体系,而是融合在高校的整体管理教育体系当中的,与课程因素一起作为高校内部的创业促进因素,推动高校的创业教育和大学生创业实践工作的开展。

---

① 马林.什么是真正的创业生态系统?[EB/OL].(2014-11-22)[2022-03-11].https://www.12reads.cn/26136.html.

② 何星舟.大学生创业教育社会支持网络构建思考[J].高等工程教育研究,2016(4):90-95.

③ 胡永青.理论:如何提高大学生创业成功率[N].人民日报,2013-12-11.

第三节　大学生创业教育及创业工作困境分析

一、传统授课式创业教育模式在创业推进上具有局限性

传统授课式创业教育模式对高职院校大学生创业工作的有效实施确实产生了不小的影响,这在福建省高职院校的创业教育中也有所体现,但其在实际工作中也面临诸多挑战。以下从福建省高职院校的创业教育情况出发,对传统授课式创业教育模式带来的挑战进行具体分析。

(一)传统创业授课模式的局限性

传统授课模式在创业教育中显得力不从心。这种以教师为中心的教学方式,往往注重知识的单向传授,而忽视了学生的主体地位和实际需求。在福建省高职院校的创业教育中,这种局限性表现为:

(1)学生缺乏实践机会。在传统授课模式下,学生很少有机会亲身参与创业实践,难以真正理解和掌握创业的精髓。

(2)创新思维受限。由于教学方式单一,学生的创新思维和想象力受到限制,难以培养出具有创新精神的创业者。

(二)创业教育学科定位的偏差

在福建省高职院校中,创业教育的学科定位存在一定的偏差。具体来说:

(1)创业教育被边缘化。一些高职院校将创业教育视为附带课程或选修课程,没有给予足够的重视和资源投入。

(2)课程设置不合理。部分高职院校的创业教育课程设置过于单一或

缺乏针对性,无法满足不同专业、不同层次学生的需求。

（三）创业教育实践环节的缺失

实践环节的缺失是福建省高职院校创业教育中存在的一个突出问题。由于缺乏实践机会和指导,学生往往难以将理论知识转化为实际操作能力,这种缺失对学生创业能力的提升和创业教育的实际效果产生了负面影响。调查中我们发现,有些高职院校尽管开设了创业教育课程,但由于缺乏实践环节,学生在课程结束后仍感到迷茫和无助,不知道如何将所学知识应用到实际创业中去。

综上所述,传统授课式创业教育模式在有效推进高职院校大学生创业时面临诸多挑战,这也从一定程度上折射出我国高职院校在推进大学生创业方面所面临的共同挑战。为了克服这些挑战,需要积极探索新的创业教育模式,并采用新的研究视角去看待创业教育,注重实践环节的设置和指导,以有效提高学生的创业能力和创新精神并支持其创业实践。

二、创业生态系统建设尚未融入院校整体育人体系

在我国高职院校中,构建大学生创业生态系统尚未成为一种深入人心的教育理念。目前,它大多作为创业教育的一部分存在,而未能真正与学校的整体教育理念和育人体系相融合。这导致创业教育与院校其他教育环节脱节,没有形成一个相辅相成、有机融合的创业支持生态系统。创业教育应该是一个综合性的教育过程,它涉及创新思维、商业模式、市场营销、财务管理、团队协作等多个方面,然而,现实中高职院校的创业教育往往局限于课堂教学和理论知识的传授,缺乏与其他学科和实践活动的有机结合。

为了构建一个完善的创业生态系统,高职院校需要将创业教育融入整体育人体系,实现创业教育与其他教育环节的有机融合,包括与专业课程的

结合、实践活动的丰富、校企合作的深化以及创业文化的培育等。高职院校应积极推动创业教育与整体育人体系的融合,构建一个完善的创业生态系统,从而更有效地培养学生的创业能力和创新精神。

三、大学生创业外部生态支持环境有待进一步改善

近年来,大学生创业比例有所提高,高职院校大学生的创业意愿比其他层次高校大学生的创业意愿更为强烈,但高职院校大学生的创业成功率还是比较低。高职院校大学生创业的外部总体生态支持环境还比较差,在高校、社会和政府三个层面上都存在一定的不足。在政府政策层面存在鼓励政策大多缺乏操作层面的实施细则,优惠措施在实践中很难落实,覆盖面不够广,各项政策的"优惠"、减税业务流程繁杂,大学生创业融资困难等等不足。另外,社会公众和学生家长对于大学生自主创业也没有真正形成共识,大学生创业风险较大。

四、支持大学生创业工作在高职院校还没有得到应有的重视

目前高职院校管理层还没有很好地从"支持体系"的角度看待高校大学生创业支持体系的建设,支持大学生创业工作对高职院校的人才培养目标、教学方式、教学内容、考核内容与考核方式都提出了新的更高的要求,但传统教育弊端制约着大学生创业工作的推进。

由于我国高校创业教育和大学生创业工作尚处于初始阶段,创业支持基础比较薄弱,创业生态系统理论研究尚处于起步阶段,大力开展创业支持生态建设势在必行。要建设完善的创业支持生态系统,理论须先行,创业生态系统理论建构是一个重要的工作。因此,我们有必要加强对高职院校(大学生)创业生态系统的研究,并以福建省为例,进行"大学生创业支持"导向

下大学生创业生态系统重构策略的研究。

第四节　高职院校创业生态系统重构的研究设计

一、研究思路

本书的研究主体是"大学生创业支持"导向下的高职院校创业生态系统重构策略。而高职院校创业生态系统主要由高校、社会和政府三个层面构成,其中高校层面包括非课程因素体系和课程因素体系,非课程因素在前人的研究中经常被忽视,也是最重要的,本书将首先探讨非课程(教育)因素对高职院校大学生创业生态系统优化的意义,首次提出高职院校创业生态系统非课程因素体系的概念。

此外,高校、社会和政府三个层面的重构需要理论支持,需要先进行理论建模。

从生态学角度来看,要促进生态系统的优化,需要系统外部的"能量输入"和系统内部的"能量流转",因此,我们可以从能量范式角度去研究创业生态系统的优化问题。能量范式就是能量流动假设的研究方法、角度、视野、参考框架,范式(paradigm)的概念由美国著名科学哲学家托马斯·库恩(Thomas Kuhn)[①]提出。

就此,我们首次基于能量范式(包括能量输入和能量流转)提出新型的高职院校创业生态系统模型,从维度、要素和主体三个层次进行系统的组织结构分析和理论模型建构,从而进行内涵阐释以及构成要素和运行机制的

---

① 　托马斯·库恩.科学革命的结构[M].2版.北京:北京大学出版社,2012.

分析。

在这个系统模型中,最重要的主体是"政府"和"高校",其中政府主要是地方政府,是系统的责任主体,高校是维护主体,两者共同推动着创业生态系统的良性发展。按照这样的思路,本书提出了高职院校创业生态系统的具体优化思路,主要有两方面:一是地方政府主导的外部"能量输入"策略;二是高职院校主导的学校创业支持生态维度优化策略。

1.地方政府"能量输入"策略研究方面

根据"能量范式"创业生态系统模型理论,地方政府是高职院校创业生态系统的"能量输入"的责任主体,由此,我们在福建省进行了高职院校大学生创业生态系统抽样调查,并重点进行"能量输入"视角下地方政府主导作用发挥情况的调查,然后根据调查结果得到能量输入模式下的优化策略。调查发现,地方政府主导的高职学生创业服务要素方面存在很多不足,而创业服务生态提升对高职院校创业生态系统重构非常重要,因此,我们就创业服务要素单独进行了研究。

2.学校创业生态维度优化策略研究方面

我们选择福建省创业教育比较薄弱的高职院校为研究对象,同时进行福建高职院校创业生态系统调查,然后根据调查结果,结合福建省的实际,提出福建省高职院校创业生态系统的重构策略与实施路径。

因此,本书的主要研究对象是福建省高职院校创业生态系统。据此,本书提出"两方面三路径"的能量范式重构思路:

(1)政府主导方面:"能量输入"策略、创业服务支持要素重构策略;

(2)高校主导方面:"能量流转"导向下学校创业支持维度的要素重构策略。

二、研究框架

按照以上思路,本书研究框架如图 1-2 所示。

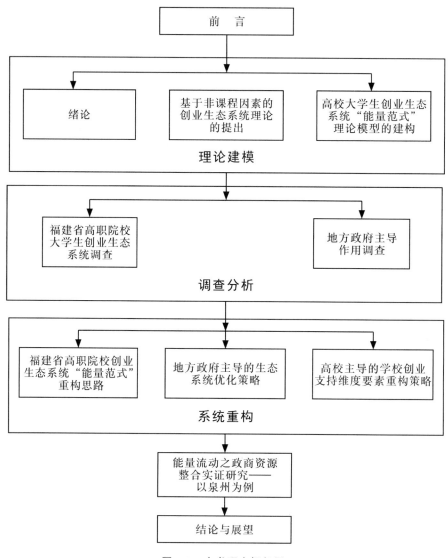

图 1-2　本书研究框架图

第一部分:理论建模建构。

其中,第一章主要进行研究背景分析、学术研究梳理、我国高职院校大学生创业工作的困境分析,并提出本书的学术价值及应用价值。第二章对"非课程因素""高校创业生态系统"这两个核心概念进行界定和分析,提出非课程因素与课程因素的融合方法。第三章进行大学生创业生态系统"能量范式"理论模型的建构,主要进行组织结构模型创建和创业生态系统建模,并且在这一创新理论模型的指导下得出"能量范式"视角下高校大学生创业生态系统的优化策略。

第二部分:调查分析研究。

本部分进行福建省高职院校创业生态系统调查,以了解当前福建省高职院校在社会创业环境生态维度、政府创业支持生态维度和学校创业支持生态维度等三方面维度的现状,为进一步优化福建省高职院校的创业生态系统提供依据。还进行了闽台高职(技职)院校的对比调查,限于篇幅和本书体系的限制,这一部分内容放在其他成果中呈现。

第三部分:"能量范式"重构。

本部分围绕福建省高职院校创业生态系统"能量范式"系统重构展开,提出福建省高职院校创业生态系统重构的"两个方面、三条路径"思路,最后选择在福建省高职院校最为集中且截至 2024 年 3 月拥有福建省唯一高职本科的泉州市进行典型地市研究,进行地级市属高职院校创业生态系统利用校外政商资源进行"能量范式"重构的实施研究,并用研究成果帮助相关学校设计了创业生态系统提升方案,进行实践并取得初步成效。

三、研究方法

本书的研究采用文献资料法、在线调查法和调查分析法等。

第五节　高职院校创业生态系统重构的研究意义

一、首次尝试高职创业生态系统非课程因素体系的系统研究

从系统论的视角来看，大学生创业生态系统包括若干子系统，也包括以下三个体系：学校创业教育生态体系、社会创业环境生态体系、政府创业支持生态体系。学校创业教育生态体系包括课程因素子体系和非课程因素子体系，学校创业教育生态体系建设包括课程体系建设、组织体系建设、制度体系建设、实践体系建设和导师体系建设等五个方面。非课程因素方面的建设是我们的研究重点，课程因素体系方面我们重点研究其"非课程化""模块化"重构思路，非课程因素方面是高校内部能够保证创业教育顺利有效开展的各种制度措施、条件保障和平台等的集合。

（一）学术价值

1.尝试填补研究空白

目前，大多数研究主要集中于大学生创业课程支持体系，而对非课程因素生态体系的研究相对较少。本书旨在填补这一研究空白，为高职创业教育提供更全面的理论支持。

2.丰富创业教育理论

通过深入研究非课程因素，如制度措施、条件保障和平台等，本书有助于完善和发展创业教育的理论体系，为创业教育实践提供更科学的指导。

3.拓展系统论在创业教育中的应用

从系统论的视角出发，将大学生创业生态系统划分为若干个子系统，包

括学校创业教育生态体系、社会创业环境生态体系、政府创业支持生态体系等,这种划分方式有助于更全面地理解创业教育的复杂性和系统性。

(二)应用价值

1.指导高职院校创业教育实践

通过系统研究高职创业生态系统的非课程因素体系,本书可以为高职院校提供具体的创业教育实践指导,帮助院校更有效地开展创业教育。

2.提升大学生创业能力

优化非课程因素体系有助于提升大学生的创业能力。例如,完善的制度措施和条件保障可以为学生提供更好的创业环境和资源支持,从而提高他们的创业成功率。

3.推动创业教育模式"升级"创新

本书提出的非课程因素体系重构思路可以推动高职院校创业教育的创新。通过"非课程化""模块化"重构,使创业教育转型提升并更加符合学生的实际需求和社会的发展趋势。

二、首次提出能量范式的高校创业生态系统并尝试系统论述

在深入研究高职院校创业生态系统的过程中,本书首次提出了基于能量范式的创业生态系统模型,并尝试对其进行系统的论述。在能量范式模型理论中,高校大学生创业生态系统是一个动态平衡的系统,其组织结构及运行模式需要强有力的外部"能量输入"及内生"能量流转"。其中,外部"能量输入"策略是:政策红利和非物质的资源(包括支持措施)"输入";高职院校促进"能量流转"策略是:学校大学生创业支持生态维度优化。这一模型的提出和应用,不仅具有深远的学术价值,同时也为高校创业教育的实践提供了有力的生态系统理论支撑和应用指导。

（一）学术价值

1.理论创新

本书首次将能量范式的理论引入高校创业生态系统的研究中，这是一种全新的理论尝试。通过构建基于能量范式的创业生态系统模型，为"高校创业教育和大学生创业支持、大学生创业工作"三者的有效结合提供了新的理论视角和分析工具。

2.系统论述

本书不仅提出了能量范式的创业生态系统模型，还对其进行了系统的论述。通过详细阐述该系统的组织结构、运行模式以及动态平衡机制，使得这一模型更加完整和严谨，为后续研究提供了坚实的理论基础。

3.跨学科融合

本书融合了生态学、系统论、社会学和创业教育等多个学科的理论知识，通过跨学科的研究方法，推动了不同学科之间的交流与融合，为高校创业教育的研究注入了新的活力。

（二）应用价值

1.指导学生创业实践

基于能量范式的创业生态系统模型不仅具有理论价值，更具有实践指导意义。通过该模型，高职院校可以更加清晰地认识到创业生态系统的运行机制和关键要素，从而有针对性地制定创业教育政策和措施。

2.优化支持资源配置

该模型强调外部"能量输入"和内部"能量流转"的重要性，有助于高职院校更加合理地配置资源，提高资源的利用效率。通过政府、高职院校和社会三方共同发力并优化资源配置，可以进一步提升高职院校的大学生创业生态水平，培养出更多具有创新创业精神的人才。

3.推动创业教育发展

本书的应用价值还体现在推动创新创业发展方面。通过构建和完善基于能量范式的创业生态系统,可以激发高职学生的创新意识和创业热情,培养他们的创业能力,进而推动整个社会的创新创业发展并激发经济发展的内生动力,解决大学生的就业困难。

三、为解决福建高职院校学生创业教育效果不佳探索新路径

针对福建省高职院校学生创业教育效果不佳的问题,本书基于能量范式的创业生态系统重构提供了一种新的解决思路。

(一)现状分析

地处沿海的福建省高职大学生创业意愿高于其他类别的高校毕业生,也高于全国平均水平,但根据福建省内部发布的就业质量报告、高职院校就业创业的统计及本书的调查数据,发现福建省高职院校实际创业率低于全国平均水平。[①] 福建省的高职创业教育起步较晚,发展水平较低,总体来说尚处于起步及初步发展阶段,相当部分的高职院校缺乏鼓励创业的氛围,缺少配套的激励政策,设立创业孵化基地极少,高职院校大学生创业支持工作不受重视,生态系统总体水平远落后于其他类别的高校。

(二)具体思路

1.构建优化的创业生态系统

通过构建创业生态系统,将创业教育融入高职院校的整体大学生创业支持生态系统中。这个生态系统应该包括政策支持、创业培训、项目孵化、资源整合等多个环节,涵盖政策支持、教育资源、实践平台等多个维度,具有地方特色,形成一个闭环的良性循环。

---

① 福建省 2019 年高校毕业生就业质量报告[R].福建省教育厅,2020.

2.政策支持以促进能量输入

政府和学校应出台相关政策,鼓励和支持高职学生创业。例如,提供创业资金、减免税收、简化注册流程等优惠政策,降低创业门槛和风险。支持创业支持与资源向系统创业主体流动并转化为新的能量形式——"大学生创业能力与素养"。

3.氛围营造以促进能量流转

营造积极的创业氛围,鼓励学生尝试、探索和创新。学校可以定期举办创业讲座、创业比赛等活动,加强创业成功的案例宣传,为学生提供榜样和动力,激发学生的创业热情和创新思维。

4.建立创业孵化基地和项目库

高职院校应设立创业孵化基地,为学生提供实践平台和资源整合的机会。孵化基地可以提供办公场地、设备支持以及项目对接等服务,帮助学生将创业想法转化为实际项目。

建立项目库,收集并筛选有潜力的创业项目,为学生提供更多的选择和参考。同时,学校可以邀请企业家、投资人等担任导师,为学生提供指导和帮助。

5.优化创业教育课程设置

结合福建省的实际情况和高职学生的特点,设计更具针对性和实用性的创业教育课程,注重培养学生的创新思维和创业能力。高职院校应完善创业教育课程体系,注重理论与实践相结合。通过案例分析、模拟实战等方式,提高学生的创业实战能力。

6.加强创业师资队伍建设

邀请具有创业实战经验的企业家或投资人担任客座教授或讲师,为学生提供更贴近实际的指导和建议。

7.建立学生创业实践平台

高职院校应加强与企业、行业的合作,建立创业教育实践基地或孵化器,为学生提供实践机会和资源支持,帮助他们将创业想法转化为实际项目。

8.建立有效的评估反馈机制

一是建立创业教育质量评估体系,定期对创业教育效果进行评估和总结。根据评估结果及时调整教育内容和方式,确保创业教育的针对性和实效性。

二是建立学生创业情况反馈机制,及时了解学生的创业进展和困难。学校可以提供必要的支持和帮助,确保学生的创业项目能够顺利进行并取得成功。

第二章 基于非课程因素的创业生态系统理论的提出

第一节 核心概念"非课程(教育)因素"的界定

一、"非课程(教育)因素"概念的提出

什么是非课程(教育)因素呢?笔者认为,非课程(教育)因素指的是那些在学校培养学生能力和素质的过程中,除了传统课堂教学之外的非系统训练,包括班团活动、组织机制、奖励措施、人文氛围、支持措施和实习实践等。非课程(教育)因素在学校培养学生能力和素质的过程中起着不可或缺的作用。它们与课程(教育)因素相互补充、相互促进,共同构成了学生全面发展的教育环境。

(一)非课程因素体系的重要性

(1)创业实践和模拟机会:真实的创业实践是创业教育的重要组成部分。通过参与创业项目、实习或实际工作,学生能够亲身体验创业的各个环节,加深对创业过程的理解。

(2)创业导师和同伴网络:有经验的导师和志同道合的同伴能够提供宝

贵的建议和支持,帮助学生在创业道路上少走弯路。

(3)创业文化和创新氛围:一个鼓励创新、宽容失败的创业文化和氛围,能够激发学生的创业热情,促使他们勇于尝试和探索。

(4)创业资源和创业支持:包括资金、技术、市场渠道等在内的创业资源,以及政府、学校、社会组织等提供的支持,都是大学生创业成功的关键因素,这将有助于提高大学生创业的成功率和质量。

(二)非课程因素体系的建议措施

(1)完善创业教育体系:在创业教育体系中明确纳入非课程因素,制订相应的教学计划和课程设置。

(2)加强创业实践环节:鼓励学生参与创业实践项目,提供必要的指导和支持。

(3)建立创业导师制度:为学生配备有创业经验的导师,提供一对一的指导和帮助。

(4)营造宽松创业氛围:举办创业讲座、创业比赛等活动,增强学生的创业意识和创业能力。

(5)整合创业资源基础:与政府、企业和社会组织等合作,为学生提供丰富的创业资源和支持,进而构建一个更加完善和有效的大学生创业生态系统。

(三)非课程因素体系建设的推进

高校创新创业教育是指以培养具有创新创业基本素质和开拓性个性的人才为目标,以培养大学生创业意识、创新精神、创新能力和创新素养为重点的教育。2015 年 5 月 4 日,国务院办公厅印发《关于深化高等学校创新创业教育改革的实施意见》[①](以下简称《实施意见》)指出,深化高等学校创新

---

① 国务院办公厅.国务院办公厅关于深化高等学校创新创业教育改革的实施意见(国办发〔2015〕36 号)[EB/OL].(2015-05-13)[2023-02-03].http://www.gov.cn/zhengce/content/2015-05/13/content_9740.htm.

创业教育改革,是国家实施创新驱动发展战略、促进经济提质增效升级的迫切需要,这是促进高等教育综合改革,促进大学毕业生高质量创业和就业的重要措施。党的十八大对创新创业人才培养作出重要部署,国务院对加强创新创业教育提出明确要求。近年来,高校创新创业教育不断加强并取得积极进展,为推动高等教育改革、促进学生全面发展、促进毕业生创业就业、服务国家现代化建设发挥了重要作用。但也存在一些不容忽视的突出问题,主要表现在:一些地方和高校对创业教育重视不够,认识不足,实施策略简单化,创业实践环节不够重视甚至缺失;教师开展创新创业教育的意识和能力欠缺,与专业结合不够紧密,教学方式方法单一;创业实践平台偏少,指导孵化名不副实,创新创业教育机制有待改善。[1][2]

《实施意见》为我国的创新创业教育开出了"药方",主要有九个方面的举措:

(1)完善人才培养质量标准方面的主要举措;

(2)创新人才培养机制方面的主要举措;

(3)健全创新创业教育课程体系方面的主要举措;

(4)改革教学方法和考核方式方面的主要举措;

(5)强化创新创业实践方面的主要举措;

(6)改革教学和学籍管理制度方面的主要举措;

(7)加强教师创新创业教育教学能力建设方面的主要举措;

(8)改进学生创业指导服务方面的主要举措;

(9)完善创新创业资金支持和政策保障体系方面的主要举措。

其中(3)(4)(6)主要是课程因素,其他方面侧重非课程因素,说明我国早在2015年制定这份文件时就注意到创新创业教育不仅仅包括课程教育,

---

① 岳峰,邓晖.大学生创新创业教育中存在的问题与对策[J].广西教育,2017(7):40-41.

② 杨敏."大众创业、万众创新"背景下大学生创业支持体系的构建[J].中国石油大学学报(社会科学版),2017(6):93-98.

更重要的是课程教育之外的学校非课程因素,关注到创业教育需要系统推进的问题,但还没有站在非课程因素体系的高度去看待这一问题。当时还没有研究者在公开刊物中提出大学生创业生态系统的非课程因素问题,且这份文件的制定时间也比较早,具体措施和做法还比较笼统。此后,国家提出了许多配套文件,非课程因素相关的政策的比重逐步加大,措施及做法日趋成熟,也更加接近高校的创新创业教育和大学生创业工作的需要。

《实施意见》中提出"各地区、各高校科技创新资源原则上向全体在校学生开放""扩大覆盖面",说明创业教育必须具有普惠性。因此,高校的创业教育要面向全社会、体现普惠性,除了开展面向意向创业、正在创业、成功创业的创业群体的各类型创业活动外,还要从一般理解的课程因素教育模式中解放出来,真正将工作重心放在非课程因素支持模式的发展和培育上,积极转移到培育和提升大学生的创业素养上,使之成为一种面向未来的"综合素质教育"。

探索建立校校、校企、校地以及国际合作的协同育人新机制,积极吸引社会资源和国外优质教育资源投入创新创业人才培养,可以充分利用高校外部政商资源来开展创业教育。同时,高校可以利用创业视频、专题讲座、多平台展示、实践体验、制度文化、激励措施、氛围营造等非课程因素措施来培养大学生的创新创业的能力和素质。

大学生创业工作的推进是与创新创业教育工作同等重要但容易被忽视的工作,教育部发布的《关于大力推进高等学校创新创业教育和大学生自主创业工作的意见》(教办〔2010〕3号)中,已经把大学生创业工作的推进与创新创业教育工作放在同等重要的位置,但高校往往只是重视创新创业教育工作,而对推进大学生创业工作比较被动,仅在就业统计时作为统计指标提出而已。这项工作的推进亟须非课程因素体系的优化,尤其在新质生产力提出的背景下显得更为重要,其亦可以与课程因素融合呈现。

二、非课程因素与课程因素融合方法

高校创业生态系统中创业非课程因素与学校课程因素需要加强融合，融合模式主要有四种。

（一）转移融入式

（1）核心思想：将非课程的创业素质及能力，例如创新思维和市场洞察能力等，自然地嵌入创业教育课程中。

（2）实施方式：教师在专业授课及创业辅导时，可以引入创业案例和商业模式分析，使学生在学习专业知识的同时培养创业相关能力。

（3）关键点：修订教学大纲和课程设置，以确保创业教育内容的系统性融入。

（二）实践媒介式

（1）核心思想：学校主导搭建创业辅导、孵化和实习的实践平台，为大学生提供丰富的创业活动和实践机会。

（2）实施方式：通过学生参与创业活动和实践，让他们亲身体验创业过程和市场运作，从而提升创业素养和能力。

（3）关键点：强调"做中学"，通过实际操作来加深学生对创业的理解，提高创业调研及企业运营的实际技能。

（三）外部嫁接式

（1）核心思想：把创业教育嫁接到创业型企业（电商企业）、用人单位、行业协会、社区等组织的经营、实习活动中，由他们代为实施创业教育，最后学校来验收和考核，属于外部支持模式。

（2）实施方式：学校与外部组织合作制订教育计划和考核标准，确保学生在实习期间能获得有效的创业教育和指导。

（3）关键点：学校与外部组织的紧密合作，以及对学生实习期间教育质量的严格把控。

（四）综合熏陶式

（1）核心思想：建立完善的创业制度体系和激励机制，鼓励学生创新和尝试创业。

（2）实施方式：提供必要的支持和资源，如创业基金、导师指导等，以培养学生的创业精神和创新意识。

（3）关键点：全方位的制度支持和资源保障，旨在为大学生在校及毕业后五年内创业乃至未来的创新性工作打下坚实基础。

这四种模式各具特色、相互补充，共同助力构建一个完善的高校创业生态系统。特别是第三和第四种模式，作为创新的融合方式，它们在促进非课程因素与课程因素的深度融合方面发挥着重要作用。

三、大学生创业意向群体的特点分析

创业者是创业支持及推进工作研究的核心和重点考察对象，创业者的品质、个性特征决定了他们是否选择创业，也是创业支持导向的创业教育非课程因素体系所要重点解决的问题及发挥作用的基础，大学生群体与社会青年等其他创业群体对比，总体上具有以下特点。

（一）强烈的创新创业意识与探索精神

浸润在科研氛围浓厚的大学校园里，大学生们能够轻易接触到最新的科研成果，这无疑为他们的创新思维和创业构想提供了源源不断的灵感。加之他们所接受的系统而全面的高等教育，赋予了他们扎实的理论功底，使得他们将创新思路转化为现实生产力的能力尤为突出。随着我国逐步迈入信息时代，以及新一轮产业革命和新质生产力的兴起，高校作为创新人才的摇篮，亟须加强创新创业人才的培育。这就要求我们必须摒弃传统的以就业为导向的教育模式,转而采用更注重创新创业思维培养的新型教育模式。

值得一提的是,大学生们由于尚未受到职业经历的束缚,创新创业意识更为强烈。在国家创新创业政策的激励下,他们展现出了难能可贵的创新精神,对传统观念的抵触较少,因此成为推动新质生产力发展的生力军。他们内心深处对创新和变革的渴望,常常转化为自主创业的不竭动力,为他们创业成功奠定了坚实的精神基础。这种宝贵的动力,值得我们深入发掘并悉心呵护。许多大学生在早年的求学过程中就已萌生了创业的梦想,而在大学这个心智逐渐成熟的阶段,我们更应当为他们提供必要的支持和平台,让他们的创业梦想得以绽放。

(二)较高的科学文化素质与知识储备

随着我国高等教育的普及,大学生的科学文化素质得到了显著提升。我国大学生比例逐年提高、规模逐年扩大,截至 2023 年,我国各类高等教育在学总规模达到了 4763.19 万人,相比 2022 年增加了 108.11 万人,增长率为 2.32%。截至 2024 年 3 月 1 日,全国共有高等学校 3074 所。其中,普通本科学校 1242 所(含独立学院 164 所),本科层次职业学校 33 所,高职(专科)学校 1547 所,成人高等学校 252 所。另有培养研究生的科研机构 233 所。[①]笔者从教育部的批复函件[②③④]上进行了统计,2019 年 6 月至 2023 年 6 月,

① 中华人民共和国教育部.全国高等学校名单[EB/OL].(2024-03-01)[2024-05-06]. http://www.moe.gov.cn/jyb_xxgk/s5743/s5744/A03/202406/t20240621_1136990.html.

② 中华人民共和国教育部.教育部关于同意泉州理工职业学院(本科)更名为泉州职业技术大学的函[EB/OL].(2019-06-06)[2021-06-06]. http://www.moe.gov.cn/srcsite/A03/s181/201906/t20190604_384413.html.

③ 教育部.教育部关于同意南昌职业学院(本科)更名为南昌职业大学的函[EB/OL].(2019-06-06)[2021-06-06]. http://www. moe. gov. cn/srcsite/A03/s181/201906/t20190604_384379.html.

④ 教育部.教育部关于同意江西软件职业学院(本科)更名为江西软件职业技术大学的函[EB/OL].(2019-06-06)[2021-06-06]. http://www. moe. gov. cn/srcsite/A03/s181/201906/t20190604_384383.html.

教育部批复泉州职业技术大学、南昌职业大学、江西软件职业技术大学等高职本科院校33所,其中11所为公办、22所为民办,福建省有1所民办学校,如表2-1所示。

表 2-1　中国高职本科学校统计表

序号	名称	省份	所在地	公办/民办
1	南京工业职业技术大学	江苏省	南京市	公办
2	河北工业职业技术大学	河北省	石家庄市	公办
3	河北科技工程职业技术大学		邢台市	公办
4	河北石油职业技术大学		承德市	公办
5	广西农业职业技术大学	广西壮族自治区	南宁市	公办
6	广西城市职业大学		崇左市	民办
7	贵阳康养职业大学	贵州省	贵阳市	公办
8	兰州石化职业技术大学	甘肃省	兰州市	公办
9	兰州资源环境职业技术大学		兰州市	公办
10	浙江药科职业大学	浙江省	宁波市	公办
11	浙江广厦建设职业技术大学		东阳市	民办
12	山西工程科技职业大学	山西省	晋中市	公办
13	运城职业技术大学		运城市	民办
14	泉州职业技术大学	福建省	泉州市	民办
15	南昌职业大学	江西省	南昌市	民办
16	景德镇艺术职业大学		景德镇市	民办
17	江西软件职业技术大学		南昌市	民办
18	河南科技职业大学	河南省	周口市	民办
19	山东外国语职业技术大学	山东省	日照市	民办
20	山东工程职业技术大学		济南市	民办
21	山东外事职业大学		威海市	民办
22	广东工商职业技术大学	广东省	肇庆市	民办
23	广州科技职业技术大学		广州市	民办
24	深圳职业技术大学		深圳市	公办
25	海南科技职业大学	海南省	海口市	民办

续表

序号	名称	省份	所在地	公办/民办
26	重庆机电职业技术大学	重庆市	重庆市	民办
27	成都艺术职业大学	四川省	成都市	民办
28	西安信息职业大学	陕西省	西安市	民办
29	西安汽车职业大学		西安市	民办
30	辽宁理工职业大学	辽宁省	锦州市	民办
31	新疆天山职业技术大学	新疆维吾尔自治区	乌鲁木齐市	民办
32	上海中侨职业技术大学	上海市	上海市	民办
33	湖南软件职业技术大学	湖南省	湘潭市	民办

数据来源:中华人民共和国教育部门户网站,统计截至2023年6月15日。

目前我国拥有大学文化程度的人口超过2.18亿,根据《全球创业观察2016/2017中国报告》发布的数据,中国参与早期创业的人员中,具有大专及以上文化程度的比例为47%,处于G20经济体的中间水平,低于发达经济体[①],加拿大、法国、美国的高学历创业者比例分别是82%、81%和79%。大学生在学校里学到了较为系统的学科知识,虽然这些知识不一定与大学生创业有直接的关系,但他们具有较高层次的技术、人文理论优势,创业时更容易吸收先进的管理、运营思想及技术路线,包括更容易接受新质生产力发展思维,具备"用智力换资本"的条件和能力,因此,总体上能够更快地掌握创业的技巧和能力。

（三）不足的社会经验与实践能力

参与自主创业的大学生在市场运作和综合素质方面往往面临挑战。主要有:一方面,大学生的社会知识、处事技巧和人际交往等能力积累相当有限;另一方面,实践、组织、协调、沟通等能力有待进一步提升,这些素质都需要非课程因素来维系和提升。

---

① 清华大学发布《全球创业观察2016/2017中国报告》[EB/OL].(2018-01-28)[2020-10-28].http://finance.people.com.cn/n1/2018/0128/c1004-29791128.html.

课题组 2019 年开展的大学生创业情况调查显示,39.2%的大学生没有选择创业的原因是担心创业经验不足,具有比较优势的是专业理论知识。而根据国家统计局 2021 年发布的《第七次人口普查报告》,在 18~24 岁人群中,本科学历占 25%,大专学历占 25%,高中占 22%,初中占 24%,其他占 4%。[①] 因此,高职院校大学生的比较优势在同龄的知识群体里并不明显。根据《全球创业观察(GEM)2017/2018 中国报告》数据,从 2002 年的 25%上升到 2017 年的 41%。[②] 导致这一现象的原因是,随着技术进步和社会发展,对创业者的能力、综合素养和实践经验的要求也在不断提高,且信息传播加快,很多传统行业的利润空间缩小,实践经验对创业成功与否的影响变得越来越突出。创业者不仅需要具有敏锐的商业知识储备,还需要具备丰富的社会阅历及实践经验,因此不少在校大学生担心创业过程中在各种复杂情况下难以作出正确的决策和判断,并难以独立面对各种困难及风险的考验。

在高校中,创新创业有关的实践活动还比较匮乏,创业支持体系不强,创业文化氛围不够浓厚,这是制约当下大学生创业比例和创业质量进一步提升的一大障碍,应该引起高校领导层足够的关注和重视,对此,本书将在后面的章节进行比较深入的探讨和分析。

尽管大学生具有较高的科学文化素质,但他们在社会经验和实践能力方面仍存在不足。创业不仅需要创新的想法和激情,还需要丰富的社会经验和阅历来应对各种挑战。然而,大学生在这方面的积累相对有限,导致他们在创业过程中可能面临诸多困难。因此,提升大学生的社会经验和实践能力成为创业支持生态系统中的重要一环。

(四)较低的创业社会认可度与心理压力

受传统观念影响,社会大众对大学生创业仍持保守态度,认为稳定的工

---

① 国家统计局.第七次人口普查主要数据情况[EB/OL].(2021-11-26)[2024-03-11].https://www.stats.gov.cn/sj/zxfb/202302/t20230203_1901080.html.

② 王聪聪.中国创业失败比例下降但恐惧失败比例上升[N].中国青年报,2018-11-16.

作更为可靠。这种氛围可能会给大学生创业者带来一定的心理压力,影响他们的创业决心和信心。因此,提高社会对大学生创业的认可度,营造良好的创业氛围至关重要。

从心理学角度看,大学生需要不断得到外界环境和组织的认可,并以此来增强自我认知,其中就包括与之息息相关的家庭给予的、社会所创造的、校园所提供的"认可"。大学生创业认可度高低是推进大学生创业行动的核心因素,如何有效驱动对大学生创业的认可度,从而提高大学生实际创业率与创业成功率,已经成为创业生态系统研究的一项重要研究课题。

（五）潜在的领导力与团队协作能力

大学生创业者通常具备潜在的领导力和团队协作能力。他们在校园生活中积累了丰富的团队合作经验,懂得如何与他人沟通和协作。这使得他们在创业过程中能够迅速组建高效的团队,并带领团队共同应对挑战。这种能力对于创业成功具有重要意义。

（六）敏锐的市场洞察力与商业头脑

大学生创业者身处信息时代,对市场动态和消费者需求具有敏锐的洞察。他们能够捕捉到市场中的机遇,并根据市场需求调整创业策略。此外,他们还具备一定的商业头脑,懂得如何运营和管理企业,实现商业价值最大化。

（七）强烈的责任感与使命感

大学生创业者通常具有强烈的责任感和使命感。他们深知创业不仅是为了实现个人价值,更是为了推动社会进步和发展。这种责任感和使命感驱使他们不断努力、追求卓越,为创业事业付出更多的时间和精力。

（八）持续的学习能力与自我提升意识

大学生创业者具备持续的学习能力与自我提升意识,他们深知创业是一个不断学习和成长的过程,因此始终保持对新知识和新技能的渴望。这种学习能力和自我提升意识,使得他们在创业过程中能够不断适应市场变化和技术发展,保持竞争优势。

第二节　核心概念"高校创业生态系统"思辨

一、自然界的生态系统理论——生态系统的"能量流动"

生态学是当代生物学的一个重要分支。生态学(ecology)最早是由德国生物学家恩斯特·海克尔(Ernst Haeckel)于1866年定义的:生态学是研究生物体与其周围环境(包括非生物环境和生物环境)相互关系的一门科学。生态学研究对象为生物与其环境之间的相互关系。[①] 生态系统是生态学领域的一个主要结构和功能单位,属于生态学研究的最高层次。生态系统的概念是由英国生态学家坦斯利(A.G.Tansley)[②]在1935年提出来,指的是在一定的空间和时间范围内,在各种生物之间以及生物群落与其无机环境之间,通过能量流动和物质循环而相互作用的一个统一整体。布朗芬·布伦纳(Urie Bronfenbrenner)[③]在1979年提出著名的生态系统理论,并提出了个体发展模型,认为自然环境是人类发展的主要影响源,调个体发展是嵌套于相互影响的一系列环境系统之中的,在这些系统中,系统与个体相互作用并影响着生物个体的生存与发展。

---

① 汉南·弗里曼.组织生态学[M].彭璧玉,李熙,译.北京:科学出版社,2014.
② TANSLEY A G.The use and abuse of vegetational concepts and terms[J].Ecology,1935,16:204-307.
③ BRONFENBRENNER U. The ecology systems theory of human development:experiments by nature and design[M].Cambridge:Haruard University Press,1979.

1940 年,美国生态学家 R.L.林德曼(R.L.Lindeman)在对赛达伯格湖(Cedar Bog Lake)进行定量分析后,发现生态系统在"能量流动"上的基本特点为:(1)能量在生态系统中的传递具有不可逆转的特性;(2)能量在传递的过程中逐级递减,传递率约为 10%~20%。

这就是著名的生态系统林德曼定律。[①]

能量有三个基本特征:

(1)能量是生态系统的动力,是一切生命活动的基础;

(2)能量流动的起点主要是生产者通过光合作用所固定的太阳能(还有化学能自养型生物通过化学能改变生产的能量);

(3)生态系统的一个重要功能就是能量流动,能量在生态系统中的流动是通过食物链和食物网实现的。这种流动不仅维持了生态系统的稳定和生物的多样性,还促进了生物体之间的相互作用和依赖关系。

能量流动的方向是单向的,通常是从太阳能到生产者,再到消费者和分解者。在这个过程中,能量会逐级递减,形成所谓的"十分之一定律"或"能量金字塔"。能量流动还影响着生态系统的营养结构和生物量分布,对生态系统的演化和稳定性具有重要意义。

综上所述,能量是生态系统的核心要素之一,其流动和转化过程对生态系统的结构和功能具有重要影响。

二、生态系统理论在社会工作研究领域的应用

史沃兹是使用生态系统的观点来描述社会工作的第一人,他用共生的观点来描述个人与团体之间的共生关系,并从整体的视角来看待人和社会;

[①] LINDEMAN R L,1942.The trophic-dynamic aspect of ecology[R].Unpublished manuscript or report.

社会工作对系统理论的应用始于美国人赫恩(Hearn)早期提出的全人或全貌的概念;20 世纪 70 年代高德斯坦(Goldstein)[1][2]提出统合取向的社会工作实务。平卡斯(Pincus)和米纳罕(Minahan)[3]以系统的观点介绍整合的社会工作实务模式和方法,是系统理论在社会工作领域的正式运用。

20 世纪初,社会工作研究专家玛丽·埃伦·里士满(Mary Ellen Richmond)在慈善组织会社的工作中,推行了"人在情境中"的理论范式,这一理论强调个体与其所处环境之间的相互作用和影响。珍·亚当斯(Jane Addams)倡导建立睦邻中心(如霍尔馆),认为贫困和社会问题不仅仅是个体的问题,而是由社会和经济病态所导致的,主张通过社会改革来从根本上解决这些问题。

到 20 世纪 80 年代,杰曼(Germain)和吉特曼(Gitterman)等综合前人有关生态系统理论的观点,提出了"生态模型"。吉特曼认为生态系统的观点能够很好地解释事件与引起事件行为的关系,它引导我们把研究和观测的焦点置于生活与环境的适应性平衡上,也引导我们了解评估世界与人们对适应、整合与分化的反应。[4] 基于以上学者观点,并基于本书的研究调查,我们总结得出:

创业生态系统是创业体系向高阶进化的形态,是指在一定区域内各种创业体系的主体之间以及主体与环境之间,通过"物质循环""能量流动""信

① GOLDSTEIN E. Unitized social work practice:a new service delivery model[J]. Social Service Review,1974,48(2),221-241.

② GOLDSTEIN E,ENGLESON D. Unitized social work practice:a new service delivery model[M]//Gil D G.Concepts and models for macro social work practice,Columbia University Press,1978:126-149.

③ PINCUS A,MINAHAN A.Social work practice:a systems approach[M].New York:McGraw-Hill,1973.

④ 刘民.生态系统理论运用、概念、主要观点及案例分析[EB/OL].(2020-04-16)[2020-06-16].http://www.shehuigongzuozhe.net/shehuigonzuo/lilun/221.html.

息传导",形成的网络化、开放式、动态演化的复杂系统。[①]

三、生态系统理论在创业支持领域的应用发展——系统优化与重构

(一)从生态学的角度研究创业教育——系统整体效应提升思路

从生态学的角度研究创业教育,构建友好的高校创业教育及大学生创业工作生态系统是新时代高校创业教育的新发展。社会学研究者兴起了采用生态系统理论来解释、分析社会学和社会经济管理、思想政治教育及管理等领域组织内部和要素之间的竞争、依存、发展、繁衍及演化的关系。研究界正在从"创业体系范式"向"创业生态系统范式"过渡,从生态系统建设的视角和思路进行高校创业教育实施研究的生态系统,简称 ECO,是 ecosystem 的缩写。

创业生态系统的概念早期是由 Dunn、Cohen 和 Isenberg 等学者提出。Dunn[②]虽然没有确切界定创业生态系统的概念,但通过对麻省理工学院创业体系的研究总结了创业生态系统的基本特点,并认为:创业生态系统是大学创业有关的全部资源的整合体,包含创业课程和师资、出版物和参考资料、各项目组织和中心及学生社团等在内。Carroll 和 Khessina[③]则从生态存活率、进入模式、宏观环境和任务环境、内生和外生过程、凝聚和分化等角度把生态学和创业领域有机结合在一起。Cohen[④]认为我们所研究的创业生态系统是特定区域内相互作用的主体形成的群落,通过支持和促进创业

①　上海市科学学研究所.促进上海创新生态系统发展的研究[M].上海:上海科学技术出版社,2015:20-65.

②　DUNN K.The entrepreneurship ecosystem[J].Technology review,2005(9):23-25.

③　CARROLL G R,KHESSINA O M.The ecology of entrepreneurship[M]//Handbook of Entrepreneurship Research,Springer,2005:167-200.

④　COHEN S.The sustainable entrepreneurial ecosystem:a case study of silicon valley[J].Journal of business venturing,2006,21(5):593-606.

企业的创建和成长来实现其可持续性发展,进而通过创业者创立的企业的可持续性发展来创造社会价值及经济价值。

基于限制因子定律、教育生态位原理及教育生态系统等整体效应三大原理,高校大学生创业生态系统确实是一个复杂且多面的结构体系,它融合了生态学的原理和教育学的理念。高校大学生创业生态系统具有生态系统的一般特性,如整体性、动态平衡性,此外能量在生态系统中的传递不可逆转且逐级递减;同时也有着自身独特的结构特征,如实践性、经验性、开放性、自组织性、地域性和自我调控性等。[①]

其关键特征分析如下:

(1)整体性:高校大学生创业生态系统是一个有机整体,其各个组成部分(如创业教育、舆论氛围、基础设施、融资担保、创业实践、创业资源等)之间相互联系、相互影响,共同构成了一个不可分割的整体。

(2)动态平衡性:高校大学生创业生态系统不是静态的,而是处于动态变化之中。它能够根据外部环境的变化和内部因素的发展进行自我调整,从而达到一种动态的平衡。

(3)能量传递的不可逆性和逐级递减:在生态系统中,能量从一种生物传递到另一种生物的过程是不可逆转的,并且能量在传递过程中会逐级递减。在高校大学生创业生态系统中,这种能量的传递可能表现为知识、技能、资源和政策等的传递和利用,这些"能量"在传递过程中也会有损耗。

(4)实践性:高校大学生创业生态系统强调实践的重要性。学生通过实际操作、项目实施等方式,将理论知识转化为实践经验,从而提升创业能力和创新素养。

(5)经验性:系统内的大学生创业个体和团队通过不断地尝试,在失败中反思,在成功中积累经验,形成独特的具有个性及群体特征的创业智慧和策略。

---

① 温慧.高校创业教育生态系统构建研究[D].武汉:武汉工程大学,2018.

（6）开放性：这个系统是开放的，与外部环境有着密切的交流和互动。它可以从外部环境中获取资源、信息和支持，同时也可以向外部环境输出创新成果和创业人才。

（7）自组织性：系统内的大学生创业个体和团队能够自发或者在政府的引导下组织起来，形成有序的结构和功能，以应对外部环境的挑战和变化。

（8）地域性：高校大学生创业生态系统的形成和发展受到地域文化、经济、政策和产业布局等多种因素的影响，因此具有鲜明的地域特色。

（9）自我调控性：生态系统具有自我调控的能力，能够在一定程度上自我调节、自我修复和自我完善，以保持系统的稳定和持续发展。

（二）从组织种群角度看待创业支持路径——系统优化策略

从组织种群生态学的角度来看，创业生态系统是指一个能够支持和促进创业主体大学生获取创业资源，提供完善的创业支持的硬件设施（经营场所、物流运输等）和软件服务（政策资源、融资服务、环境文化等）的统一群落。具体来说，是一个复杂的社会学、马克思主义与教育学等交叉学科的研究范畴，属于组织生态学的一个分支。目前这一领域的研究内容涉及组织生态学、组织种群动力学、组织生命周期等。这之后，人们的研究不再局限于生态学领域，而是将其作为一种隐喻，作为交叉学科，广泛运用到其他更为宽广的社会学、管理学、思想政治学和教育学等研究领域。最早将生态学隐喻运用到社会科学领域的学者是美国经济学家詹姆斯·弗·穆尔（James F.Moore），1993年其在论文中首次提出了"商业生态系统"这个术语，1996年又在其出版的《竞争的衰亡：商业生态系统时代的领导与战略》[①]一书，尝

---

① 詹姆斯·弗·穆尔.竞争的衰亡：商业生态系统时代的领导与战略[M].北京：北京出版社,1999.

试给出商业生态系统的定义，此后又发展出了创新生态系统、创业生态系统。[1] Li[2] 对创业战略的重要性进行了研究，Arthurs 和 Busenitz[3] 探讨了投资机构、孵化器等外部组织结构的作用。20 世纪 70 年代，环境学派代表人物 Hannan 与 Freeman[4] 提出了组织种群生态的概念，生态学与产业经济学等学科相结合形成了组织生态学，研究组织个体之间、组织与组织之间以及组织与环境之间的相互关系的创业生态系统理论本质上属于组织生态学的一个分支，组织生态学的发展为创业生态系统概念的发展提供了坚强的理论基础。凯瑟琳·邓恩（Katharine Dunn）[5] 认为麻省理工学院的创业教育非常有特色，创业培训非常成功，其已形成了包括数十个项目组织和中心在内的培养大学生创业能力和创新精神的"创业生态系统"。

　　早在中国的古代，以道家学派老子和庄子为代表的先贤们就对人与自然的内在关系进行了思考，庄子在《庄子·齐物论》中提出了"天地与我并生，而万物与我为一"的观点，这就是古代朴素的生态系统哲学思想，以孔子、孟子为代表的儒家学派提出的"天人合一""仁民爱物""取之有度""参赞化育"等生态道德思想，主张人与自然界是息息相通、和谐一体的，"人与自然需要和谐共生"。中国古代朴素生态观包括"天人合一"生态观、道法自然的生态观及生态伦理，这些思想形成了古代儒家博大精深的生态伦理思想，这些思想不仅在哲学和文化层面上有着深远的影响，而且在古代社会的商

---

① 郑雪.基于创新效率的科技园区创业生态系统共生演化模型研究[D].吉林：吉林大学，2020.

② LI H Y.How does new venture strategy matter in the environment performance relationship? [J].Journal of high technology management research，2001，12（2）：183-204.

③ ARTHURS J D，BUSENITZ L W.The boundaries and limitation of agency theory and stewardship theory in the venture capital/entrepreneur relationship[J].Entrepreneurship theory and practice，2003，28（2）：145-162.

④ HANNAN M T，FREEMAN J.The population ecology of organizations[J].American journal of sociology，1977，82：929-964.

⑤ DUNN K.The entrepreneurship ecosystem[J].MIT technology review，2005（9）：23-25.

业运营中也初见端倪,可以视为生态理论应用的萌芽。生态伦理思想对古代商业活动也产生了深远影响。商人们在经营过程中,不仅注重经济效益,还关注对社会的贡献和对环境的影响,他们倡导诚信经营、公平竞争,反对欺诈和恶意竞争。这种商业道德观念有助于维护市场秩序、促进商业的可持续发展。

Isenberg[①] 指出,创业生态系统是指一个能够让创业者容易获取所需的人力、资金和专家辅导资源,并受到政府政策激励及支持,能够容忍失败的环境。用这个理论去看待硅谷,我们认为它所具有六大有利于创业的要素:市场、政策、资金、人力资源、文化以及专业支持。Isenberg 认为这六大要素是组成创业生态系统的黄金标准。Vogel[②] 提出创业生态系统是一个地理区域内的交互群落,由多种互相依赖的创业主体和环境要素(市场、监管体系等)构成,并随着时间而演化,是凝聚以人为本和可持续发展思想的发展手段,以主体和环境共存并相互作用来促进新创企业的建立。Brown 和 Mason[③] 则认为创业生态系统是一系列互相联系的创业主体(创业企业、投资机构、大学等)和创业环境(政策、文化等),通过正式和非正式的联系来提升创业绩效。

国外关于创业生态系统具有代表性的定义如表 2-2 所示,这些定义也说明了创业生态系统理论的发展。

---

① ISENBERG D J. The entrepreneurship ecosystem strategy as a new paradigm for economic policy: principles for cultivating entrepreneurship[R].Presentation at the institute of international and european affairs,2011.

② VOGEL P.The employment outlook for youth:building entrepreneurship ecosystems as a way forward[J].Social science electronic publishing,2013(4).

③ BROWN R,MASON C.Inside the high-tech black box:a critique of technology entrepreneurship policy[J].Technovation,2014,34(12):773-784.

表 2-2　创业生态系统若干定义分析

年份	学者	概念定义
2006	Cohen①	创业生态系统是特定区域内相互作用的主体形成的群落,通过支持和促进新企业创建和成长来实现可持续发展。
2011	Isenberg	创业生态系统是能够让创业者容易获取创业所需的人力、资金和专家资源,能够受到政策激励,能够容忍失败的创业环境。
2013	Vogel	创业生态系统是一个地理区域内的交互群落,创业主体和环境共存并相互作用来促进新企业的建立。
2014	Brown 和 Mason	创业生态系统是一系列互相联系的创业主体(创业企业、投资机构、大学等)和创业环境(政策、文化等),通过正式和非正式的联系来提升绩效。

(三)从非课程因素看创业生态系统——要素重构策略

从高校大学生创业生态系统的要素层面出发,我们深知非课程因素在推动大学生创业中的关键作用。管理学大师彼得·德鲁克(Peter Drucker)的名言"不要尝试为未来而创新,请为现在而创新",为我们提供了一个现实的指导原则,即创新应立足于当前的实际需求和条件。

以瑞典为例,它利用地理位置与产业优势,发展成为高科技创新圣地;新加坡则是利用跨国高校创业教育模式与完整严谨的创业支持系统,发展成为亚洲创新创业的一面旗帜。② 瑞典和新加坡的成功案例展示了如何结合本地优势和特色来打造独特的创新创业环境。在大学生创业生态系统的构建中,非课程教育因素发挥着举足轻重的作用。这些因素包括但不限于政府政策、社会环境、资源对接等,它们共同构成了一个复杂而多元的支持网络。

从大学生创业生态系统非课程教育因素体系的理论来看,在大学生创

① COHEN B,2006.Sustainable valley entrepreneurial ecosystems[J].Businessment,15(1):1-14.
② 马永斌,柏喆.创新创业教育课程生态系统的构建途径——基于清华大学创业教育的案例分析[J].高等工程教育研究,2016(5):137-150.

业生态系统的构建中,非课程教育因素同样扮演着至关重要的角色。高校创业生态系统的成熟和高效,不仅仅取决于高校本身的创业教育质量,更重要的还在于能否有效整合和利用全社会的资源要素,以支持和服务大学生创业行为。成熟高效的高校创业教育不仅需要高校本身的积极参与,更需要政府、非政府组织(如商会、行业协会等)、企业、投资商、基金(包括天使基金、大学生创业种子基金在内)、校友等全社会的资源要素去激活并提升系统的"友好度"。

首先,政府的角色不可忽视。通过提供政策支持和资金扶持,政府可以为大学生创业创造一个更加有利的环境。例如,提供税收优惠、创业补贴等政策措施,降低创业门槛,激发大学生的创业热情。

其次,非政府组织如商会、行业协会等也是重要的支持力量。它们可以提供宝贵的行业信息和资源对接机会,帮助大学生更好地了解市场动态和行业趋势,为大学生的创业之路提供有力的指引。

再次,企业的参与也是至关重要的。中国台湾地区技职院校大学生创业生态系统构建的成功案例为我们提供了宝贵的启示:结合本地优势和特色,企业不仅可以为大学生提供实习机会和创业指导,帮助大学生积累实践经验和提升创业能力,还可以通过合作研发、技术转移等方式,为大学生创业提供技术上和市场上的支持。

复次,投资商和各类基金则为大学生创业提供了资金上的保障。他们不仅为大学生创业者提供了资金支持,还降低了大学生的创业风险,为项目的成功实施提供了重要保障。

最后,校友网络是一个不可忽视的资源。校友们可以提供人脉资源和经验分享,是大学生创业的有力后盾。通过校友会等组织,大学生可以拓展自己的人脉圈层,获取更多的创业机会和资源。

综上所述,以上这些非课程因素是高校大学生创业生态系统中不可或缺的角色。通过整合和利用全社会的资源要素,我们可以为大学生创业提供全方位的支持和保障,激发大学生的创新思维和创业精神。这不仅有助于培养更多具有创新精神和实践能力的创业者,还将为经济发展和社会进步作出重要贡献。

(四)创业生态系统特点及价值分析——友好型价值导向策略

在大学生创业生态系统中,创业主体——创业大学生及其创业企业——面临着多方面的挑战。为了解决这些困境并优化创业环境,构建一个友好型的创业生态系统显得尤为重要。这样的系统不仅能为创业者提供必要的支持和资源,还能激发他们的创新思维和创业精神。

创业生态系统中的创业主体是创业大学生及其创业企业,创业生态系统常用指数来表示友好度大小,友好型创业生态系统具有五个方面的主要观测特征。

1.创新创业与专业实践紧密结合

友好型创业生态系统强调创业活动与科研活动、专业实践的深度融合。这种结合为大学生创业提供了坚实的理论和实践基础,有助于他们在创业过程中避免盲目性,提高成功率。科研活动为创业提供创新点和技术支持,而专业实践则让大学生更好地了解市场需求和运营模式,三者共同作用,实现共生演化。

2.创业课程的非课程化、模块化

传统的大学生创业课程往往侧重于理论教学,而在友好型创业生态系统中,创业课程被设计成非课程化、模块化的形式,并以生态维度、生态要素的形式发挥作用。这意味着课程内容更加灵活,可以根据创业者的实际需求和市场变化进行调整。同时,以生态维度和生态要素的形式来组织课程内容,有助于创业者全面、系统地理解创业的各个环节。

3.地方政府的主导作用有效发挥

在友好型创业生态系统中,地方政府的作用至关重要。它不仅是外部保障体系的主导者,还通过政策引导、资金支持等方式,为社会、企业、企业家、辅导机构和投融资机构等提供动力,推动它们为大学生创业提供必要的保障和支持。它为推动大学生创业提供强大动力。地方政府的这种主导作用有助于整合各方资源,形成合力,共同促进大学生创业的发展。

4.宽广的生态位和资源优势

友好型创业生态系统具有宽广的生态位和丰富的资源优势。创新创业主体之间建立了强有力的有机联系,与企业等各种创新创业资源紧密结合。这种联系和资源优势为大学生创业提供了更多的机会和选择,有助于他们发现新的商业机会和合作伙伴。同时,丰富的生态资源和区位优势也为创业项目的快速发展提供了有力保障。

5.浓厚的创业生态系统氛围

在友好型创业生态系统中,人文环境、商业氛围和舆论氛围等共同营造了一个浓厚的创业氛围。各参与群体和环境要素之间友好相处,形成了一种积极向上的创业文化。常态化的创业支持机制体系如创业沙龙、创业孵化基地活动、创业培训等,不仅为创业者提供了交流学习的平台,还激发了他们的创新创业精神。这种浓厚的创业氛围有助于培养大学生的创业意识和能力,推动他们积极参与到创业实践中去。

第三章 高校大学生创业生态系统"能量范式"理论模型的建构

第一节 组织结构模型和核心概念界定

一、"维度"的界定

维度是一个复杂且多面的概念。在数学领域,它指的是独立参数的数目,用以确定空间中的点或对象的唯一位置,因此也被称为"维数"。在哲学中,维度常被理解为描述独立的时空坐标的数目,为理解和定位事物提供框架。

在高校大学生创业生态系统的语境下,我们采纳"维度"的广义概念,即维度是事物"有联系"的抽象概念的数量,表示人们观察、思考和表述生态系统的多种"思维角度"或"观察角度"。这些角度有助于我们全面、深入地理解创业生态系统的各个层面和要素。

为了系统地分析高校大学生创业生态系统,我们将支持大学生创业的因素划分为三个部分:政府、高校和社会的支持。同时,我们将生态系统中的各种支持因素和环境因素,按照责任主体、区域特点以及作用方式进行综合考虑,也分为三个维度。每个维度都包含特定的支持因素和环境因素,这些因素共同作用于创业过程,为大学生创业提供必要的支持和环境。为了便于研究和分析,我们构建了一个简洁的模型——大学生创业环境三维度模型。

在这个模型中,从"支持体系"角度看,高校大学生创业生态系统被划分为三个主要维度:政府创业支持生态维度、学校创业支持生态维度和社会创业环境生态维度。通过这个三维度模型,我们可以更清晰地理解每个维度在创业生态系统中的作用和影响。

(一)政府创业支持生态维度

政府创业支持生态维度,也称为政府创业支持生态体系维度,涵盖了地方政府通过政策法规的制定、法律条文的执行、财政与税收的优惠政策、创业服务的提供以及政府职能的持续改进等方面,为大学生创业提供全方位的支持和帮助。这个维度不仅体现了政府对大学生创业的积极态度和扶持力度,也是政府促进创新创业、推动经济社会发展的重要手段。

在高校创业生态系统中,地方政府扮演着至关重要的角色,是政府创业支持生态维度建构和优化的主导力量,肩负着主体责任。这意味着地方政府需要承担起推动大学生创业工作的重任,通过制定和实施相关政策措施,为大学生创业创造更加有利的环境和条件。

(二)学校创业支持生态维度

学校创业支持生态维度,也称为学校创业支持生态体系维度,是一个以支持大学生提升创业水平和能力为首要目标,以高校为中心,以培养创业意识和创业思维为导向,并始终以支持大学生创业为核心任务的综合性体系。这个维度涵盖了高校在创业教育方面的全方位投入,包括机制建设、课程设置、制度完善、平台搭建、师资队伍建设、组织机构设立以及服务提供等多个方面,高校在这一维度中肩负着重要的教育和引导责任。

(三)社会创业环境生态维度

社会创业环境生态维度,亦可称为社会创业环境生态体系维度,是指以社会层面的文化习俗、舆论氛围、基础设施和融资担保为主的创业生态支持体系和环境,其中包括外部环境因素、基础设施因素、融资担保因素,其中文化习俗、舆论氛围是从社会贯穿到高校的影响大学生创业意愿的重要因素。舆论氛围还包括来自大学生家庭成员的支持情况,以及大学生家庭成员是否能够摒弃传统陈旧的就业创业观念,从信息、资金、人脉和指导等方面给予大学生创业足够的内外部支持。大学生的创业环境既存在于高校,也存在于高校外的广大社会空间,因为大学生的创业行为离不开社会,而且高校也处于社会之中,所以我们把大学生创业环境整体归类为社会创业环境生态维度,因此,这里的社会创业环境生态维度是从属于高校大学生创业生态系统的,也包括高校内部的创业环境营造。社会创业环境生态维度的活跃度决定了大学生是否选择成为创业者以及如何创业,也决定了高校大学生创业水平的高低。

总之,这三个维度相辅相成,形成一个统一的高校创业生态系统,共同作用于高校大学生创业支持和服务体系中。

二、"要素"的界定

与自然生态系统类似,高校大学生创业生态系统是一个由创业主体与外部的资源、环境等相互作用而形成的开放式的、复杂的网络结构。在这一网络结构中,不仅包括创业主体、参与主体、创业资源、基础设施等"可见的"实体,还包括各种"看不见的"政策、执行、法律、咨询、氛围和服务等非课程因素和课程因素。高校创业环境是综合的、多方的,创业生态系统因素间也可以互为环境,具体分为政治法律环境因素、制度机制环境因素、经济技术支持因素、社会文化环境因素等等。在高校大学生创业生态系统中,我们把这些因素统一称为"系统要素",要素间的联系和物质、能量的流动将对大学生创业生态系统的创业行为产生影响,并影响着创新创业成果的产出、流通、提升和应用。

（一）要素分类

（1）政府创业支持生态维度包括 4 个要素：创业扶持政策体系要素（以下简称政策支持要素）、法律及社会治理支持体系要素（以下简称法律治理要素）、财政税收支持体系要素（以下简称财税支持要素）、服务支持体系要素（以下简称服务支持要素）等。

（2）学校创业支持生态维度包括 5 个要素：课程模式体系要素（以下简称课程体系要素）、实践实训及平台体系要素（以下简称实践平台要素）、激励制度体系及机制要素（以下简称激励制度要素）、辅导孵化师资体系要素（以下简称辅导师资要素）、组织机构及服务支持体系要素（以下简称组织服务要素）等。

（3）社会创业环境生态维度包括 4 个要素：文化习俗、传统及家人支持体系要素（以下简称文化习俗要素）、舆论氛围及外部宣传支持体系要素（以下简称舆论氛围要素）、基础设施及创业硬件支持体系要素（以下简称基础设施要素）、投融资、贷款及担保体系要素（以下简称融资担保要素）等。

（二）友好度

"友好度"是一个用于评估创业生态系统强弱和友好程度的关键指标。它主要反映了生态系统在支持和促进创业主体获取创业资源方面的容易程度，包括创业配套的硬件设施（如办公环境、物流运输等）的完善性和软件服务（如政策资源、环境文化和氛围等）的质量。

一个高友好度的创业生态系统意味着创业者能够更容易地获取所需的资源和服务，从而更顺利地开展创业活动。这样的系统通常具备良好的办公环境、高效的物流运输系统，以及丰富的政策资源和支持创业的文化氛围。

（三）活跃度

在友好度高的高校大学生创业生态系统中，各个维度里的要素能够优化组合、协同工作,从而有效推动学生创业能力的提升、创业意识的萌发、创新点子的涌现、创业项目的初步形成以及最终实现创业项目的落地转化。这种系统中的协同作用和各要素的优化配置,是评估一个创业生态系统是否活跃、是否能够有效支持创业活动的关键。

为了具体描述这种协同和优化程度,我们引入了"活跃度"这一概念。活跃度,可以针对整个维度或具体要素进行衡量,称为维度活跃度或者要素活跃度。

三、"主体"的界定

（一）广义概念

高校大学生创业生态系统由各参与主体和支持环境两大部分组成,其中直接主体是大学生创业者及其创新创业企业,而且更多时候主要指的是大学生创业企业,我们把包括创业大学生在内的创业企业作为主要创业主体研究对象来考虑。

具体界定如下：

（1）创业主体（亦称为"系统主体"）

大学生创业者,从组织结构演化进程看,可以按照递进关系分为个体创业者、团队创业者、大学生创业企业等,我们称之为"创业主体"或者"系统主体"。

（2）参与主体（亦称为"辅助组织"）

创业生态系统中存在很多利益相关者或者能量流转的推动者,包括提供技术和人才等支撑的政府机构、高等院校、科研机构、关系企业、中介机构或者孵化基地和信息服务商等。我们把这些辅助组织称为"参与主体"（亦称为"辅助组织"）。

（3）创业主体与参与主体的关系

缺乏参与主体，系统将会缺少发展的原动力，必然会影响其对创业主体（亦称系统主体、创业企业）的发展推动作用，因此，参与主体的存在举足轻重，并非可有可无。

参与主体（辅助组织）与创业主体的企业运行具有重要的依存关系，而支持和维持运行的环境包括自然环境、基础设施、文化支撑、市场环境、政策法规及专业服务等，这些就是我们提出的维度和要素。因此，研究创业生态系统的动力机制不仅要包括构建有利于创业主体企业的动力机制，还要研究整个系统的动力平衡机制和"能量流动"机制，保证各群落都能积极主动地运行，实现创业主体和参与主体的均衡发展。

（二）大学生创业类型

大学生创业企业类型具体见图 3-1。

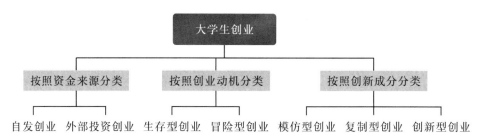

图 3-1 大学生创业企业类型

1.按照资金来源分类

大学生创业按照资金来源可分为自发创业和外部投资创业，这两种类型基于创业资金来源的不同而有所区别。

（1）自发创业

自发创业企业是由大学生自主发起的，他们利用自己的知识、才能和技术，通过自筹资金、技术入股或寻求合作等方式创立新企业。自发创业企业的核心在于大学生的自主性和创新性，他们通常对创业有浓厚的兴趣和热情,并愿意承担创业的风险。这种类型的企业在初创阶段可能规模较小,但具有较大的灵活性和发展潜力。

(2)外部投资创业

在外部投资创业企业中,大学生首先拥有技术或创意,并通过前期论证和运作形成商业计划,然后他们寻求外部投融资机构的资金支持来创立企业。这类企业的特点是初期由创业者主导,但随着外部资金的注入和投融资机构的参与,企业的经营主导权可能会逐渐转移给投融资机构或其代表人。如果外部投融资小于大学生本人自筹资金,包括外部投融资比例大于大学生本人出资比例但由大学生主导企业经营的,我们将其归类于自发创业企业,只有外部投融资比例大于大学生出资比例(含本人筹措资金)且后期由外部投融资主导企业经营的,才归类于外部投资创业企业。外部投资创业企业通常能够更快地实现规模扩张和市场拓展,但同时大学生也可能面临控制权和经营决策权的挑战。

总的来说,自发创业企业和外部投资创业企业在创业动机、资金来源和经营主导权等方面存在差异。大学生在选择创业类型时,应根据自身条件、市场环境和创业目标进行综合考虑。无论选择哪种类型,都需要进行充分的市场调研和商业计划,以降低创业风险并提高成功率。同时,创业者还应具备坚韧不拔的毅力和不断学习的精神,以应对创业过程中的各种挑战。

2.按照创业动机分类

大学生创业企业按照创业者创业动机可分为生存型创业和冒险型创业。

(1)生存型创业

生存型创业是指大学生在没有更好选择的情况下,为解决自身所面临的就业等困难而创办的企业。这种类型的创业显示出一定的被动性,通常是因为创业者没有更好的就业机会或收入来源,而选择创业作为维持生计的手段。根据全球创业观察(GEM)的定义,生存型创业主要是为了满足创业者的基本生存需求。随着中国经济的发展和创业环境的改善,生存型创业的比例正在逐渐下降。根据清华大学二十国集团创业研究中心发布的数据,中国创业企业中生存型创业的比例已经降到 29.25%,而机会型(挑战型)创业比例已经由 2009 年的 50.87% 提高到 2016/2017 年的 70.75%[①],表明越来越多的创业者开始追求更高层次的创业目标。

(2)冒险型创业

冒险型创业,也称为挑战型创业,是指创业者建立新的市场和顾客群,突破传统的经营理念,通过自身的创造性活动引导新市场的开发和形成,通过培育市场来营造商机、不断满足顾客的现有需求及开发其潜在需求,逐步培养顾客的忠诚度和对企业的依赖,对经济社会的全面进步提供巨大原动力的一类创业模式。冒险型创业者往往对投资回报有较高的期望,也能够接受较高的风险,比较激进或者比较富有挑战精神的大学生倾向于选择这种创业类型。随着新质生产力的提出,冒险型创业将获得更大的发展空间。

总的来说,生存型创业和冒险型创业代表了大学生创业的两种不同动机。前者更多的是出于生存和就业的考虑,而后者则更多的是出于对创新和挑战的追求。随着创业环境的不断变化和大学生创业意识的提高,我们相信会有越来越多的大学生选择冒险型创业,为经济社会的发展注入新的活力。

3.按照创新成分分类

大学生创业企业按照创新成分可划分为模仿型创业、复制型创业和创新型创业。

(1)模仿型创业

模仿型创业是一种传统的创业模式,是从重复他人成功的创业模式出发进行的创业形式,模仿他人的创业实施路径。这种创业类型在近年来的大学生创业实践中被大量采用。模仿型创业具有投资少、见效快、风险低、

---

① 清华大学二十国集团创业研究中心.全球创业观察 2016/2017 中国报告[EB/OL].(2018-01-27)[2021-03-16].http://www.sem.tsinghua.edu.cn/news/xyywcn/10364.html.

进入市场迅速等特点,做得好的话,相对容易从现有市场中分割一部分市场份额。这种形式的创业,虽然无法给市场带来新的商业形态,但可以为消费者提供更多元的供给方选项,也可以解决就业问题。模仿型创业与复制型创业的不同之处在于,创业过程对于创业者而言还是具有较大的冒险成分,模仿型创业模式也有创新,但创新成分一般较低。

选择合适的模式和经营地点,以及掌握正确的市场进入时机,是模仿型创业成功的关键。

(2)复制型创业

复制型创业是指大学生在现有经营模式基础上进行简单复制的创业方式。依照创业对市场和个人的影响程度,复制型创业由于前期他人生产及经营经验的累积而使得大学生可以去观测已经成功创业的企业或者商业的运行情况,新组建企业或者商业成功的可能性很高。复制型创业的创新贡献较低,也缺乏创业精神的内涵,并不是创业管理研究的主流。此外,这种模式容易导致市场过度饱和和产能过剩,从而可能给国家和社会发展带来新的问题。

(3)创新型创业

创新型创业指创业者突破传统的经营理念,通过自身的创造性活动引导新市场的开发和形成,通过培育市场新商机或者满足消费者的新需求来营造商机,可以分为技术驱动型创业和创意驱动型创业。

在三类创业模式中,相对大学生来说,创新型创业的创业难度和风险最大,但潜在收益也最大,对市场细分行业发展的贡献也最大,因此它对大学生创业者群体的吸引力最大。如果能有更多的大学生参与创办创新型企业,对细分市场的优化是有推动作用的,对新质生产力的发展也有明显的推动作用,所以从这一层面来看,应该鼓励更多大学生开展创新型创业,以推动细分市场的优化和新质生产力的发展。

决定大学生创新型企业是否能够生存并顺利发展的重要因素包括大学

生创业者、创业团队结构、创业企业市场定位及调研、创业技术与技术创新能力、创业企业文化和融资支持力度等方面。其中,作为关键人力资源因素的大学生创业者和创业团队结构是创业企业能否成功的关键要素。

第二节　高校(大学生)创业生态系统建模

一、大学生创业生态系统结构

(一)系统的区域和要素范围界定

高校大学生创业生态系统与区域创业生态系统的不同之处在于,高校管理层及职能部门(以下简称高校)处于高校大学生创业生态系统的中心位置,是最重要的两个参与主体种群之一(另一个重要参与主体是地方政府)。高校管理层处于协调主体地位,具有核心管理、系统建构与协调推进等三项功能,其与衍生出的相关机构创业孵化器、创新创业学院、技术转移办公室、创新创业办公室和创新创业协会等创业组织协调机构共同发力,在创业教育和创业文化的推动下,促进银行、基金、科研机构、资助企业、政府机构、中介机构及孵化基地和信息服务商等之间互动。而在区域创业生态系统中,大学的地位与其他构成要素是平等的,并不凸显其特殊重要性。

总体上,高校创业生态系统是由创业主体、多种参与主体以及多个要素等构成的,各个要素又是由许多环境因素及支持因素组成,这些因素包括非课程因素和课程因素,非课程因素是主体,而各个要素又按照类别组成社会创业环境生态、政府创业支持生态和高校创业支持生态等三个维度。创业主体、各种参与主体承担着不同的角色功能,高校负责顶层设计和系统维护,地方政府负责政府创业支持生态维度的优化和社会创业生态维度优化的主导和推进,外部支持组织及机构提供服务支撑,创业导师负责创业辅导及知识传递,创业学生接受辅导孵化和影响并参与创业实践,既分工又合作,不同主体有序执行各自的职责并共同发力,才能确保创业生态系统有序稳定地发展并发挥积极作用①②,如表 3-1 所示。

表 3-1　高校创业生态系统各个主体的职责和功能

主体	职责和功能
高校	负责顶层设计和系统维护,负责校内创业支持维度优化等
地方政府及其相关职能部门	负责政府创业支持生态维度优化的主导和社会创业生态维度优化的引领,推进政策措施的制定和落实,优化大学生外部创业环境等
外部支持组织及机构	提供服务支撑、投融资支持、贷款支持、创业咨询等
创业导师	负责创业辅导、接受创业咨询及知识传递、技术交流等
创业大学生	接受辅导孵化、参与创业实践、设立创立企业(或商业)等
大学生创业企业	在创业生态系统中,在创业大学生经营和维护下发展

生态系统的动态性和复杂性又决定了主体要素之间错综复杂的联系。不同的创业生态系统具有一定的差异性,主要体现在行业特点、地域文化、政策环境以及参与者的多样性等方面。例如,不同高校的创业生态系统可能会因为学校的专业特色、地理位置、政策支持等因素而有所不同。这些差异性不仅影响了创业生态系统的结构和功能,也为创业者创造了不同的机遇和挑战。自然界的生态系统具有边界。大学生在大学内的创业行为无法离开高校外的社会、政府而独立存在,其业务办理和企业经营与校外创业者一样要与各种职能部门、财税机构、银行、基金等打交道,企业运行及经商行为是面向市场,而不仅仅面向高校,大学生创业企业的消费者可能既有校内

① 叶慧.高校创业教育生态系统构成要素及运行机制的研究:基于麻省理工学院、慕尼黑工业大学和上海交通大学案例的分析[D].上海:上海交通大学,2017.

② 林嵩.创业生态系统:概念发展与运行机制[J].中央财经大学学报,2011(4):58-62.

师生,又有校外的消费者,因此,不能把系统区域仅定义于校内区域,而应该包括校外因素和空间在内的"城校共生"的空间区域。

(二)系统的结构模型

创业生态系统有多个层级,包括国家创业生态系统、城市创业生态系统、特定区域创业生态系统和高校创业生态系统[①]。创业生态系统受多部门、多资源、多因素的共同影响,具有开放性和循环性。事实上,尽管相关学者不断充实发展高校大学生创业生态系统的概念、内涵和外延,但目前不可否认的是仍未达成一致性观点。

为便于研究,我们从生态系统的友好度出发,基于"能量范式"视角建构高校大学生创业生态系统模型,按照第二节大学生创业生态系统的维度、要素、主体分类及前面的组织结构图,可以得出基于"能量范式"的高校大学生创业生态系统结构如图 3-2 所示,这也将是我们今后研究和调查的基础。按照 Tansley 的理论,自然界的生态系统是指在一定的空间内,生物和非生物通过物质循环和能量流动而形成一个相互作用、相互依存的生态学功能单位。[②③] 生态系统的结构可分为群落结构和功能结构,群落结构指生态系统内部的群落组成、群落分布等;功能结构指生态系统内的种群群落之间通过食物网或食物链所形成的网络结构。

因此,采用类比分析法,高校大学生创业生态系统群落结构应该是创业企业、高等院校职能部门、科研机构、资助企业、政府机构、中介机构及孵化基地和信息服务商等种群之间的关联方式,创业生态系统功能结构即系统运行的模式、运行机制等。

① ZAHRA S,NAMBISAN S.Entrepreneurship in global innovation ecosystems[J].AMS Review,2011(1):4-17.

② 庞静静.创业生态系统研究进展与展望[J].四川理工学院学报(社会科学版),2016,31(2):53-64.

③ 李万,常静,王敏杰,等.创新 3.0 与创新生态系统[J].科学学研究,2014,32(12):1761-1770.

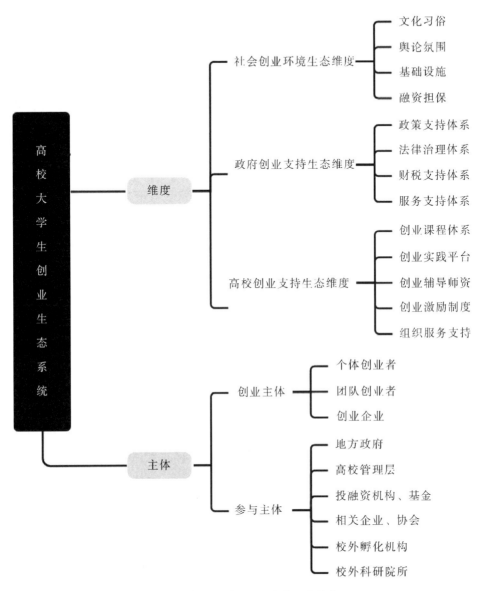

图 3-2 高校大学生创业生态系统结构

（三）系统与三个维度的关系

在高校大学生创业生态系统三个维度中，政府创业支持生态维度是核心之一，政府创业支持生态维度可以构成相对体系，但不能成为独立的子系统,而社会创业环境支持生态维度的要素因为相对零散,不能成为体系,但也是极其重要的维度,有的学者把它作为"创业环境"来研究。这里我们把它与支持条件融合在一起,从能量输入和能量流转角度看,作为整体的(体系)维度来提出,以体现其重要性,同时把它与地理位置的高校校园区分开来。而学校创业支持生态维度可以成为相对独立的体系,同时也可以成为独立的支持子系统,但因为我们所研究的大学生创业问题离不开政府创业支持生态维度的影响,所以这个子系统不是完整的生态系统,大学生创业行为不论是在校还是不在校,都不是独立于高校自身存在的,三个维度之间存在互相"影响"与互相"反馈"的关系。高校的创业生态系统同样深受政府及其职能部门的影响,因此在本研究的高校大学生创业生态系统非课程因素重构中,针对在校大学生,其核心区域是高校,而且需要把地方政府纳入研究范畴,当然我们是指影响大学生创业这方面的体系,而不是地方政府服务和管理职能的全部。

(四)系统与地方政府、高校管理层、社会机构的关系

首先,地方政府在高校创业生态系统中扮演着至关重要的角色,不仅处于"核心地位",还肩负着"主体责任"。地方政府的支持和政策导向对于创业环境的形成和发展具有决定性的影响,特别是省市政府在"主导层面"上制定相关政策和规划,为创业活动提供宏观指导和资源支持;而市县地方政府则在"执行层面"上具体实施这些政策,确保各项措施能够落到实处。

高校管理层在高校创业生态系统中则处于"维护责任"的地位。他们不仅负责"系统构建",即建立和完善创业教育和培训体系,还负责"生态优化",即根据创业实践的需要不断调整和优化教育资源和政策支持。此外,高校管理层还承担着向地方政府提出政策建议的任务,以促进创业生态系统的良性发展。

社会机构在高校创业生态系统中也发挥着重要作用,主要负责创业辅

导。这些机构包括但不限于创业孵化器、投资机构、法律咨询机构等,他们为创业者提供专业的指导和支持。然而,需要注意的是,在我国这种政府主导型社会下,社会机构的责任主体实际上也是地方政府。地方政府通过制定政策和提供资金支持来引导社会机构更好地服务于创业者。

综上所述,高校大学生创业生态系统是一个涉及多方主体、多层次关系的复杂网络。地方政府、高校管理层和社会机构在其中扮演着重要的角色,并通过相互合作与协调共同推动创业生态系统的健康发展。

二、高校大学生创业生态群落

(一)核心概念界定

高校创业生态群落组成如图 3-3 所示,创业生态群落包括主种群和相关种群。

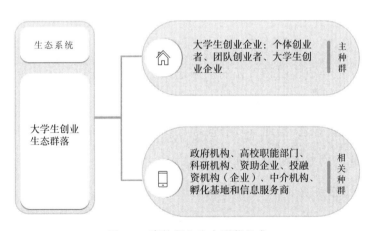

图 3-3　高校创业生态群落组成

1.主种群

主种群主要由大学生创业者及创业企业(商业)构成,主要指创业企业。

2.相关种群

相关种群包括地方政府机构、高校职能部门、科研机构、资助企业、中介机构、孵化基地和信息服务商等,其中地方政府机构和高校职能部门是相关种群中最为重要的两个"相关种群"。高校职能部门由学校校级管理层以跨越院系设置和整合行政机构的方式进行运作。

高校大学生创业生态系统的责任主体是地方政府(包括省级政府和地市、县区、镇(街道)政府)和高校,在系统中都处于主体责任地位,成为"双责任主体"。其中,地方政府在系统中为"主导责任主体",主导政府创业支持维度的建构。从这个维度来看,地方政府是该维度的主要责任主体,其中省市处于"主导层面",县区(包括镇、街道)地方政府和职能部门处于"执行层面",但随着行政职权的下放和高职院校与地方发展布局、产业联系的加强,特别是高职院校如果和县区进行深度合作,县区地方政府也可能上升为主导层面的责任主体。高校可以影响政府的决策,但无法决定政府的决策,对社会环境的影响也较小,只有地方政府才具有引领或者主导社会环境发展的功能,因此,在社会创业环境维度上,地方政府起到主导或者引领作用,地方政府处于主导或者引领责任的主体地位。高校职能部门在高校创业生态系统中处于"建构维护责任主体"位置,负责系统建构、创业政策、机制建议、系统维护、优化推进,与地方政府同等重要,只是角色和作用不一样而已,可以并应该成为创业生态系统优化的催化者。

(二)相互关系分析

(1)相关种群中的"政府机构"特指那些能够通过财政政策、知识产权保护、完善相关制度及其他行政手段为大学生创业者在创业活动中提供经济、技术、文化等方面的支持,使创业生态系统能够朝着形成更多可被创业企业利用的资源,进而完成物质循环和能量流转发展的各级政府部门和机构。

（2）相关种群与主种群的关系。创业相关种群是创新群落的基础，而大学生创业主种群则是创新群落的核心。创业群落的稳定性主要取决于创新创业相关种群的优劣，而创新创业群落的多样性和活跃程度主要取决于大学生创业主体的多少，和每个大学生创业主体获得多少创业相关种群的支持，以及市场的欢迎程度[1][2][3]。主种群与相关种群之间则不断进行能量流动，主种群还通过能量流动得到发展和壮大。

（3）在创业生态系统中，主种群、相关种群的主体组织之间存在着既竞争又合作的关系，政府机构、高校部门、科研机构、资助企业、中介机构、孵化基地和信息服务商等相关种群中，政府机构、高校部门是最重要的相关种群，两者如形成合力，对高校大学生创业生态具有强的"正相关"，此外，各群落参与主体与生态环境、要素间也存在彼此促进的关系。生态系统是包含许多不同类型参与者的具有自我调节能力的动态网络。在我们的研究中，大学生创业者及其创业企业是创业主体（亦可称为系统主体），此外还有许多参与主体，在每个创业领域，都有许多的联结者和影响者，他们可能不是创业者，但他们可以成为有利于高校创业生态系统优化的催化者。

---

① 封雪韵.创新创业生态系统构成及其相互关系分析[J].商业经济研究,2017(4):124-126.

② 汪忠,廖宇,吴麟.社会创业生态系统的结构与运行机制研究[J].湖南大学学报,2014,28:61-65.

③ 庞静静.创业生态系统研究进展与展望[J].四川理工学院学报(社会科学版),2016,31(2):53-64.

第三节　高校创业生态系统"能量范式" 优化思路的提出

一、"能量来源"问题的提出

高校创业生态系统是一个复杂而有机的整体，高校创业生态系统是由创业活动系统主体（大学生创业者及创办企业）、参与主体及其赖以生存的"环境"构成的有机整体，是包括社会环境支持生态维度、政府创业支持生态维度和学校创业支持生态维度等三个维度的生态系统。

作为一个动态复杂系统，高校创业生态系统的正常运行离不开各创业主体、参与主体之间物质与能量的交互。在其中，以创业主体为核心的能量交互机制是整个高校创业生态系统最为核心的交换机制，直接关系到生态系统的稳定性和共生演化能力的大小。

从"能量输入"视角出发，高校的大学生创业生态系统是一个动态平衡的系统，其组织结构发展演化及运行模式需要强有力的外部"能量输入"及内生的"能量流转"，这样才能推动系统的良性运行，进而有效推动创新创业活动的开展，实现大学生创业行为自发、有序地开展。

二、建立创业生态系统的流动模型

在构建基于能量流动范式的高校大学生创业生态系统模型中，我们引入了自然界生态系统的能量流动理论，以此为基础，建立了一个能够反映创业资源分配和利用情况的能量流动模型，以更好地理解和优化创业资源的分配、利用和创业支持措施的制定。

（一）明确能量源

在创业生态系统中，明确能量源是确保系统持续、稳定运行的关键。这些能量源是推动创业活动的原始动力，为创业者提供必要的资源和支持。在大学生创业生态系统中，主要的能量源包括政府、社会资源网络和学校的各种支持。

首先，政府的政策支持、资金扶持是创业生态系统中的重要能量源之一。政府通过提供创业基金、贷款担保、税收优惠等政策措施，为创业者提供资金支持，降低创业风险。这些资金可以用于创业项目的启动、市场拓展、产品研发等方面，是创业者不可或缺的重要资源。

其次，社会资源网络、辅导培训也是创业生态系统中的关键能量源。社会资源包括人脉、市场渠道、供应链等，是创业过程中必不可少的能量要素。通过社会资源网络，创业者可以获得更多的商业机会、合作伙伴和潜在客户，从而推动创业项目的开展。

最后，学校的支持在大学生创业生态系统中同样扮演着重要角色。学校可以提供创业教育、创业培训、创业孵化等一系列支持措施，帮助学生培养创业意识和创业能力。此外，学校还可以为创业者提供场地、设备等硬件设施支持，以及法律咨询、项目对接等软性服务。

（二）能量概念界定

我们提出的"能量"是个广义的概念，包括技术支持、资金支持、投融资、政策引导和创业孵化及创业辅导等等有利于创业主体大学生创业者的创业行为和创业企业发展的各种措施及政策，到创业者身上则转化为创业者的判断、经营及决策等能力、素养、品质和意识。这些资源以资金、技术、政策、人脉等多种形式存在，对于创业者的创新和发展至关重要。这些"能量"在投入系统中后，会转化为创业者的与创业相关的实际能力和素质，如判断力、经营能力和决策能力等,从而推动创业项目和企业的成长。

本书从生态系统"能量流动范式"角度出发,概括得出:"能量"是创业支持措施及载体中的创业支持和保障,以及创业者身上的创业能力及素养。

（三）能量流动路径优化

为了确保这些宝贵的资源能够高效、顺畅地流动到创业者手中,我们需要精心设计和优化资源的流动路径。这包括简化申请和分配流程,减少不必要的中间环节,以及提高资源的透明度和可获取性。同时,高校作为创业生态系统的关键一环,应积极承担责任,通过构建平台、优化网络和组织结构等方式,为创业者打造一个有利的环境。这样不仅可以吸引更多的外部资源投入,还能促进系统内部的能量转化和增值。

针对创业生态系统中的大学生创业者及其创业企业,其能量增加除了来自政府的政策性"能量输入"外,还包括来自生态系统的要素优化、系统提升和创业生态系统其他相关种群的"能量转化"等三个方面,实践中,高校在创业生态系统中处于维护责任主体地位,可通过构筑平台、构建网络、组织结构优化及协调推动等打造和维护创业生态系统,凭借其资源集聚、资源创造及快速市场响应机制来创造价值,吸引大学生创业企业的上级"营养级"参与主体的能量流转。当然,从生态系统来看,则需要系统外部"能量"的输入,以促进系统的动态平衡、大学生创业行为的成功及创业企业的高效运行,实现高校大学生创业生态系统的自我生成与演化。

（四）监测与调整

为了确保资源的最大化利用,我们需要定期评估能量流动的效率,并根据实际情况进行调整,包括监测资源的投入与产出比、创业者的满意度、创业项目的成功率等指标。

通过定期的评估和调整,我们可以及时发现并解决资源分配和利用过程中存在的问题,确保创业生态系统能够持续、健康地发展。同时,我们也可以根据创业者的反馈和市场需求,不断优化资源分配机制,提高资源的利用效率。

总之,通过建立能量流动模型,我们可以更好地理解和优化高职院校大学生创业生态系统的资源分配和利用,为高校大学生创业生态系统的持续发展和优化提供有力的支持。

三、影响创业生态系统演化的因素分析

（一）系统性

虽然自 20 世纪 80 年代以来,我国改革开放事业取得令人瞩目的成绩,近年来,大学生创业占社会青年创业的比例逐步提高,但当前的学校创业生态系统还很不理想,特别是高职院校的大学生创业生态系统,非课程因素体系在高职院校的管理层面受到的重视不够,针对创业扶持的高校资源配置不够充分,亟须进一步改进和优化。

（1）增强各要素、结构间的互动,最大限度发挥创业生态系统的优势。

（2）加大系统外"能量输入",提升系统的自我调节能力。

（3）进行要素改良、系统优化和重构,共同为大学生创业营造良好的创业生态系统环境。

（4）改善各体系和子系统的功能,特别是院系子支持系统的功能,当然院系子支持系统也是一个包括各种社会、政府资源和高校资源的系统（当然其自循环性很差,是否能够成为独立的创业生态系统存在争议,自我维护能力很弱,因此,我们不对此进一步研究）。

（5）加强"能量流动"和"物质循环",促进创业主体创业行为的成功和创业质量的提升,不断为高校所在区域的经济和社会发展注入新的动力和活力。

（二）共生性

共生演化系统有五个阶段，具体如下：

1.创意阶段（种子期）

优化的集聚可以推动创业生态系统的良性循环并向高阶发展，同时推动大学生创业意愿转化为创业行动，并进行创业企业的方案设计，因此在这个创意阶段，创业前期的辅导对大学生创业者显得十分重要。

2.初创阶段（初创期）

由于企业经营的市场和前景具有不确定性，这一阶段的共生关系并不规律，呈现一定程度的暂时性和随机性，主体间共生关系复杂，效果是"提升"还是"压制"会有反复。其中的创业生态系统中的资源、支持条件和环境等具有"共享性"特征[①]，此时对大学生创业企业进行创业孵化和指导显得十分重要。

3.成长阶段（成长期）

大学生创业企业的专业化程度越来越高，企业运行逐步走上轨道，合作模式转变为偏利共生模式，此时，创业加速器、创业综合服务体对大学生创业企业发展的帮助非常有效。

4.成熟阶段（成熟期）

当企业发展到成熟期，大学生创业企业的竞争力增强，逐步创出品牌，实力不断增强，企业运行已经有了一定的经验累积，为保证大学生创业企业能够长期稳定发展，这时候一般选择共生模式和互惠共生模式。

5.衰退阶段（衰退期）

在衰退阶段，大学生创业企业确实可能面临着严峻的生存挑战。当企业不符合产业发展布局或市场需求发生变化时，企业的产品或服务可能不

① Coviello E，Cox P. The resource dynamics of international new venture networks［J］. Journal of International Entrepreneurship，2006，4(2/3)：113-132.

再受到市场的青睐,从而导致销售额下降、利润缩减,甚至可能面临亏损。在这种情况下,企业需要考虑如何尽量延长生存期,以寻找新的市场机会或转型发展的可能性。

大学生创业企业生命周期各个阶段的主要特征如表 3-2 所示。

表 3-2　大学生创业企业生命周期各个阶段的主要特征

生命周期阶段	主要特征
创意阶段	大学生创业意愿转化为创业行动的酝酿阶段,主要进行创业方案的设计和论证
初创阶段	共生关系并不规律,其关系具有暂时性和随机性
成长阶段	创业主体处于成长过程,不断与市场进行磨合,一般选择偏利共生模式
成熟阶段	大学生创业企业的竞争力不断增强,创出一定的品牌,具有一定实力,运行稳定,为实现长期稳定发展,这时候一般选择共生模式或互惠共生模式
衰退阶段	企业因为各种原因面临着退出市场的风险,这种情况下,大学生创业企业的目标如果是尽量延长企业的生存期,一般就采用寄生模式

大学生创业者及创业企业与内外部环境之间存在着动态的交互过程,在大学生创业过程中的不同创业阶段,创业生态系统要素发挥的作用存在一定的差异,对大学生创业活动起的作用也会存在差异[1][2][3]。

(三)动态平衡性

影响高校大学生创业生态系统演化的因素分析是一个复杂而多维的过程,其中共生平衡性作为核心概念,扮演着至关重要的角色。共生平衡性指

---

① 吴伟,陈仲常,黄玮.国家创业生态系统要素与创业活动关系研究[J].科技进步与对策,2016,33(18):7-11.
② 易朝辉,张承龙.科技型小微企业绩效提升的跨层次传导机制:基于大别山地区的多案例研究[J].南开管理评论,2018,21(4):26-38.
③ GLASER B G, HOLTON J. The discovery of grounded theory[J]. Strategies for qualitative research,1967,3(6):377-380.

的是在高校创业生态系统中,不同主体(如学生、教师、企业、政府等)之间相互作用、相互依赖,达到一种稳定且互利的状态。以下是对影响高校创业生态系统演化中共生平衡性因素的详细分析:

1.内部因素

高校创业生态系统的内部因素主要包括教育资源与平台(涵盖师资、科研平台、课程体系)以及创新创业文化(涉及文化氛围和学生参与度)。这些因素协同作用,共同促进高校内部创业生态系统的稳定发展,形成一个良性循环的生态系统。

2.外部因素

外部因素涵盖政策支持与资金投入(如政府政策、社会资本)以及企业合作与实践平台(包括校企合作、创业实践平台)。这些外部因素为高校创业生态系统提供了广阔的发展空间,支持并促进内部因素的发展,推动不同主体间的交流与合作,进而形成共生平衡。

3.共生平衡性分析

共生平衡性在高校创业生态系统中的表现,是不同主体之间相互作用、相互依赖,从而达到一种稳定状态。这种状态的形成需要内外部因素的共同作用。内部因素的协同作用,如教育资源与平台的优化、创新创业文化的营造以及学生参与度的提高,共同促进了高校内部创业生态系统的稳定发展。而外部因素,如政府政策和社会资本的支持、企业合作与实践平台的搭建,不仅为内部因素提供了必要的支持和保障,还促进了不同主体之间的交流和合作,推动了共生平衡的形成。

影响高校创业生态系统演化的因素众多且复杂多样。共生平衡的形成需要内外部因素的共同作用和支持。通过不断优化内部资源和环境、加强外部合作与交流,高校可以构建一个稳定、健康、可持续的创业生态系统,为社会培养更多的创新创业人才。这一目标的实现需要高校、政府、企业和社会各界的共同努力和协作。

四、政府、学校和社会三个维度的关系

学校创业生态支持维度、政府创业支持生态维度是我们的研究重点,学校创业生态支持体系维度建设包括课程体系建设、辅导师资体系建设(简称导师体系建设)、组织体系建设、制度体系建设和实践体系建设等五个方面。其中,辅导师资也可以分布在课程体系和实践体系中,但从生态系统支持角度来看,它是高校创业生态系统的独特要素,而且是其区别于其他生态系统的本质要素,因此本书将对其进行独立研究,以体现其重要性;后三个方面是非课程因素体系。处于外围的政府创业支持生态维度、社会创业支持生态维度通过高校管理体系支持大学生创业活动的开展,属于系统的一部分。政府主要通过政策、制度制定和执行来提高"政策红利"和利用政商资源引导来实现"能量输入"以便达到优化高职院校大学生创业生态系统的目的。

创业生态系统"能量来源"问题的提出,关于大学生创业生态系统的"系统性""共生性"和"动态平衡性"这三个主要特性的模型分析,为接下来的创业生态系统能量范式建模和系统重构提供了理论依据。其中的共生性要求资源和支持条件、环境具有"共享性",将为后面的"共享式"实践平台建设提供依据,引导实践平台的发展、技术共享和信息共享方面的政策制定,为更好地构建创业生态系统提供理论支撑。

非课程因素方面的建构,即高校内部能够促进大学生创业顺利有效开展的各种制度措施、条件保障、文化氛围及平台机制等的集合。社会创业环境生态维度、政府创业支持生态维度也可能通过校地合作、校企合作等方式作用于高校,并使之成为高校大学生创业生态系统非课程因素体系的重要组成部分,而课程体系主要研究其"非课程化",因此高职院校大学生创业生态系统非课程因素体系比高校创业课程因素体系宽广得多,是最为重要的体系,这也是支持和推动大学生创业的主要因素和动力源泉。高校大学生

创业生态系统非课程因素体系融合在社会创业环境生态维度、政府创业支持生态维度和高校创业生态维度中的各个生态要素中。从建构的生态系统理论去研究生态系统优化问题,能量流动范式基础上适合的研究视角是非课程因素重构,而不是从体系优化角度去研究。

在一个完整、有机、友好的高校创业生态系统中,培育和维护创业生态系统中的共生关系,充分激活各生态层级之间的协同效应,促进创业生态系统中各个维度、要素之间的有机互动,才能更好地实现高校创新成果的转化,促进"能量流转",使高校创业生态系统得到优化并蓬勃发展,累积创新创业"能量"。而围绕高校进行的创新创业教育改革、政府创新创业政策红利落地进行的资源驱动,都有助于大学生创业者实现企业效益和社会效益的最大化。

因此,虽然大学生创业生态系统这个动态平衡系统的核心是高校,但需要外部"城校共生"创业生态系统"能量"(比如政商资源、资金和政策利好)的不断输入,以维护其动态平衡并促进其壮大。而其中以非课程因素为主构建起的高校大学生创业生态系统,又与校外的政商等资源紧密结合,因此高校大学生创业生态系统是无法离开校外的政商等资源而独立存在的,也不是以高校围墙为界的生态系统,而是包括政商等资源的一种动态、需要政商等资源的"能量输入"的动态系统。为此,我们将对福建省高校大学生创业生态系统进行非课程因素重构研究。

第四节 基于"能量范式"理论模型的高校创业生态系统的优化策略

从"能量流转"的视角出发,高校大学生创业生态系统与自然界的能量流转有着异曲同工之妙。在这个生态系统中,"能量",即资源、资金、信息、知识和技能等,在流转过程中会因各种原因产生损耗,这些损耗可能源于信息传递的不畅、资源配置的低效、政策支持的不足等多种原因。

　　为了降低流转中的能量损耗,优化大学生创业生态系统显得尤为重要。这种优化不仅包括课程体系的改革,更涉及非课程因素体系的全面提升。事实上,非课程因素,如创业文化、政策支持、融资渠道、导师指导等,对于大学生创业的成功与否有着至关重要的影响。其中非课程因素体系是重点,其优化是一个复杂的系统工程[①]。各种利害关系人是否愿意支持创业生态系统进行优化,完全取决于各种利害关系人(比如各种参与主体)是否能够从系统优化中得益,而"所有的利害关系人都受益"实际上是十分困难的[②],因此,就需要地方政府通过政策制定和社会治理进行推动,这样创业生态系统才能维持、优化并得到发展。还需要高校作为执行维护和系统构建层面的"维护主体"加强与地方政府、"社会层面"的基金会、融资机构和企业的沟通,共建创新创业集聚区、孵化区,从而搭建一个完整的创新创业教育训练平台和人才成长培养体系,并培育一个友好强大的大学生创业生态系统。仅靠高校一己之力,难以构建起友好度高、强大的大学生创业生态系统。

　　基于"能量流转"的视角,我们可以更清晰地看到大学生创业生态系统中的损耗和优化方向。通过政府、高校和社会各界的共同努力和协作,我们有望构建一个更加友好、强大的高校大学生创业生态系统,为特定创业群体——大学生创业者提供更多、更友好的机会和支持。而在这个过程中,非课程因素体系的优化将是关键所在。优化高校大学生创业生态系统需要政府、高校和社会各界的共同努力和协作。在能量范式模型理论中,高校大学生创业生态系统是一个动态平衡系统,其组织结构及运行模式需要强有力的外部"能量输入"及内生"能量流转",其中,外部"能量输入"策略是政策红利和非物质的资源(包括支持措施)"输入",高职院校促进"能量流转"策略

---

① 易高峰.构建地方本科院校创新创业教育生态系统[J].中国高等教育,2017(17):53-55.
② 滕堂伟.创业生态系统研究的知识基础与前沿重点[J].管理世界,2017(9):184-185.

是学校大学生创业支持生态维度优化。接下来将主要从非课程因素体系视角进行创业生态系统的优化研究。

一、外部"能量输入"策略——政府主导政策红利资源输入

（一）"能量流动"是大学生创业生态系统动态平衡和发展的基础

支持大学生创业不是高校独自可以完成的任务，大学生创业生态系统需要校外政商等资源作为系统外部"能量"输入，否则系统就有"崩溃"的危险。而大学生创业企业的壮大除了需要外部"能量输入"以维持系统的良性运行，还需要接受系统内的"能量流转"，使其不断壮大，维持其动态平衡。

因此，高校创业生态系统还要积极寻求高校外的社会、政商等资源的支持。政商资源包括：地方政府发布的各种政策及优惠措施，企业、商会、协会对创业基地及创业辅导的支持与参与，基金及银行的资金信贷支持等等，以此来维持大学生创业生态系统的稳定并力求友好度的提升。大学生创业生态系统的稳定发展需要高校、政府、企业等多方面的共同努力和支持。通过加强合作、促进能量流转和培养创业学生综合能力等措施，可以推动整个高校创业生态系统的良性发展和持续优化。

（二）政府是高校创业生态系统中"能量输入"的主导责任主体

高校大学生创业服务支持体系是一个复合性的、多层次的结构，它以服务创业大学生为核心，集成了高校资源、社会环境以及外部政府政策资源等多重要素。这个体系不仅为大学生创业者提供了必要的资金、辅导和政策支持，还通过各个主体之间的相互作用和协同，为创业活动创造了一个良好的生态环境。在这个体系中，市场、政府、投融资机构、关联企业、孵化器（创业园）和高校这六个参与主体是相互关联、相互作用的，他们通过直接参与市场活动，为大学生创业者提供市场需求、技术支持、资源整合等生态要素

支持;同时,也通过帮助创业主体大学生创业,推动整个创业生态系统的持续优化。

总体而言,高校大学生创业服务支持体系是一个动态、开放的系统,它需要不断地适应外部环境的变化,不断地得到外部的"能量输入",内部的能量也需要不断流转,不断优化和完善内部结构和功能,以更好地服务于大学生创业活动。同时,这个体系也需要各个主体之间的密切合作和协同,以实现资源的最优配置和整体效益的最大化。

整个服务体系以服务创业大学生为中心形成,包括创业资金扶持体系、创业知识体系和政府政策支持体系等,地方政府在为大学生创业制定相关政策、营造良好的创业环境、提供优质的服务中处于主导地位。地方政府应该在倡导创业精神、营造良好的创业舆论氛围、增强对创业企业及大学生创业者辅导的同时,优化大学生创业的政策环境和法律环境,搭建各种创业实践、辅导和孵化平台,建立与完善大学生创业的社会配套体系。地方政府在创业服务乃至"能量输入"主导上的推动,要做好以下四方面工作:

(1)地级市政府应该根据职能权限制定相应的高校大学生创业生态提升导向的政策,为大学生创业提供良好的创业生态系统法律治理环境;

(2)要引导高校和社会相结合,建立全面的创业培训因素体系,形成合力效应;

(3)要大力发展创新创业经济,整合集聚社会各个行业、各微中观主体的创业支持资源,为大学生创业实践提供实践平台要素体系和辅导孵化指导要素体系;

(4)县区政府要在地市级政府政策主导框架内,主动作为,积极制定和颁布一系列相关的、有效的措施,为大学生创业提供多方位的筹融资渠道,推动政策执行和落地;

(5)地方政府应担负起主体责任,支持、引领社会创业环境的优化,形成鼓励大学生创业的舆论氛围,当好大学生创业生态优化的主导者。

我国属于政府主导型社会,政府在经济发展、社会管理和公共服务等方面扮演着重要的角色。在大学生创业生态系统构建中,政府的作用尤为突出。政府不仅通过制定和实施创业政策、提供财政支持、优化创业环境等方式,直接参与和支持大学生创业活动,还通过引导和协调各方资源,促进高校、企业、投融资机构等各方主体的合作与协同。这种政府主导的模式,有助于集中力量办大事,提高创业服务的质量和效率,推动创业生态系统的良性发展。

当然,政府主导并不意味着完全由政府包办一切。在以服务大学生创业为核心的大学生创业生态系统中,还需要发挥市场机制的作用,激发社会各方面的活力和创造力,形成政府与市场、社会、高校相互补充、相互促进的良好局面。

我国政府主导型社会的特点在创业支持导向下的大学生创业生态系统构建中得到了充分体现。这种模式下,政府的作用至关重要,但同时也需要各方主体的共同努力和协同合作,以推动创业生态系统的持续发展和壮大。

大学生创业服务体系和其他各种政策体系的微观主体一样,直接或间接地受到政府主导的调控和政策的影响。目前我国从国家层面到省市层面都出台了许多大学生创业服务扶持政策,但在创业服务上存在较大欠缺,地方政府作为责任主体的职能还没有充分体现,特别是市县地方政府职能部门的作用还没有充分激活。

(三)挖掘校外政商资源为大学生开展创业活动提供"能量支持"

基于"能量流转"的视角来审视高校大学生创业生态系统,高校大学生创业生态系统优化过程也可看作是一个能量流动和转化的过程。在这个过程中,高校大学生创业者需要不断从外部环境中获取能量,即各种资源和支持,以推动创业项目的发展和成长。在优化高校大学生创业生态系统的过程中,从"能量流转"的视角来看,挖掘校外政商资源为大学生创业活动提供"能量支持"是至关重要的,这主要是因为高校内部的资源储备可能相对有限,而校外的政商资源则能为大学生创业提供更为广阔的能量支持和帮助。

以福建省的高职院校为例,福建省的高职院校办学规模普遍偏小,实力也较弱,总体上还处于发展初期,与先进省份相比,创业生态系统普遍较弱,差距较大。2023 年,福建省经济总量达 5.4 万亿元、居全国第八,人均 GDP 达 13 万元、居全国第四①。福建省高职院校规模与经济发展水平是不相称的。对高职院校大学生创业生态系统来说,外部"能量输入"很重要。高职院校普遍以"众创空间"、创业孵化基地、创业工作室、创业工作坊和创业服务综合体等为载体,开展创新创业孵化工作,成为创新创业素质培育的重要途径之一。

应该说,创业实践是高校开展创业教育、服务与支持工作的重要环节,也是广义的创业教育的主要发展方向,教育部明确提出加强创业基地建设,因此,福建省属高职院校要改变思路,因地制宜,依托学校优势资源,主动去整合学校资源和学校周边的地方资源、企业、行业协会和商会等,建立校企合作或者校地合作的校园大学生创业实践基地,为大学生模拟创业或者真实创业提供场所和条件等保障措施。

通过基于"能量流转"视角的高校大学生创业生态系统理论,我们可以更清晰地看到挖掘校外政商资源为高校大学生创业活动提供"能量支持"的重要性和必要性。通过加强与政府、企业、行业协会、创投基金和校友等外部资源的整合和合作,建立区域共享、层次分明的创业实践基地群,生态系统可以为大学生创业提供更全面、更专业的支持和服务,推动经济大省更快更好地发展和创新发展。

二、促进"能量流转"策略——学校创业支持生态维度优化

学校创业支持生态维度优化上,以福建省高职院校为例来进行分析,包

---

① 2023 年福建省经济总量与人均 GDP 数据发布[N].光明日报,2024-04-09.

括以下四个方面：

（一）辅导孵化要素方面——试行市域校际创业师资互助联盟

在福建省,高职院校的创业生态系统质量和大学生创业质量与沿海江浙沪粤有一定差距,据项目组2019年所做的调查统计,福建省高职院校大学生创业企业的盈利只有25.9%,其中盈利较多的仅占4.2%,盈利较少的企业占21.7%,而盈亏基本持平的占28.9%,45.2%的企业则出现亏损。如何提高福建省大学生创业成功的比例,如何使大学生创业企业走出盈利面低的困境,如何优化大学生创业企业的营商环境等等,这些问题的解决都有赖于在高校建立包括优质非课程因素在内、创业支持导向强大友好的创业生态系统。而福建省的高职院校特别是民办学校对创业教育的重视程度不高,创业支持导向的生态系统建构水平较低,调查发现,在创业辅导教师队伍建设上,高职院校普遍存在明显的短板。

基于"能量流转"的视角来看待高校大学生创业生态系统,创业辅导教师的专业化发展是这一生态系统中至关重要的促进"能量流转"的重要举措之一。为了改善这种情况,福建省高职院校应该加强兼职教师的管理和培训,提高他们的教学水平和归属感。此外,还可以建立更加紧密的校企合作机制,为创业导师提供更多的实践机会和资源支持。

通过这些措施的实施,有望提高福建省高职院校创业导师的整体素质和工作积极性,推动创业辅导和创业服务、创业支持的重构发展。

1.解决机制——创业师资区域共享联盟

在基于能量流动范式的高校大学生创业生态系统中,创业师资作为关键的能量源,其优化与配置对于提升整个创业生态系统的活力和质量至关重要。从能量流动的视角来看,创业师资区域共享机制是一种有效的资源优化配置方式,能够促进创业生态系统中的能量高效、有序地流动。

当前福建省的高职院校普遍难以独立配备强大的创业师资队伍,这样的辅导师资结构很难给即将进入社会或者在校创业的学生提供有效的指引,更难以开展创业孵化辅导,因此创业生态系统的质量可想而知。所以,建立优秀的创业师资队伍结构迫在眉睫,根据我们所进行的福建省高职院校创业现状调查发现,在福建省高职院校内依靠自身力量短期内是无法解决这一问题的,我们建议可以试行创业师资区域共享机制。

(1)整体重组思路。现阶段,首先由教育部门以地级市区域为单位设立校际高职院校创业师资互助联盟,尝试创业师资市级区域共享机制。通过整合区域内高职院校的创业导师资源,形成跨校的创业教育师资互助联盟,实现资源共享和优化配置。这一机制可以弥补单一学校在创业师资方面的不足,提升整体师资水平。同时,积极吸纳企业、咨询公司等外部资源,进一步丰富大学生创业导师库,为大学生提供更多元化的指导。

(2)能量范式思路。

①能量聚集与整合。创业师资区域共享机制首先实现了创业生态系统能量的聚集与整合。通过设立校际高职院校创业师资互助联盟,将原本分散在各个高职院校的创业导师资源进行集中整合,形成一个强大的创业师资库。这种整合不仅提高了资源的可见性和可获取性,还为后续的资源共享和优化配置奠定了基础。

②能量传递与增效。在共享机制下,优秀的创业导师可以在不同高职院校间进行流动授课和指导,也可以顺畅地为毕业后的大学生在共享基地为他们提供辅导,将他们的知识、经验和技能传递给更多的学生和创业者。这种能量的传递不仅提升了各高职院校的创业教育水平,还激发了学生的创新思维和创业激情,从而提高了整个创业生态系统的活力和效率。

③能量引入与转化。积极吸纳企业、咨询公司等外部资源加入创业师资库,不仅丰富了导师的来源和背景,还为大学生创业提供了更多元化的指导和支持。这些外部资源的引入相当于向系统中注入了新的能量,为创业生态系统的持续发展和演化提供了动力。

④能量循环与再利用。在创业师资区域共享机制中,创业导师的经验和知识可以在不同学校和创业者之间不断传递和分享,形成了一种能量的循环和再利用。这种循环不仅促进了知识的更新和迭代,还使得整个创业生态系统更加稳健和可持续。

2.机制的优势与意义

(1)提升资源利用效率。

通过共享机制,可以避免资源的重复建设和浪费,提高创业师资的利用效率。

(2)促进教育资源公平。

优秀的创业教育资源不再局限于某一所学校或地区,而是可以在更广泛的范围内进行共享,从而促进了教育公平。

(3)增强生态系统韧性。

多元化的创业导师资源和外部能量的引入增强了创业生态系统的韧性和适应性,使其能够更好地应对外部环境的变化和挑战。

综上所述,从能量流动的视角来看,创业师资区域共享机制在促进高校大学生创业生态系统中的能量流动、提升资源利用效率、促进教育公平以及增强系统韧性等方面都具有显著的优势和意义。

3.具体做法

(1)重组创业导师团队。

将现有各高职院校的大学生创业导师资源进行整合,形成一个跨校的大学生创业教育师资互助联盟。通过这个联盟,实现创业导师资源的共享和优化配置,提高整体师资水平。

(2)建立多元化导师库。

从企业和咨询公司中挑选经验丰富的管理人员,组建一个大学生创业导师库。这些导师不仅可以为学生提供实际的企业经营经验和策略指导,也能加强高校与产业的联系。

（3）拓宽导师联盟范围。

积极邀请优秀的创业培训师、成功企业家、管理专家等加入校级导师联盟。同时，加强与事业单位和政府部门的合作，吸纳其专业人员为学生提供不同领域的知识和技能。

（4）推广灵活薪酬模式。

为创业孵化辅导教师实施"按教时计发工资"的薪酬模式。通过这种方式，可以更加灵活地激励教师的工作积极性，并根据其工作量和质量给予相应的报酬。

4.保障机制

（1）完善管理和协调机制。

建立创业教育师资互助联盟的管理机构，负责协调各校之间的合作和资源共享。制定明确的合作框架和协议，确保各方权益得到保障。

（2）制定导师选拔培训标准。

制定严格的导师选拔标准，确保导师具备指导创业学生的能力和经验。定期对导师进行培训和考核，提升其指导能力和专业素养。

（3）建立评估和激励机制。

定期对创业导师的工作进行评估，根据其表现给予相应的奖励和激励。对于表现优秀的导师，可以提供更多的发展机会和资源支持。

（4）加强校企产学研结合。

与企业和咨询公司建立长期稳定的合作关系，共同开展创业教育和培训项目。通过产学研结合的方式，推动创业导师团队的不断优化和升级。

（5）提供资金和政策支持。

政府和相关部门应提供资金支持，用于创业导师的薪酬、培训和活动等。同时，制定相关政策，鼓励高校、企业和个人参与创业教育和指导工作。

通过这些具体做法和保障机制的实施，可以构建一个更加高效和优质的创业师资区域共享机制，推动高校创业生态系统的优化和发展。

5.创业辅导教师专业化发展

创业辅导教师专业化过程及内涵也有其特殊性,不仅要求上好创业课程,掌握创新创业理论知识和模拟指导、咨询、测评等技能,还要掌握创业辅导、孵化辅导的规律和熟悉大学生创业的特点,同时还要领悟国家、省市出台的惠及大学生创业的政策文件以及具备预测就业市场变化的能力,因此,创业辅导教师除了应该拥有更强、更全面的素质,从教师素养上来看还必须具有辅导孵化的反思意识,努力成为反思型导师。最后,针对现有的大学生创业辅导教师的特殊需求,对创业辅导教师积极开展有针对性的专业培训,培训内容不仅要包括创新创业理论知识和模拟指导、咨询、测评等技能,还应组织教师到企业进行创业实践考察、创业辅导、孵化辅导等实操训练。同时,解读国家、省市高校当地出台的惠及大学生创业的政策文件,提升导师对就业市场变化的预测能力。

(二)实践平台要素方面——构建校地企协同共享式创业平台

从生态系统理论角度来看,为了支持能量流动,高职院校的创业生态系统非课程因素体系要求高校与企业、投融资机构及基金会等高度结合,高职院校的一些政产学研协同建设的创新创业基地和园区毗邻校园,需要融合创新创业诊断、创新创业模拟、创新创业苗圃等多种功能,为高职学生提供更多贴近实际的创新创业训练机会,有力地激发学生创新创业灵感,丰富创新创业体验,因此,创业生态系统非课程因素体系优化所需的创业实践平台建设,必须具备以下三个核心特征,以确保其有效性和广泛影响力:(1)面向全体学生;(2)资源整合,集中支持;(3)多部门协同。

1.模式架构的核心理念——面向全体学生

核心是普惠性创业实践平台的建构。平台应该是包容性的,允许所有学生,无论其专业背景或学习阶段,都有机会参与创业活动和实践;面向全体学生的同时还应该是具有开放性,而不只是形式上全体学生可以参与,应

该像图书馆那样,真正建立面向全体学生的开放制度,具体做法建议如下:

一方面,改申请制为登记制,学生可以选择方便的时间来使用实践平台。比如课后开放时间的明确,简化登记程序,在实践平台数量还比较紧张时可以采用预约制、轮换制等方式实现共享,学生可以在其中进行创业实践锻炼、沙盘模拟、沙龙谈论、团队建设和开展活动等。

另一方面,平台还应该创造条件为大学生创立企业提供政策咨询、扶持资金申请、融资贷款、企业登记、商务租赁等一站式全流程的创业服务。比如,为大学生创业建立技术成果转化及项目合作的交易渠道和合作平台,积极与银行、风投、券商、基金等机构以及政府相关职能部门沟通、合作,拓宽学生创业企业和项目的融资渠道。

2.资源整合,集中支持——校、地、企协同

平台应该能够有效地整合校内外资源,包括资金、技术、市场、人才等,为创业学生提供全方位的支持。教育部明确提出加强创业基地建设,福建省高职院校要不断整合学校资源和企业、地方资源,建立校园创业实践基地,为学生模拟创业或者真实创业提供场所和条件。同时要加强校企合作,甚至由企业或者创业辅导机构负责大学创业教育实践基地或者场所的运营,充分发挥地方企业的带领、示范作用,建立层次分明、梯队明显、专业分布广泛、校内外相结合的创业实践基地群。

福建省高职院校的大学生创业实践平台优化需要得到政府的支持才能有效推进,应该是一项政府主导推动、高校维护和建构、校内外多部门协同、跨专业融合、社会多元主体参与的系统工程。政府、高校、社会和企业等四方面力量需要共同发力,才能形成积极的互动机制,从而构建起全员、全过程、全方位的大学生创业实践平台,鼓励高校内外多方参与,吸引社会资源和国内外优质创业资源积极参与、共同发力。比如,进一步深化产教融合,鼓励企业以兼职师资、资金、市场、技术等资源参与高校创业生态系统建构,实现校企协同育人、联合创业;利用国际企业合作的网络和合作体系,部分实力和基础比较强的高职院校应该扩展视野,积极探索联合建立创新创业实验室、国际创新创业竞赛和活动等,强化创新创业支持体系建设的国际交流与合作,不断提升创新创业支持的国际合作[①]。

其中校内的多部门协同包括:

(1)平台的建设和运营需要学校内多个部门的协同合作,如创新创业学院、教务处、学生处、科研处、就业指导中心等。

(2)通过建立跨部门的工作小组或委员会,促进信息共享和资源调配,确保创业辅导、创业企业孵化、实践活动的顺利进行。

(3)鼓励学科交叉和团队合作,打破专业壁垒,鼓励学科交叉和团队合作,让学生在创业实践中体验不同领域的融合和创新,从而培养其创新创业能力。

所以,建构的创业实践平台并不仅仅是为学生提供模拟创业、体验创业的机会,而是让学生理解创业的理念,提升创新创业素养,最大程度模拟创业的过程,还是一个培育创新创业能力的场所和平台,并且成为大学生创业的前期练兵场。

(三)组织机构要素方面——独立设置学生创业协调的组织

创业生态系统中的四个层级概念,系统是整体级别,要素是系统的组成单位,维度是由要素组成的,功能是要素组成的维度的效果体现。要素也可以组成结构,具有相辅相成、互为依托的关系,而组织建设是结构的一部分,如果没有专职机构统一管理,而是由多部门分别负责创新创业教育的一部分工作,则生态系统中高职院校的维护主体功能难以实现,因此需要对组织机构要素进行优化。首先需要明确组织主管部门,以便对资源进行集中管理、集中统筹,实现高效运作,改"多部门负责"为"专职部门负责"。明确组织主管部门是优化创业生态系统非课程因素体系的首要任务,通过设立专

① 张海东,吕京.推进高校创新创业教育[EB/OL].(2020-06-16)[2023-01-08].http://www.qstheory.cn/llwx/2020-04/16/c_1125863441.htm.

职部门负责创业实践平台的管理和运营,可以确保资源得到集中管理、统一规划和高效利用。

通过对福建省高职院校的调查发现,高职院校的创业教育主要还是由教务处或者学生处负责,虽然已经普遍设立指导机构,42.1%的高职院校也成立了创新创业学院,但很多没有发挥应有的作用,面向全体学生的作用发挥有限。

因此,为了确保创业生态系统中的能量能够高效、顺畅地流转,建议采取以下举措:

(1)建议尽快成立专职的创业管理机构,比如创新创业辅导孵化指导中心。调查发现,福建省高职院校基本成立了学生创业管理组织;有的学校虽然已经建立管理机构,但基本不是独立设置的,其作用没有得到有效发挥,无法协调组织开展各类学生创新创业活动。专职创业管理机构的职责如下:

①集中管理资源:专职机构负责统筹和调配全校的创新创业资源,包括资金、场地、设备等,确保资源得到最高效的利用。

②规划创业活动:根据学校的实际情况和学生的需求,规划并组织各类创新创业活动,如创业培训、创业大赛、项目路演等。

③协调校内外关系:与校外企业、投资机构等建立合作关系,为学生创业提供更多机会和资源;同时,协调校内各部门之间的关系,确保创业活动的顺利进行。

④提供咨询服务:为学生提供创业咨询、项目评估等服务,帮助他们更好地准备创业。

(2)建议成立学生创业社团组织。没有学生创业组织的学校,应尽快成立大学生创新创业联合会,或者在学生会成立创新创业部。同时建议成立校级的创新创业学生社团,去开展实施学生社团层面的各类大学生创新创业活动。

(3)建议成立院系级创业组织。在院系级设立具有独立行政编制的创新创业组织,在现有高职院校办学还处于发展阶段的情况下是不现实的,但现实中院系级创新创业活动开展的质量参差不齐,且无法形成约束,为此,建议从制度体系和绩效工资单独发放上对院系级创业组织成员进行激励,以使大学生创业工作受到重视和得到推进,因为院系的大学生创业生态如果健全,可以成为一个良好的子系统,与学校创业生态大系统共同发力,支持大学生开展创业活动。

(4)全面成立并实际运行创业孵化服务指导中心。前期可以采用创新创业学院的形式逐步过渡,把原有创新创业学院以"创业教育"为主向"创业支持"为主的创业孵化服务指导中心转化,进行职能提升。还没有成立创新创业学院的专科院校应该尽快成立,或者把创新创业指导中心或者双创办调整为创新创业教育事务中心,相当于校级的创业学院的功能,来负责统筹全校的创新创业教育规划并开展创业孵化服务。同时成立校级创新创业教育办公室,可以与创新创业学院或者创新创业教育事务中心合署办公。这个机构作为校级机构,负责协调与院系、部门的关系,负责建立健全激励政策并监督落实。

通过这些措施的实施,可以构建一个更加完善、高效的高校大学生创业生态系统,为学生的创新创业活动提供更好的支持和保障。

(四)激励制度要素方面——完善在校大学生创业激励制度

创业生态系统中的高校创业支持维度需要动力机制的协助,这样才能促进校内大学生创业生态系统的形成、推动相关种群群落向创业企业群落的"能量流转"的积极性。因此,从生态系统动力机制角度出发,在高校创业支持维度上需要重视激励制度要素"活跃度"的提升和激发。激励制度建构是推动创业活动和创业生态系统优化的重要动力,为生态系统的"能量流转"提供正激励。一个完善的大学生创业激励制度能够激发大学生的创业热情,激励高校大学生创业生态系统的"能量流转",从而推动创业企业的成长和发展。下面按照这一思路进行研究。

2019 年对福建省高职院校大学生创业的调查发现,高职院校内男生的创业意愿要远高于女生,理工科学生的创业意愿要高于文科和艺术类学生。接近半数的学生对创业有过想法,但付诸实施的还不多,仅占 11.3%。为什么选择创业的学生比例这么低?研究发现其原因有多方面,而高校在校大学生创业的激励制度不够健全是重要原因之一。

高职院校应该采取以下措施:

1.制定及完善在校大学生创业激励制度

高校大学生群体中正在形成一股势不可挡的创业浪潮,而且高校的录取比例逐年上升,大学生逐渐成为我国创业的主力军。大学生创业不仅仅是一种个人行为,更是中国走向创业型国家的进程中必须大力支持的创业类型,因此应将支持大学生创业工作作为高校发展与改革重大事项进行整体改革并提上议事日程。

完善在校大学生创业的奖励制度有助于克服目前高校大学生创业促进体系中鼓励支持少数的这种"点上突破"现状,而做到"面上覆盖",实现普遍提高大学生创业素养的目标。

2.构建"创业友好型"院校制度因素体系

基于高校创业生态系统的优化,对学校制度体系进行梳理并构建能量流转畅通的渠道的"创业友好型"制度因素体系是一项关键任务。这样的制度体系旨在鼓励和支持学生的创业活动,提供一个有利于创新和创业的环境。支持大学生创业,高职院校应有长期的制度建设规划,而不仅是短期的"运动"式活动。靠资金扶持、税收优惠的激励,短期来看有一定的必要性,但长期而言,还是要着眼于建立宽容自由的激励制度要素,提升创业生态系统的"友好度"。在福建省,由于执行层面的管理制度体系没有跟上,"创业抵扣学分"在福建省高职院校实际操作中还是执行得很少。中国政府和社会各界一直在努力推动高校教育改革和创新,以更好地适应经济社会发展对人才的需求;学制改革持续推进,高校也在不断调整和完善自身的教育模式和培养目标,加强对学生创新创业教育的重视和实践,为学生提供更加多元化和个性化的教育服务。

创新企业的成功,确实往往源于长期的创新思维和创业精神的培育。这种精神和思维并不是一蹴而就的,而是在一个宽容、鼓励尝试和包容失败的环境中逐渐熏陶而成的。调查发现,创业成功的永远是少数,单靠物质刺激或者鼓励很难在短时间获得创业成功,但创新思维和创业精神的获得却是永远的,即使创业失败,但创业精神的树立会使学生终身受益,这也是创业生态系统重构的导向。对"双创"的评估要有更宽容的心态。如果高校将在大学生创业工作领域的主要精力用于寻找筛选创业者,热衷于以投入多少钱、扶持多少创业者成功创业为政绩,热衷于组织学生参加创业大赛获取奖牌提高学校的知名度,那就偏离创业教育提升创业素养的目标,也偏离了创业教育的本质和初衷[①]。

优化高校大学生创业生态系统,基础是支持大学生创业的制度体系建设,导向是加大对非课程因素的重视力度并进行友好创业生态系统导向的重构,做好创业支持目标下学校开展的组织、支持及孵化项目运营等管理制度、教师职称评聘制度和外聘辅导教师薪酬制度等重构,建立起支持大学生创业的激励制度体系,使之成为创业生态系统的良好维度环境。

3.出台支持大学生创业的实施办法和执行细则

出台支持大学生创业的实施办法和执行细则方面,建议按照教育部2017年修订的《普通高等学校学生管理规定》第十七条,出台支持大学生创业的实施办法和执行细则。《普通高等学校学生管理规定》已于2017年9月1日起施行,其对大学生创业支持力度是空前的,其中"鼓励创新创业"等关

---

① 大学生创业需要长期制度建设[DB/OL].(2020-06-16)[2022-08-16].http://opinion.people.com.cn/n/2015/1118/c159301-27826742.html.

键词成为亮点,更关键的在于落实,高职院校应该尽快行动起来,畅通在校大学生创业的学制障碍,真正实施创新学分认定制度。

福建省的高职院校大学生创业活动近几年来在政府、社会和高校的不断推动下已经取得长足的发展,目前处于逐步加速的上升阶段,创业活动的推动和发展需要政府、社会、高校以及学生个体之间的能量流动和交互。从"能量流转"的视角出发,为促进在校大学生创业,需优化各要素间的能量流转渠道,促进能量流转,具体而言,福建省高职院校需要制定有效的政策或制度,按照新的《普通高等学校学生管理规定》真正实施创新学分认定制度,并结合各自学校实际,优化学校创业支持体系,推动能量流动和能量转化,促进高校大学生创业生态系统的健康发展,以提升大学生创业素养并吸引更多大学生加入创业行列。

总之,出台支持大学生创业的实施办法和执行细则是构建高职院校创业支持生态系统的重要环节。通过遵循教育部规定、实施创新学分认定制度、优化创业支持体系、促进各方能量流动以及提升大学生创业素养等措施,可以推动高职院校大学生创业支持生态系统的健康发展。

第五节　创业生态系统的评估

友好强大的大学生创业生态系统能够让大学生初创企业快速成长、茁壮发展,获得稳定的收益,即使企业进入股权交易、上市或被并购退出,其中的创业基金资源便可以再次回到大学生生态系统中作为新投入的资源。面对崛起的新兴创业生态系统的竞争压力,生态系统必须发展出成功的策略。由于属性不尽相同,无法一概而论,但是有效的策略大都聚焦三个方面:明确发展阶段、弥补与成功因素的落差、善于利用在细分领域的相对优势。因此,研究大学生创业生态系统,不能只聚焦于组织大学生参加各种创业大赛的成绩及创业企业的数量,而是要根据生态系统的规模大小,比对其生命周期,找出正确的数据与成功的因素,并提出具有可操作性的见解,方能帮助生态系统的维护主体和责任主体去建构友好的生态系统。

由于大学生创业生态系统研究还处于初级阶段,判断优劣的主观性很强,观测指标也大多只能采用专家评分法,能够进行准确评分的并不多,因此在绩效评估方面,目前学界基本上只能对创业生态系统的某个方面进行初步评估,还未建立起一套指标体系来评估创业生态系统。我们结合对高职院校大学生创业生态系统的构成来分析评估创业生态系统的绩效,采用专家考察打分法结合层次分析法构建大学生创业生态系统评价指标体系(专家打分为主,辅以层次分析法),将评价目标分解为不同层次的一级指标(维度)、二级指标(要素),采用专家考察估测法对各评价指标定性分析,将评价等级分为很好、较好、一般、较差、很差,并赋以一定的权重(见表 3-3),可得然后进行测算以得出一定的分数,在此基础之上进行定性和定量分析的决策,然后进行综合评价①。

表 3-3　高校创业生态系统运行效率评价指标体系

一级指标（维度）	权重	二级指标（要素）	权重	观测指标	评价等级及选择比例				
					很好	较好	一般	较差	很差
社会创业环境生态维度 A1	0.25	文化习俗	0.25	创业创新意识,社会规范,风险偏好程度,亲友支持程度,公众对创业的态度、对创业失败的宽容程度					
		舆论氛围	0.25	舆论导向,社会宣传,价值观念上鼓励创业、崇尚创业情况					
		基础设施	0.25	场地扶持、商业及专业基础设施					
		融资担保	0.25	贷款、融资担保、奖励资金、创业基金、天使/风险投资					

---

① 董华,褚庆柱,秦国欣,李旦丹.青岛市大学生创业生态系统运行效率的综合评价[J].青岛科技大学学报(社会科学版),2015,31(4):100-106.

续表

一级指标（维度）	权重	二级指标（要素）	权重	观测指标	评价等级及选择比例				
					很好	较好	一般	较差	很差
政府创业支持生态维度A2	0.35	政策支持	0.25	创业政策及执行情况,教育、科技、人力资源、规划等诸多部门政策执行统筹和协调工作情况					
		法律治理	0.25	法律服务、执法环境、治理机制					
		财税支持	0.25	自主创业税收优惠政策力度、广度及执行情况、财政费用优惠					
		服务支持	0.25	税务、工商、人事代理、招工资源、技术产权等服务					
学校创业支持生态维度A3	0.40	创业课程	0.20	课程内容、载体、方法、授课方式等					
		实践平台	0.20	各类创业比赛、创业实践基地建设、创业孵化器建设、拓展培训					
		激励制度	0.20	创业学分、制度设计、宣传、奖励政策及执行情况					
		辅导师资	0.20	辅导、孵化、指导、咨询师资					
		组织服务	0.20	机构设置、中介及咨询机构、创业服务网站、产品发布、成果转化					

创业生态系统的演化和发展具有复杂性,各发展阶段具有不同的特点、资源特色和需求。为减少过去大学生创业生态系统研究与实务操作之间的差距,我们观测高职院校大学生创业生态系统中的创业企业,按照生命周期将创业分为创意阶段、初创阶段、成长阶段、成熟阶段以及衰退阶段;对生态系统的绩效则以早期成功率、退出率以及独角兽产出率来评估;对创业生态系统演进和发展的各个阶段,以及影响演化和发展的指标、促进因素进行量化分析,帮助高职院校和地方政府确定系统优化优先次序。

第二部分 调查分析研究

第四章　福建省高职院校创业生态调查

第一节　调查思路

一、福建省高等教育及高职教育现状

福建省地处东南部沿海,简称"闽"。福建省沿海的文明以海洋文明为主,而内地客家地区等则是以农业文明为主,在海洋文明、农业文明两种文明的相互融合之下,福建省形成了独有的山海文明。"爱拼敢赢"的精神是福建省山海创业精神的重要写照,里面蕴含着丰富的敢闯敢拼的创新创业精神,民间创业创新氛围浓厚。福建省是中国最早实施对外开放政策的省份之一,改革开放40多年来,福建省经济发展发生了翻天覆地的变化。

2019年,福建省 GDP 总量位列全国第8,人均 GDP 位列全国第5,但高校的整体实力却处在全国平均水平之下,比如普通高校数量排在全国第15位,处于第三梯队省份(高校数量50～100所):普通高校89所、本科院校39所;学生年招生规模排在全国第17位:本科招生12.8万、在校生51.8万、毕业生12.2万;在校生比例排在全国第18位:每10万人口高校在校生数2577人。福建省高等教育的发展情况与其 GDP 水平并不对等,福建省经济社会发展呼唤福建省高等教育的创新发展。

2020年10月,福建省本科教育工作视频会提出抓好"三创"教育,具体措施包括:成立创新创业创造教育指导委员会,联建党支部的"双百三级三联创"的活动模式,制定省级"三创"教育示范校和示范基地建设指标体系,开创线上打造"三创"课程的大赛推进模式。充分发挥"创新创业创造"教育,落实立德树人的重要作用是创建"福建省三创品牌"、建设海峡两岸高等教育融合发展和青年大学生创新创业创造中心等的要求,为福建省创业教育发展指明方向、提出要求。

高职教育具有职教、高教双重属性,是高级阶段的职业教育,具有沟通学习与就业创业的桥梁作用。与普通教育相比,高职教育更加注重与产业的结合和对接,注重创新创业能力的培养,注重就业创业服务需求,致力于为学生提供更加贴近实际就业和创业需求的教育服务。通过校企合作、实习实训、创业实践等方式,高职教育帮助学生建立起从学习到就业、创业的桥梁,使他们能够更好地适应市场需求,更快地融入职场或开展创业活动。高职教育强调的是,教育不仅仅是为学生提供一个学习的场所,更是为他们构建一个从学习到就业、创业的完整生态系统,培养他们成为既有专业技能又有创业精神和能力的高素质人才。高职教育要面向基层,面向生产,面向服务和管理第一线,也要面向创新创业型人才培养的需要。

高职院校一般由省级人民政府统一进行管理,这是高等教育法规定的,但在福建省,市属公办高职院校普遍实行省市共管、以市为主的管理模式。公办高职院校的办学主体以地市级比较多,省级的比较少,也有极少部分为县级市投入建设经费,但实行省市共管、以市为主管理模式,而民办高职院校则由民间资金投入建设,主要委托地市级教育行政部门进行管理,因此办学上更多体现地市级地方政府的发展需要,一般要根据本地发展的实际需要和产业布局来确定办学方向和制订招生计划,并且制订相应的学校发展计划,以确保教学质量的提升。

从2019年起,我国包括福建省部分高职院校开始试办本科层次的高职教育。实际上高职教育包括专科、本科和研究生三个层次,在福建省属,专科教育所占比例非常大,扣除被撤销办学的1所,截至2023年12月,共还有48所专科层次院校(民办20所、公办28所、中外合作1所),1所本科层次院校(泉州职业技术大学),其他原有高职专科院校升本后大多成为普通本科高校(包括应用型本科),不再属于高职本科。福建省高职院校主体还是专科层次,详见表4-1。高职院校分布也很不均衡,福州16所,泉州12所,厦门9所,漳州5所,南平3所,三明2所,龙岩、宁德、莆田各1所,福州、泉州、厦门三地市高职院校数量比较多。我们从福建省49所专科层次高校中选取12所进行研究,其中按照福建省高职院校的地域分布,福州、泉州、厦门选取的高职院校数量较多。

表 4-1　福建省高职院校分布表

所在地	学校名称	数量	学历层次	办学性质	
				数量	具体
福州市	福州墨尔本理工职业学院	16所	专科层次	1所中外合作,5所民办,10所公办	中外合作
	福建省农业职业技术学院				公办
	福建省卫生职业技术学院				公办
	福建省幼儿师范高等专科学校				公办
	闽江师范高等专科学校				公办
	福建省信息职业技术学院				公办
	福州软件职业技术学院				民办
	福州职业技术学院				公办
	福建省艺术职业学院				公办
	福建省船政交通职业学院				公办
	福建省体育职业技术学院				公办
	福建省生物工程职业技术学院				公办
	福建省华南女子职业学院				民办
	福州黎明职业技术学院				民办
	福州科技职业技术学院				民办
	福州英华职业学院				民办

续表

所在地	学校名称	数量	学历层次	办学性质	
				数量	具体
漳州市	漳州城市职业学院	5 所	专科层次	2 所民办，3 所公办	公办
	漳州卫生职业学院				公办
	漳州理工职业学院				民办
	漳州科技职业学院				民办
	漳州职业技术学院				公办
南平市	福建省林业职业技术学院	3 所	专科层次	1 所民办，2 所公办	公办
	闽北职业技术学院				公办
	武夷山职业学院				民办
龙岩市	闽西职业技术学院	1 所	专科层次	1 所公办	公办
厦门市	厦门海洋职业技术学院	9 所	专科层次	7 所民办，2 所公办	公办
	厦门城市职业学院				公办
	厦门安防科技职业学院				民办
	厦门东海职业技术学院				民办
	厦门华天涉外职业技术学院				民办
	厦门演艺职业学院				民办
	厦门南洋职业学院				民办
	厦门软件职业技术学院				民办
	厦门兴才职业技术学院				民办
三明市	福建省水利电力职业技术学院	1 所	专科层次	2 所公办	公办
	三明医学科技职业学院				公办
宁德市	宁德职业技术学院	1 所	专科层次	1 所公办	公办
莆田市	湄洲湾职业技术学院	1 所	专科层次	1 所公办	公办

续表

所在地	学校名称	数量	学历层次	办学性质	
				数量	具体
泉州市	泉州职业技术大学	12所	本科层次	1所民办	民办
	泉州华光职业学院		专科层次	6所民办，5所公办	民办
	泉州纺织服装职业学院				民办
	福建省电力职业技术学院				公办
	泉州经贸职业技术学院				公办
	泉州工艺美术职业学院				公办
	黎明职业大学				公办
	泉州医学高等专科学校				公办
	泉州工程职业技术学院				民办
	泉州幼儿师范高等专科学校				公办
	泉州轻工职业学院				民办
	泉州海洋职业学院				民办

注:福建省把高专列入高职进行管理,因此本书把高专并一起进行研究,数据截至2023年12月。

表4-1中的院校名单包括4所高专院校,目前我国大多数高专院校仅存在于师范类和医学类,虽然在理论上高专与高职存在区别,但实际建设中区别不大,而且福建省教育主管部门把这4所高专院校归入高职院校进行统一管理,所以,我们把高专院校一并列入进行观测和调查。

我国高校毕业生人数屡创新高,2022年首次突破1000万人,达到1076万人;2023年再次突破1100万人,达到1158万人;2024年我国高校毕业生预计将达到1179万人,比2023年增加21万人,再创历史新高。毕业生人数再创新高,大学生就业受到前所未有的挑战,特别是高职院校的毕业生毕业后能否顺利就业或者能否在创业大潮中抓住机遇,已成为全社会特别是家长普遍关注的热点问题[①]。目前高校招生规模还较大,今后几年高校毕业生

---

① 曹海娟.大学生创新创业与人才培养模式研究报告[M].北京:人民邮电出版社,2021.

的就业总量压力和结构性矛盾将依然十分严峻。

2019 年,教育部宣布重启高职扩招。第十三届全国人民代表大会第三次会议提出往后两年高职扩招 200 万人的任务,教育部没有公布高职院校学生比例,但毋庸置疑,高职院校毕业生的就业压力总体是最大的。很多大企业在招聘时设置了学历和院校门槛,比如要求研究生学历或者"211""985"高校毕业的学生,这又加大了高职学生的就业压力。

因此,对于高职学生而言,除了参加专升本考试或者出国留学等来提高学历以化解就业压力,创业无疑是一个不错的选择。因此,创业逐渐成为高职大学生高质量就业的新形式。"优化创新创业公共服务,强化创新创业服务保障"成为各级政府近年来关于做好普通高校毕业生就业创业工作通知的必提内容,体现了政府对创新创业的支持和重视,为高职大学生提供了更好的创业环境和条件。政府、学校和社会应共同努力,优化创新创业公共服务,强化创新创业服务保障,为高职大学生创造更好的创业生态系统,推动他们实现创业梦想。

二、福建省高职院校创业生态系统及学生创业情况调查

(一)研究项目的主要内容

(1)福建省高职院校大学生创业生态系统建设情况调查。

(2)福建省属高职院校大学生创业意愿调查。

(3)对福建省高职院校大学生创业生态系统的学校创业生态支持维度中的非课程因素进行分析,反思其中基于非课程因素重视上存在的不足(研究的难点)。

(4)对福建省高职院校大学生创业生态系统的地方政府主导作用发挥情况进行分析,反思其中存在的不足(研究的难点)。

（5）在福建省高职院校大学生创业生态系统建设情况、大学生创业意愿等两份调查的基础上，结合福建省实际，寻找解决福建省高职院校创业生态系统建设中存在不足和困难的策略，提出福建省高校大学生创业生态系统中能量范式重构的实施路径、地方政府主导作用发挥的改进思路（研究的重点）。

（二）项目研究的主要意义

在福建省高职院校中，开设创业教育近几年才全面铺开，创业教育力度还很薄弱，以非课程因素为主的高职院校大学生创业生态系统的友好度偏低，相关措施和政策比较零散。目前我国学者对创业教育的研究主要集中于创业教育课程研究，对非课程因素研究很少，对非课程因素在高校大学生创业支持体系中的作用认识不够，而对支持体系的研究大多集中于大学生创业课程教育因素的研究。

本书以福建省高职院校为例，从生态系统角度，对非课程教育因素在高职院校大学生创业生态系统中的作用进行了较为系统的研究。通过研究，找出福建省高职院校大学生创业基于非课程因素的创业生态系统三个维度、十三个要素存在的不足，针对存在的问题找出具有实践意义的意见和策略，提出福建省高职院校大学生创业生态系统的重构思路，为福建省高职院校大学生创业支持生态系统的优化提供借鉴与参考。

第二节　大学生创业意愿调查

一、福建省高职院校创业支持生态总体情况

大学生在创业过程中总在反复探求更大的成功机遇，其中创业者外部

因素至关重要。目前福建省各个高职院校对大学生的创业支持还主要停留在开设创业课、扶持一定数量的创业项目及创业项目支持的评选上,而且数量有限,只具有象征引领意义,没有普遍意义。

福建省高职院校开展创业支持工作,整体上对创业教育中的非课程教育因素方面的重视和整体推进非常不够,相关研究更少。同时,高职院校应增强创业生态系统能量流动促进机制建设的意识,即认识到融合在生态系统中的创业支持与服务是一个动态的过程,需要以生态系统不断地进行能量交换和更新为基础,包括与外界的交流合作、内部资源的优化配置等。通过加强校企合作、引入外部资金和技术支持等方式,可以促进高职院校大学生创业生态系统的友好发展。

福建省属高校的创业教育起步较晚,尚处于起步阶段,创业教育主要体现在创业课程(很多高校还只是停留在开设选修课的层面)、创业大赛和少量创业孵化基地等,其中本科高校设立创业孵化基地较多,高职高专特别是民办校设立的很少,对大学生创业的重视程度普遍较低,总体落后于全国先进水平。

通过对课程教育因素体系的观测发现,虽然大多数高职院校已经按照教育部规定开设了创业教育课程,但实施效果却很不理想,课时设置普遍很少,有的学校将创新创业教育作为附属课程,划分到经管类或就业指导课程之中,教学内容大多属于纯理论,普遍缺少实践内容,与创业教育目标存在较大的差距,整体有待优化。[①] 这与福建省经济发展程度较高、创业经济活跃、地处沿海的区位优势是不匹配的。

总体上,从"能量流转"的视角来审视,高校大学生创业生态系统是一个涉及能量输入、转化和输出的复杂系统。在这个系统中,各种资源和支持如

---

① 林壬璇.高职院校创新创业教育课程体系设置分析[J].江西电力职业技术学院学报,2019,32(1):125-128.

同能量一样,不断流动并推动着大学生创业的进程。福建省高职院校大学生创业支持生态总体情况较差,但近年来呈现出迅速发展的苗头。

二、高职大学生创业意愿及影响因素分析

(一)创业意愿总体较强但"山海"有所差异

对普通的高职院校大学生,我们对其是否在大学期间注意提升创业意向进行调查,统计表明:

(1)在校高职大学生的创业意愿较高。在问及"是否有创业打算时"时,我们发现福建省高职院校大学生创业意愿很强,福建省高职院校在校大学生对创业持非常乐观和支持的态度,绝大多数人会选择支持和鼓励。回答"考虑创业""正在创业"及"已经成功创业"的占比高达75.7%,这表明目前福建省有很多大学生在大学期间有尝试创业的意愿,特别是民办高职院校和大专层次院校的比例更高,没有工作经验的高职创业学生创业人数逐年增加。

(2)创业意愿的"山海"地区差异明显。对创业意愿按照高职院校所在地级市进行分类分析,得到以下结果:最高的是泉州、厦门和福州,接下来是漳州和莆田,比较差的是三明、宁德、龙岩,分析地区因素原因如下:

第一,创业生态系统整体活跃度;第二,高职学生创业主体的集聚效应,即该地区同类创业者群体密集程度越大,引发高职学生创业的可能性越大;第三,福建省山区和沿海经济活跃水平差距较大;第四,市场整体购买力;第五,同类学生就业率和失业率,其对创业行为的影响是双向的。当然,创业生态系统整体活跃度是最重要的。

(3)在校高职学生创业比例低于全国平均水平。在校高职学生创业比例为1.6%,毕业半年后创业率为3.3%(毕业半年后创业率来自部分调查院

校就业创业跟踪调查数据),结果略低于权威调查公司麦可思—中国发布的全国平均水平(3.4%)①。创业比例低与福建省地处沿海地区的实际是不相称的,这从侧面反映了福建省的高等教育水平在东部沿海地区还不高。但创业意愿高符合沿海地区的特点,说明福建省大学生创业规模有很大的扩展空间。

后期补充调查发现,毕业半年后福建省高职院校大学生创业行业的前三位为:批发零售业(占比超过 26.9%)、文化体育娱乐业(占比 23.0%)、健康教育和社会服务业(占比为 22.1%),其他产业占比较小,如图 4-1 所示,这些创业行业的分布还不够均衡,反映大学生创业对行业的选择趋于保守。

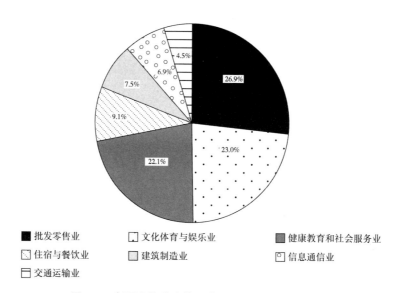

图 4-1　高职院校学生毕业半年后创业行业前七名

(二)创业特质自我感知度较高

分析图 4-2 发现,在创业能力自我感知上,在校高职学生创业特质总体上比较好,其中,创新能力处于中等偏上水平,对于"主动采取行动,挑战现

---

① 马妍,王伯庆.2020 年中国高职生就业报告(就业蓝皮书)[M].北京:社会科学文献出版社,2020.

状"和"独立处理问题的能力"有很强的信心,创业的冲动比较强,但"对创业流程"普遍不清楚,"用突破常规的思维去解决问题"的意愿比较强,"在压力和冲突下能够坦然面对"的心理承受力比较弱,但要实现"用突破常规的思维去解决问题"需要"在压力和冲突下能够坦然面对"的心理承受力比较强,因此这两个选项存在极大的矛盾。因此,创业生态系统有必要营造宽容创业失败的氛围,同时在学校创业课程体系生态要素上加强创业失败心理承受能力因素的培育。

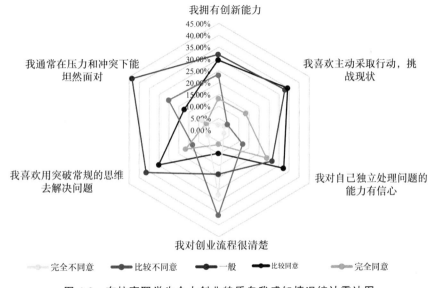

图4-2 在校高职学生个人创业特质自我感知情况统计雷达图

我们在重点考察的高职院校被访谈学生中发现,高职大专课业的总体要求虽然不高,但课程数量比较多,每周平均上课时间还是较多,完成课业要花费大多数工作日的时间,往往只有周末时间可以从事创业,但创业一般需要工作日和非工作日都有一定的时间去处理业务,这就导致高职学生创业与课业存在较大冲突,不少学生因此放弃在校创业。为此,必须积极构建一个针对在校大学生创业的支持体系。

福建省是民营经济比较发达、民间创业非常活跃的省份,已经形成了创业环境不断优化、民众创业意愿强烈、新生代创业者不断涌现等趋势,创新创业生态指标近年来已经跃升进入全国的前列[①]。同时,由于福建省高职院校大学生的创业意愿和创业认可度较高,在全国处于中上水平,福建省高职院校的在校大学生创业率有很大的提升空间,生态系统优化也有扎实的基础。

我国属于政府主导型市场经济国家,政府是企业经营活动的引导者,它根据不同阶段的经济发展状况和面临的任务,利用货币力量、财政力量和政策力量等来引导和调控市场经济的运行。大学生创业是一项系统工程,涉及多方面的资源和支持。从"能量流转"的视角来看,地方政府在高职院校大学生创业生态系统中起着举足轻重的作用,地方政府应加强政策推动,为大学生创业提供完善的扶持保障体系,从根本上解除大学生"创业难"的束缚。大学生的创业活动和其他各种市场微观主体一样,直接或间接地受到这种调控作用的影响。在大学生创业过程中的企业设立阶段和新创企业成长阶段,地方政府制定的政策、法规、措施等为大学生创业提供了全方位的支持和服务,对大学生的创业活动产生了重要影响。因此,各级地方政府主动发挥其在高职院校大学生创业生态系统中的主导职能显得十分重要。

(三)创业初期的投资资金相对较高

高职院校大学生创业初期的投资金额调查结果见图 4-3,在 2019 年的调查中,4.0% 的大学生创业者在创业初期的投资金额在 5 万元以下,属于小额的投资;投资金额在 5 万～15 万之间的占 33.5%,15 万～25 万的占 32.2%,说明福建省高职院校大学生创业初期的投资金额主要集中在 5 万～25 万,占比总和为 65.7%,平均投资金额高于全国同期平均水平,但创业技

---

① 2020 中国区域创新创业指数排行榜[EB/OL].(2020-12-21)[2022-08-10].https://baijia-hao.baidu.com/s? id＝16866603862743166600&wfr＝spider&for＝pc.

术含量仍然不高。当然创业初期的投资金额还与大学生创业者所从事的创业行业和他们的创业模式、创业习惯等都有相关。

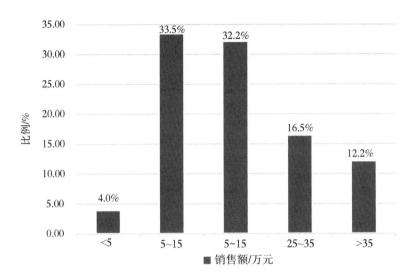

图 4-3　2019 年创业大学生创业初期的投资金额及其占比

（四）创业动机分布呈现较高合理性

关于高职院校大学生创业目的的调查结果如表 4-2、图 4-4 所示。调查显示，"实现人生价值""积累丰富社会阅历和经历""赚钱"成为高职大学生创业的主要三种创业动机。

表 4-2　高职院校大学生创业目的调查结果

选项	实现自我价值	赚钱	用专业知识、智慧为社会创造财富	想自己当老板，不想为别人打工	积累丰富社会经验和阅历	解决就业	体验刺激	其他
比例/%	22.0	24.4	11.6	8.3	19.0	10.3	3.1	1.3

根据图 4-5，2019 年调查的高职院校学生创业意愿年级分布图来看，三年级毕业班学生的创业意愿最强，二年级学生比一年级学生略低一点。（说

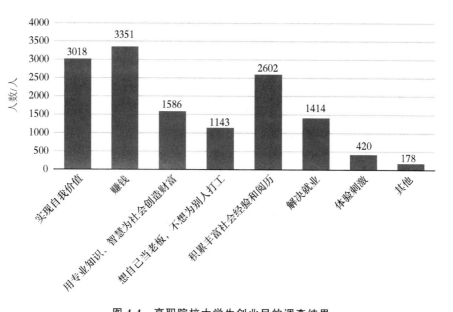

图 4-4 高职院校大学生创业目的调查结果

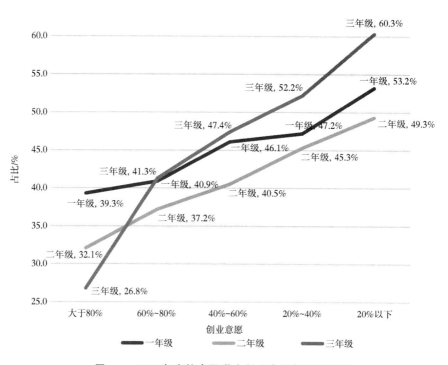

图 4-5 2019 年在校高职学生创业意愿年级分布图

明：福建省高职院校本科院校现在只有泉州职业技术大学 1 所，但在本调查进行的 2019 年，泉州职业技术大学才刚刚招收本科，而高职专科主要为 3 年制，虽然福建省在普通本科院校中招收了部分面向中职生类别的本科批四年制高职学生，但因为他们属于普通本科学校不属于本研究中的高职院校行列，所以没有四年级学生的调查数据）。

（五）创业转化成功率处于较低水平

调查显示，在福建省高职院校中，学生按照性别比例来看，男生开展创业所占比例为 61.8%，女生占 38.2%；按照年级比例来说，专科学校中，大一学生创业意向比较模糊，大二学生创业意愿反而有所下降，大三学生创业意愿最强。2019 年，泉州职业技术大学开始高职本科招生，无法进行深入对比统计调查，到 2021 年，其高职本科招到二年级，我们做了高职本科一、二年级的补充调查。

据不完全统计，泉州一所学院截至 2021 年 8 月 31 日内部准确就业统计显示，自主创业学生只有 29 人，全校学生数为 3701 人，仅占 0.8%；泉州职业技术大学毕业生自主创业率仅为 2.1%；泉州医学高等专科学校毕业创业人数为 49 人，创业率仅为 1.6%。这说明新冠疫情使得大学生对创业更加保守，疫情防控期间选择创业的学生人数有所下降。

由于高职院校的在校生创业教育质量整体偏弱，学校教育对学生创业能力的提升有限，也影响了创业生态系统的整体友好度，进而导致福建省高职院校学生创业意愿转化为实际行动的比例偏低。通过对福建省高职院校的抽样调查，我们发现大多数高职院校的创业教育仅限于开设创业类选修课和开展创业活动，少数设有创业孵化基地，不少教师甚至管理层普遍对创业教育理解存在偏差。

调查同时发现，部分高职学生家长对学生的职业规划干预过多，加上社会对大学生创业的支持氛围还不够浓厚，导致把谋取一个稳定的职业作为自己未来首选目标的大学生比例有一定上升,对创业这种职业路径的选择比例有所下降。绝大部分学生认为学校创业教育对其提升创业能力和创业意识的作用不强,学生对创业的认可度不高。

(六)自主创业比例远高于平均水平

调查发现,2021 年,我国高职院校大学生创业比例高于其他本科院校,2019—2020 年大学生毕业半年后自主创业比例分别为 2.9%、3.0%,其中 2019 届高职毕业生毕业半年后创业比例为 3.9%,比本科毕业生的 2.1% 高 1.8 个百分点;2017 届高职毕业生毕业三年后创业率为 8.0%,比本科生 3.8% 的创业率高出 4.2%。但高职毕业生创业项目的技术含量和创新含量普遍不高,创新型创业比例较低,参与所在区域产业的转型升级及新技术应用的创业项目比例只有 12.3%。这主要是因为:一方面,富有研究价值的创新成果的转化通常需要花费较长时间,同样需要依赖大量的实践、经验支撑和创业导师的辅导,高职院校的创业导师师资普遍偏弱;另一方面,学术研究、创新创业等需要大学生花费较多的时间与精力,但创新创业学分抵扣又有很多限制难以兑现,高职教育体系中专业计划课时偏多,造成高职学生能够花在学术研究、创新创业上的时间并不多。因此,除了学校组织参加省市创业计划大赛的学生,学校会提供额外辅导,其他参加科创项目的学生基本无法对研究成果进行深入研究,其研究成果的可靠性也很难保证。

此外,高职院校学生的创业质量也普遍较低,复制型创业、模仿性创业比例较高,很多学生在创业的过程中还停留在初级阶段,利用专业知识和创新服务的创业比例比较低,进一步限制了高职院校学生创业质量的提升。另外,创业项目主要集中在零售批发、服务行业、教育培训及咨询、文体娱乐、餐饮住宿等技术含量较低的行业,零售业是高职学生创业的主要领域。我们对 606 份大学生创业的有效问卷进行分析,高职大学生创业企业所属行业排名前六位的如图 4-6 所示。

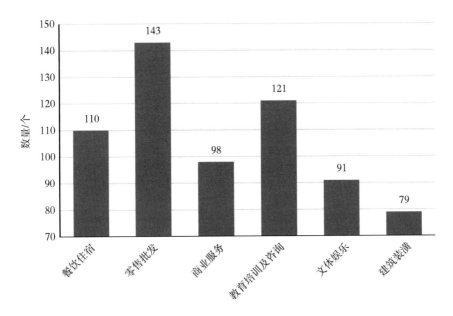

图 4-6 高职大学生创业企业所属行业排名前六位的

创新性创业比例比较低,科技创新项目极少,而对于技术含量较高的高科技、网络、软件等高新科技行业的创业选择比率仅占 3.1%。高职院校大学生创业的失败率比本科生高,对以外向型经济为主的福建省区域经济发展的推动作用不明显。因此,高职院校相较于其他本科院校而言,应该反思"创业生态系统友好度相对较低与大学生自主创业比例较高不匹配"的困境。

(七)创业行为社会认可度相对较低

为了了解社会及家庭对大学生创业的真实认可度,我们构建了影响创业意愿的模型并进行了大学生创业认可度影响因素的调查,我们以福建省为例单独就此进行了专项调查。

对高职在校生家长对创业认同度的调查如图 4-7 所示。可以看出,家长的认可度不高,"认同"比例为 18.0%,"基本认可"比例为 31.4%。在调查中,为了提高问卷回答的准确性,我们设计问题为"您是否同意您的孩子毕业或者在校期间进行创业",而不是"您是否同意高职学生毕业或者在校期间进行创业",采用前者的表述准确性比较高。

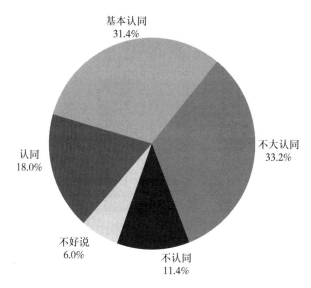

图 4-7 高职在校学生家长对创业的认可度

然后我们对在校大学生也进行了创业认同度调查,得到图 4-8 所示的结果。调查发现,高职大学生群体对创业的认可度非常高,"认同"比例为32.3%,

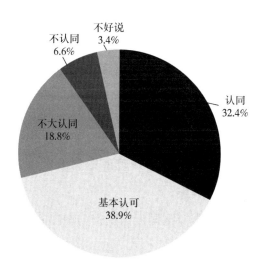

图 4-8 在校高职学生对创业的认可度调查

"基本认可"比例为 38.9％,总比例为 71.2％。这说明在对待大学生创业问题上,高职院校大学生群体认可度很高,而在家长这方面,认可度不高,因此需要加强宣传,进行氛围营造,对家长群体进行积极的创业支持引导。

从"能量流转"的视角审视福建省整体的创业生态系统,我们需要关注能量在各个主体、媒介之间的流动和转化情况,从宏观层面来说,想要提高全社会的创业质量,大学生应该成为创业的主要群体之一。虽然目前青年是中国创业活动的主体,社会对创业的认可程度也较高,但对大学生创业的社会认可度,其实并不高,高水平大学毕业生创业去向意愿反而比普通大学低。

第三节　学校创业支持生态维度调查

学校创业支持维度是由创业大学生、校内组织机构、学生社团、政策支持、学校院系专业组织等种群组成的包括创业课程、实践平台、激励制度、创业辅导、组织服务等五方面要素的集合,这些都是推动大学生创业的要素。从促进和支持能量流动的角度来分析,这些要素在创业生态系统中起着至关重要的作用。从创业生态系统的视角去剖析高校校内创业支持维度结构,高校创业生态系统结构受这些维度要素的影响,在各维度要素的逻辑关联和作用下,系统各创业主体和参与主体之间不断推进,进行能量流动、知识交换、创新扩散等活动,形成具有自组织效应的高校创业生态系统结构。高校创业生态系统中学校创业支持维度是系统结构的核心和基础,学校创业支持维度结构是否合理直接关系到系统结构的合理性,学校创业支持维度结构的优化则是系统结构优化的前提和重要保证,也是"能量流转"的基础。因此,我们有必要对福建省高职院校的学校创业支持维度结构及要素体系进行全面的认识。

分析发现,虽然目前福建省的高职院校对学生动手能力及实践能力培养比较重视,其创业比例也比本科高校来得高,但在创业教育的推动上却不如其他本科院校,创业生态系统友好度低于本科高校。

高职院校创业教育主要停留在开设创业教育课程上,而在创业孵化基地建设、校内协同、校企合作、知识产权保护、激励政策、信息资源共享和资金支持等方面还做得很不理想,创业生态系统建设严重滞后,比较突出的有五个方面。

一、高校创业辅导有待优化,辅导机制不够合理

创业教育最早出现在美国,尤其是美国的"硅谷现象"推动了创业辅导走向制度化和普惠化,并被视为继学术性和职业性之后的"第三本护照"[①]。针对已经创业的学生进行的创业辅导数量调查,如图 4-9 所示,从数量来看,认为"没有"创业辅导的,占 56.4%,说明创业辅导在高职院校严重缺失,很多学生的创业项目没有得到学校的辅导,学生处于自行摸索的状态。

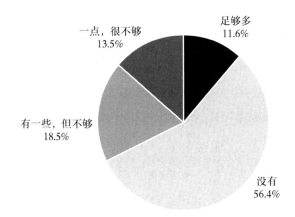

图 4-9 高职院校为在校学生进行创业辅导的情况

---

① 李炳安.大学生创业与政府责任[J].福建省政法管理干部学院学报,2009(4):7-8.

对于福建省高职院校成立的创业类社团,如图4-10所示,选择"有一些,但不多"的占44.1%,说明高校创业类社团数量还不多,在校学生感受度不高。由此可见,目前在省市两级政府及教育主管部门的推动下,高校的创业辅导得到了较高的重视,但推动中存在较强的形式主义,效果还不是很明显,落实还不到位,没有得到大学生的普遍认可,辅导的设计还有待进一步改进。

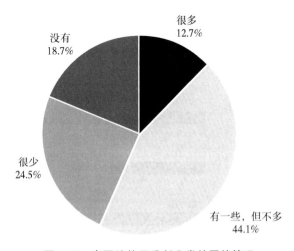

图 4-10 高职院校开设创业类社团的情况

分析发现,福建省高职院校创业教育还停留在一般水平,对创业技能及实践提升不多,这也从另一方面印证了本课题组的一个观点——创业推动,除了需要创业课程因素,更需要大量的非课程因素的支持,非课程因素也构成了一个非常复杂的非课程因素体系,并分布在3个维度13个要素中。

重视创业生态系统建设的高职院校比例近年来有较大幅度的增加,但更多是停留在理论层面和选修课程的开设上,学校的创业教育还主要停留在课堂讲授模式,而高职院校开展的创业培训的项目都比较简单,因材施教不够,与实践相结合的也更多停留在模拟层面,深入市场实际的不多,重视程度普遍偏低,对于技术性的创业项目缺少相应的技术辅导,特别是创业者的创业过程基本没有进行跟踪记录,也没有完整的档案登记,缺乏系统、有

效的一条龙培训辅导服务体系,不利于大学生创业者的长远发展。同时,图
4-11的统计数据显示,学生对学校创业辅导的总体评价比较低,大多数选择
"缺乏针对性,一般"或者"我们学校没有创业指导课",这说明福建省高职院
校要么没有开设创业课程、要么有开设但学生认可度很低。更为严重的是,
访谈发现,学生对于创业的理解停留在理论层面,而没有更多机会参与实践
性强的创业教育,创业指导教师对创业教育的积极性偏低。

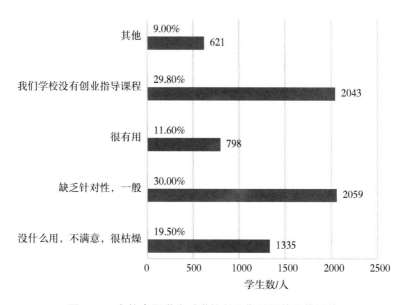

图4-11　在校高职学生对学校创业指导课的总体评价

针对以上情况,福建省高职院校亟需优化、改革现有的创业辅导机制。
首先,学校应增加创业辅导的实践性内容,使学生能够将理论知识与实际操
作相结合,提高他们的创业能力。其次,建立完善的创业项目跟踪和档案记
录系统,以便为学生提供持续、系统的辅导服务。此外,学校还应加强与企
业和行业的合作,引入更多具有实践经验的导师,提升创业教育的质量。

同时,为了激发学生对创业的热情和兴趣,学校可以探索模块化辅导模
式,举办创业竞赛、创业沙龙等活动,提供一个展示和交流的平台。通过这
些活动,学生可以接触到更多的创业资源和信息,拓宽他们的视野,增强他

们的创业信心。

最后,学校应定期对创业辅导进行评估和反馈,以便及时发现问题并进行改进。具体重构策略将在接下来的实践部分详细论述并提出能量流动范式重构建议,只有这样,福建省高职院校的创业教育才能真正做到与时俱进,培养出更多具有创新精神和创业能力的人才,为福建省乃至全国的经济发展做出贡献。

二、生态系统优化重视不够,系统缺乏整体设计

如图 4-12 所示,福建省高职院校确实在"通过各种形式和文件鼓励自主创业"方面做了一定的工作,但大学生对此的认可度却是一般,说明大学生对高职院校学校层面创业支持生态维度的认可度中等偏低,高校的创业支持服务工作的效度还是比较低的,有待改善,创业生态系统友好度较低。

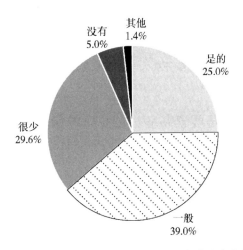

图 4-12　高职院校通过多种形式和文件鼓励大学生自主创业情况

如图 4-13 所示,高职院校开展了一定的与大学生创业有关的活动和比赛,认为"一般"的占了 45.7%,"很少"的占 21.4%,"没有"的占 8.4%,而访

谈得到的结果是"各个学校都有开展一定数量的创业活动",而学生选择没有是因为院校宣传不够,这部分学生没有得到信息。这说明:(1)高职院校开展大学生创业有关的活动和比赛情况处于一般水平;(2)高职院校创业活动宣传还不够,高校在创业宣传和创业氛围营造方面做了一定努力,但还处于松散阶段,未能形成优化的生态系统。

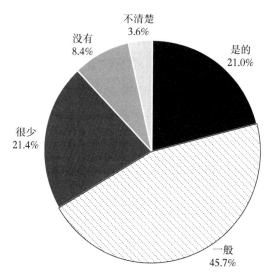

图 4-13　高职院校开展大学生创业有关的活动和比赛情况

三、创业导师队伍要素薄弱,专业化辅导能力低

(一)创业导师团队专业素养不足,难以满足创业主体孵化需求

充足的师资力量是保障创业教育顺利开展的重要因素,是高职院校创业生态系统发展的关键。创业导师(亦称创业孵化辅导教师)对学生的引导起着关键的作用,所以教师的创业辅导孵化专业化的程度就显得尤其重要。

1.专职的创业辅导教师比例偏低,师资力量薄弱

在高职院校中,专门从事创业辅导孵化的教师数量相对较少。这导致创业教育的师资力量薄弱,难以满足广大学生对创业孵化的需求。

2.专业化程度比较低

福建省高职院校的创业课程及辅导师资的创业辅导孵化专业化程度较低,专职人员只有21.4%,主要为商科专业课教师,缺乏与创业实践指导的融合,甚至不少民办高校主要以辅导员、行政人员为主来承担创新创业课程教育教学任务,大多数是以兼职身份参与创业指导,不是严格意义上的专职创业导师(教师),创业导师队伍的专业化水平低,这直接影响了创业主体孵化需求的满足。

3.创业实践经验缺乏

由于福建省高职院校辅导员主要从事学生事务管理,而且虽然教育部《普通高等学校辅导员队伍建设规定》要求:"高等学校应当按总体上师生比不低于1∶200的比例设置专职辅导员岗位,按照专兼结合、以专为主的原则,足额配备到位。"而福建省教育厅要求每名辅导员所带生数不得高于200人,但在福建省的高职院校中,每名辅导员所带生数普遍远高于200人,大多数高校在290人左右,辅导员事务繁杂,也没有深刻的创业实践体验。而创业教育的知识内容针对性还是比较强,辅导员没有创业经验,其承担创业教育课主要是为了职称评定,对于学生创业问题难以提供有效的解决方法。

外聘人员则大多是有创业经验的企业经理、管理人员,但这部分师资大多属于临时兼职,大多数人员知识理论体系不完善、上课时间不稳定,而且人员更换频繁,真正能够参与指导创业活动的时间不多。

综上所述,创业导师队伍实践经验缺乏是一个突出问题。创业辅导不仅仅是理论知识的传授,更需要实践经验的分享和指导。然而,目前高职院校的创业导师大多缺乏深刻的创业实践体验,这使得他们在指导学生时难以提供有效的解决方法。

4.人员构成缺乏梯队

高职院校创业教师总体上缺乏专业化的创业辅导孵化教师,而且教师梯队不合理,年龄结构上也以年轻老师为主,缺乏梯队,缺乏具有丰富教学、科研经验的学科带头人。在实际创业教育中,这些有创业实践经验的企业高层管理人员,往往被高职院校聘请为创业导师,但他们大多工作比较忙而且大多不计酬,因此主要进行创业类的讲座,但讲座这一活动载体对学生创业的支持度比较低,缺乏长期组织保障,效果一般。

因此,福建省高职院校普遍没有建立起专业化的创业孵化师资队伍。很多高职院校即使是专业的创业教师,其创业教育的理论研究相对较多,创业实践经验也不充足,对学生创业实践指导的有效性和针对性有限,导致学生创业辅导难以实施。

(二)创业导师辅导模式认知模糊,缺乏闭环导向辅导自我审视

在对福建省高职院校的辅导(孵化)教师和管理人员的访谈中还发现以下问题。

1.创业导师和管理人员对高校创业教育的开展模式认识模糊

这种模糊性不仅体现在对创业教育整体框架的理解上,还反映在对具体创业辅导模式的把握上。这种情况可能导致大学生创业的支持服务在高职院校中并未形成广泛共识,从而影响了创业生态系统的构建和优化。

2.创业导师从事创业教育及支持服务工作的意愿不强

这可能是创业辅导教师的社会美誉度不高、晋升空间有限等因素造成的。这种情况不仅影响了创业教育的质量,也阻碍了创业生态系统的进一步完善。

3.辅导教师对创业支持服务工作理解处于初级阶段

在高职院校,学校为学生开设的创业类课程太少,大部分学生能接受到的创业教育主要来自就业创业指导老师或者辅导员兼任的《大学生职业生涯规划》等课程,而且这些课程局限在就业、创业理论知识的讲解和成功案例的口头讲解,并不能让学生真正学习到创业知识,真正提升创业素养。个

别教师对创业教育的认知还停留在创业教育只是教一部分对创业感兴趣的学生,告诉其如何开办一家小公司。这种认知与培养大学生创新思维、创业素养、挖掘创业潜能的现代教育理念存在较大差距。这也导致在高职院校中,学生能接受到的创业教育非常有限。

因此,学校对基于创业课程辅导的孵化师资建设重视程度普遍不高。高职院校的创业教师教学内容主要停留在创业课程教育的授课上,内容理论性过强却缺少创业实践,"纸上谈兵"情况普遍存在,学校对基于创业课程辅导孵化师资的建设重视程度普遍不高,更谈不上加强高校创业生态支持维度的构建乃至生态系统的优化。这导致创业导师队伍的专业化水平低、缺乏创业实践经验,无法为学生提供有效的创业指导和支持。这种情况下,创业生态系统的"能量流动"受到了阻碍,无法形成有效的闭环。

四、创业组织服务要素零散，体系建设滞后阻碍能量流动

福建省高职院校的大学生创业组织在服务要素的建设上显得零散且明显滞后,这阻碍了创业生态系统中能量的有效流动。主要问题体现在以下几个方面:

（一）初创期院校支撑薄弱，创业统筹机构设置未受重视

多数高职院校尚处于初期发展阶段,其教育理念和专业设置尚未完全成熟,导致创业教育的支撑条件不足。创业教育虽然看似简单,但其实要开展创业教育的支撑条件还是很多的,需要成立创业统筹机构,而不少高职院校建校时间还不长,还处于初期发展阶段,专业设置还不够不合理,其中的三年制高职院校生由于学制偏短,专科生的知识基础普遍偏弱,三年时间扣掉半年实训期,只剩两年半年,学时上存在困难,客观上还无法把精力创业教育列入优先发展项目。

在这种情况下,创业统筹机构的缺失使得创业生态系统的能量流动受阻,无法形成有效的创业环境和氛围。

(二)财政投入不足,创业组织服务机构缺乏经费支持

福建省的高职院校多数仍处于建设与发展阶段,因此其财政状况相对紧张,难以分配足够的资金用于创业教育的发展。这种财政压力使得创业组织服务机构面临经费短缺的问题,进而制约了其正常运作与发展。资金的不足直接导致服务机构的运营障碍,阻碍了创业生态系统中资源和信息的有效流通,对创业活动的推进造成了不利影响。

(三)创业服务滞后,与专业设置和地方经济发展脱节

现阶段,创业教育仍然以课堂教学为主导,缺乏实质性的创业支持服务,如项目孵化、法律咨询、市场对接等,同时也未能与地方政府和相关产业形成紧密的合作与互动。这种服务的滞后性不仅限制了创业教育的深度和广度,也阻碍了创业项目与市场需求的有效对接。因此,创业生态系统的活力和潜能无法得到充分的激发和利用,制约了创业活动的深入发展。为了改善这一状况,需要加强与地方政府、产业界的合作,提供更加全面和实用的创业服务,以促进创业生态系统的良性循环。这种滞后性使得创业生态系统的能量流动无法得到有效的引导和利用。

(四)民办高职院校中创业服务机构虚设现象普遍

在福建省的 50 所高职院校中有 21 所民办高职院校,这些民办高职院校规模大多偏小,出资人主要为民间资本,虽然在学校章程里写明为非营利性高校,但近年来随着支出成本上升、物价上涨和生源竞争等影响,其财政盈余能力变弱,导致了民办高职院校在创业服务机构设置方面的财政保障困难,可提供的创业平台只有校内为数不多的创业实践平台。这种情况限制了高职院校大学生的创业知识体系和创新创业素养的建构,进一步阻碍了创业生态系统中能量的有效流动。

综上所述,为了促进福建省高职院校大学生创业生态系统的健康发展,需要加强创业组织服务要素的建设,完善支撑体系,以确保能量的顺畅流动。

五、学生创业实践平台偏少,理论代替实践普遍

根据教育部的文件精神,虽然众多高职院校纷纷开展创业教育,但由于高职院校特别是民办学校的办学条件大多处于上升期,特别是民办高职院校资金来源普遍困难,即使是公办高职院校,其财政来源普遍少于本科院校,而且创业教育在我国起步本身较晚,大部分评估对创业教育平台设置的指标也很少。高职院校目前虽然普遍设立孵化基地且有学生进驻,但却是"有设立但没孵化"的状态,因此高职院校设立面向全体学生的创业实践平台积极性不高。目前学生可以接触到的与创业相关的平台,主要是校内创业孵化基地及校外政府扶持的各类创业孵化基地,这是面向少数学生的;再者就是省级或国家级的大学生创新创业大赛,这样的大赛一般是筛选少数优秀的学生参加,并且往往是教师项目的带动,参与面非常窄,导致有些想创业的学生没有机会参与。

高职院校的创业教育大多停留在设立简单的创业理论课程的浅层次上,重理论轻实践,不能适应当前社会的发展和国家对创新创业型人才的需求[1],也制约了高职院校的创业型、创新型人才的培养。这与高职院校学生创业意愿相对省部级本科院校强的现状是不相匹配的。此外,众创、众筹、众包和虚拟创新创业社区等多种创新创业模式进入高职院校的不多或者只是虚设,制约了高职院校与社会创新创业活动的衔接,也制约了我国高职院校的特色发展道路,创新创业型人才的"产出"比例不高。

---

① 赵琼琼.高职院校创业教育生态系统构建的问题分析[J].商讯,2019,33:139-140.

从促进"能量流动"渠道的角度来分析以上状况,高校大学生创业生态系统中存在的问题主要体现在学生创业实践平台偏少和理论代替实践普遍存在两个方面。具体如下:

(一)学生创业实践平台偏少

在创业生态系统中,"能量流动"代表着资源、信息和资金的流动,是推动创业活动不断发展的重要因素。然而,由于学生创业实践平台偏少,这种能量流动受到了严重阻碍。

1.资金和资源限制

资金和资源困难直接影响了"能量流动"的规模和速度。缺乏足够的场地、设备和资金支持,意味着学校无法提供充足的实践机会和资源给学生,从而限制了创业能量的积聚和流动。

2.孵化基地现状不佳

孵化基地本应是促进创业能量流动的重要节点,但目前很多高职院校的孵化基地只是形式上存在,缺乏实质性的孵化和支持功能。这导致创业项目和团队无法得到有效的指导和资源对接,进而影响了创业生态系统整体能量的流动。

3.创业竞赛具有局限性

虽然省级或国家级的大学生创新创业大赛为学生提供了展示和交流的平台,但由于参与面狭窄,这种平台对于整体创业生态系统中的能量流动的推动作用有限。而且,这些竞赛往往更侧重于理论展示而非实践操作,也限制了创业能量的有效流动。

(二)理论代替实践普遍存在

在创业教育中,理论和实践应该相辅相成,共同推动创业能量的流动和积聚。然而,目前高职院校的创业辅导和孵化普遍存在重理论轻实践的问题。

1.重理论轻实践

创业不仅仅需要理论知识,更需要实践操作和经验积累。但由于实践平台的缺乏,高职院校的创业教育往往只能停留在纸上谈兵的阶段。这种偏向理论的教学方式导致学生难以将所学知识转化为实际的创业能力,从而影响了创业能量的有效释放和流动。

2.创业辅导模式雷同化

由于缺乏实践平台和多样化的教育模式,高职院校的创业教育往往走向雷同化。这不仅制约了创业教育的创新和发展,也影响了学生创业能力的独特性和创造性。雷同化的教育模式使得创业教育失去了针对性和实效性,进而限制了创业生态系统中能量的多样性和活跃度。

综上所述,为了促进高校大学生创业生态系统中的"能量流动",需要增加学生创业实践平台、优化孵化基地功能、拓宽创业竞赛参与面以及加强实践教学和创新创业教育模式。这些措施将有助于推动创业生态系统中资金、资源和信息的有效流动,进而提升高职院校创业教育的质量和效果。

第五章　地方政府主导作用的调查

　　高职院校大学生创业生态系统和其他创业生态系统一样,从本质上是一个依靠物质及能量(物质流、信息流、资金流、人才流等)流动及交换而存在的动态平衡系统,群落之间、群落与外部环境之间、体系与体系之间、系统与其他系统之间等,不同层级上,它们之间始终都伴随着能量的流动,能量流动是创业生态系统本质特征和重要推动力。

　　要提高大学生的创业意愿和创业成功率,提高创业者的素质固然非常重要,构建良好的创业环境也不可或缺。地方政府是高校构建大学生创业促进体系中的重要主导力量,处于主导责任的主体地位,要推动各个支持要素形成"支持大学生创业"的共同价值观念与协作目标。

　　国务院原总理李克强在2017年十二届全国人大五次会议闭幕后的记者招待会上指出,"双创"不仅带动了大量就业,促进创新驱动发展战略深入实施,它也是一场改革……它也创新了生产模式,许多新业态,像共享经济、分享经济、"互联网＋"等等,可以说层出不穷,这些新业态有的是新旧动能转换过程当中产生的,新旧嫁接,有的是老树开新花……新业态的成长也倒逼了政府职能转变……中国目前有1.7亿受过高等教育人才,这些人才的学习能力和素质总体上很强,也传承了中华民族的优秀传统美德,具有较强烈的创业意愿,他们与8亿左右的劳动力结合起来,能创造的财富、开创的事业、激发的能量是难以估算的,他们如果能够多10％的人参与创业,将会给中国市场乃至全球市场带来巨大的机遇。中国人民勤劳智慧,有着创造美好生活的不竭动力,政府就是要创造环境,让人民群众创业创新的热情持久不衰。[①] 因此,地方政府需要改变职能,市、县、区地方政府十分需要主动对接高职院校,在良好的高校大学生创业生态系统建构中主动挑起主体作用的责任。带着这一思路,我们进行了地方政府在创业生态系统建设中"能量输入"主导作用发挥的调查,其中地方政府主导的除了政府创业支持维度,还有社会创业支持维度,因为我国是政府主导型社会,社会风气和氛围以及企业等参与大学生创业生态系统建设的积极性,是由政府推动的。所以本章对地方政府在高职院校政府创业支持维度、社会创业支持维度两方面进行调查。

第一节 政府创业支持维度调查

在高职院校大学生创业生态系统中,地方政府是高校大学生创业生态系统外部重要的政府创业支持维度的责任主体。地方政府作为外部支持的重要一环,其责任和作用不可忽视。政府通过发展规划、条件保障、资源配置以及政策措施等手段,为高等职业教育学校大学生创业生态系统的优化提供了坚实的公共服务和良好的成长环境。

为了更好地开展"福建省高职院校大学生创业生态系统建构中政府责任主体作用"的研究,本书课题组进行了深入系统的调查,主要从创业融资、创业政策针对性、配套实施方案、创业政策整体系统性和高校创业教育等出发,在调查中首次较为系统地对高职院校创业生态系统外部支持体系中地方政府的主体责任进行研究,在问卷中用了比较大的篇幅对地方政府主体责任发挥情况进行调查。关于创业高职大学生对创业生态系统中创业服务

---

① 武志军.品质 环保"双创"李克强记者会三大关键词[J].中国品牌,2017,7(4):2-2.

体系要素的评价采用线上线下相结合的方式进行，评价结果见表5-1。这些调查结果将在后面的各项地方政府创业支持维度要素中结合进行分析。

表5-1　创业高职大学生对创业生态系统中创业服务体系要素的评价

序号	问　　题	完全不同意	比较不同意	不清楚	比较同意	完全同意
1	大学生创业比较容易获得税务和工商的税费减免优惠	30	90	99	234	54
2	大学生创业中的登记、审批等手续简便甚至省略	24	114	240	244	84
3	大学生创业者比较容易获得地方政府提供的技术、信息、培训等服务	6	252	132	151	65
4	我所在的地区政府和职能部门皆能积极为大学生创业提供帮助	36	204	168	180	18
5	本地区政府对大学生创业企业在产品研发中的支持力度很强	40	132	221	163	50
6	学校所在地区的创业孵化基地、科技园区支持大学生创业企业的加入	48	114	180	216	48
7	本地区有足够的创业咨询服务机构为大学生创业提供帮助	54	268	145	186	6
8	大学生创业能够比较容易地从银行等金融机构获得小额担保贷款或贴息贷款	42	186	194	135	51
9	大学生创业者能够比较容易地获得政府或学校的创业基金	49	120	153	299	36
10	大学生在创业过程中能够得到很多的政府和行业协会的补贴	30	162	204	155	55

　　从"能量流转"的视角来审视高职院校大学生创业生态系统，我们可以更清晰地看到地方政府在推动大学生创业活动中的重要性和存在的问题。在这个生态系统中，地方政府作为关键的能量输入和调控者，其主体职能的发挥直接影响到创业生态系统的健康和活力。我们分析了目前福建省地方政府主体职能发挥中存在的不足和认识误区，提出了提高地方政府主体职

能在构建大学生创业支持体系中的改进策略和政策建议。同时查阅了省市有关文件及资料,从此次课题组所做的有关福建省高职院校大学生创业生态系统建构中地方政府主体作用的调查数据,分析福建省地方政府在大学生创业生态系统建设中存在的主要问题。

一、创业服务机制学生满意度偏低,还有待完善

创业服务生态系统中的能量流转是指各种资源、信息和支持在创业者、政府、社会机构等之间流动和转化的过程。地方政府服务大学生创业并提高大学生创业成功率和创业企业质量,应当努力改善大学生创业服务生态系统,结合大学生创业企业的不同发展阶段,牵头进一步整合职能部门及社会各界的各种资源力量,打造完整有效的大学生创业服务机制,改善地方政府创业支持维度的活跃度。地方政府应牵头整合各职能部门及社会各界资源,构建一个集政策咨询、项目对接、资金融通、人才培训等功能于一体的一站式创业服务平台。通过平台化运营,实现资源共享和信息互通,提高服务效率,降低创业者的时间成本和信息获取成本。

福建省高职院校大学生创业生态系统处于中等水平,如图 5-1 所示,目前福建省高职院校的大学生创业生态系统和政策对大学生创业支持力度一般,大学生对创业服务机制的认同度不高,选择最多的是"不太满意""很不满意",其中"不太满意"占 35.2%,"很不满意"占 24.9%。作为对大学生创业具有主体责任的单位,政府部门在各个环节都应做好系统的支持与服务。

然而,多数大学生虽然知道地方政府为大学生创业提供一定的优惠政策和服务,但仅有 21.2% 的大学生清楚创业服务的具体运作流程,18.6% 的学生知道具体承办部门,这说明地方政府部门在创业政策的宣传和服务公开化方面、流程宣传方面还有很多工作没做到位,特别是政府各个职能部门的分工和服务还有待进一步完善。调查还表明:当前福建省市、县地方政府

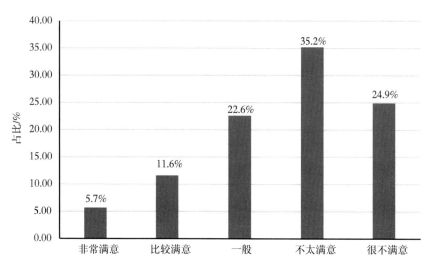

图 5-1　创业高职学生对创业服务扶持机制的满意度调查

的重视和创业政策的出台对当代高职院校大学生创业积极性的推动效果不佳,而相关研究已经证明创业政策对促进创业有着重要而不可代替的作用,而福建省的大学生创业政策如何有效提升高职院校大学生的创业意愿有待进一步研究。

此外,高职学生对政府出台的鼓励大学生创业的相关政策、法规,关注度很低,统计结果见图 5-2。"经常关注,很清楚"的只有 5.2%,"有空关注一

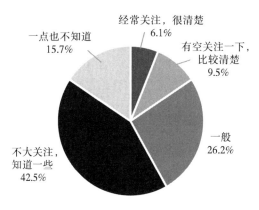

图 5-2　在校高职学生对学校鼓励大学生创业政策法规的关注度

下,比较清楚"的只有 8.5%,"不大关注,知道一些"占 44.9%,"一般"占 26.7%,说明高职学生对政府创业政策的关注度还不够高,同时,也反向说明政府的创业优惠政策在高职院校内的宣传工作还很不到位。

二、创业优惠措施落实不到位,还有待加强

创业高职大学生对"税务局是否对大学生创业给予税收优惠"的统计结果见图 5-3。选择"没有"的占 34.3%,选择"不清楚"的占 42.2%,说明在执行中出于种种原因,支持大学生创业的优惠措施没有得到很好的落实。我们就这个项目进行了二次调查,发现实际上各地市都有优惠政策,而落实不到位的原因主要有:(1)创业大学生对此没有了解,所以在申报时没有主动提出,税务机构没有给予优惠;(2)很多大学生创业项目属于服务行业或者小微企业,本身没有税收或者税收很低,学生觉得申报烦琐,就没有去申报。

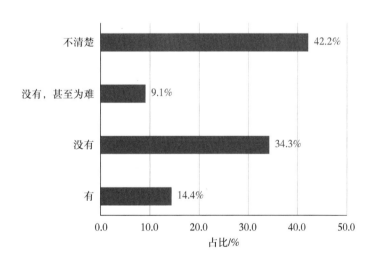

图 5-3 税务局对大学生创业给予税收优惠情况

如图 5-4 所示,政府相关部门对大学生创业项目进行后续跟进的只占 24.6%。跟进比例较低。实际上,政府相关部门如果能够对创业高职学生进

行一定的后续跟进,了解创业项目在发展过程中的实际需求,帮助大学生创业项目更快速地融入政府所在地的发展规划,了解大学生创业企业未来发展所需的政策支持、市场支持、相关指导等发展需求,并把发现的大学生创新创业项目列入资助范围,给予高度重视,调动了广泛的政府资源和社会资源为有效项目提供相关的项目运行服务,甚至提供一对多"专员式"跟踪服务,那对创业大学生克服困难将是很大的激励。

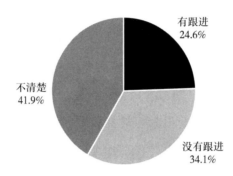

图 5-4　政府相关部门对大学生创业项目后期主动跟进情况

在创业生态系统中,能量流转不仅仅是物质资源的流动,更包括信息、政策、服务等多种形式的支持。当创业优惠措施落实不到位时,实际上阻碍了创业生态系统中能量的正常流转,影响了大学生创业的积极性和成功率。

首先,调查结果显示有相当一部分大学生对税收优惠政策不了解,这反映了信息流动的不畅。在创业生态系统中,政府、学校和社会应该形成一个良好的信息传播网络,确保创业者能够及时、准确地获取相关政策信息。信息的有效传递是能量流转的重要环节,对于创业者来说,了解并利用好优惠政策,可以显著降低创业成本,提高创业成功率。

其次,服务行业和小微企业的创业者,可能因为本身税收较低或申报程序烦琐而选择放弃申报税收优惠。这反映了政策设计与实际需求之间的脱节,也阻碍了能量的有效流转。政府应该针对这类创业者制定更加简便、灵活的税收优惠政策,降低申报门槛,简化申报程序,从而激发创业者的申报积极性。

最后,政府相关部门的后续跟进服务比例较低,进一步影响了创业生态系统的能量流转。政府应该加强对创业项目的后续关注和支持,提供必要的政策解读、市场指导等服务,帮助创业者解决实际问题。这种持续的关注和支持可以形成创业生态系统中的正能量循环,推动创业项目的持续发展和成功。

为了做好这方面服务,政府相关部门一需要增强服务意识,二需要加强体制创新。建议可以采用政府购买服务的方式进行,因为提供后续跟踪服务需要增加人手,但在目前政府机构人手普遍相对紧张的大背景下很难实现。目前福建省地方政府财力普遍较强,财政实力位于全国中上游水平,具体来看,全省一般公共预算收入随税收规模扩大而有所增长,税收比率有所提升,收入质量尚可。2016—2023 年,福建省全省一般公共预算总收入分别达到 4295 亿元、4605 亿元、5045 亿元、5147 亿元、5158 亿元、5743 亿元、5382 亿元、5908 亿元,年均增长 5.4%;地方一般公共预算收入分别达到 2655 亿元、2809 亿元、3007 亿元、3053 亿元、3079 亿元、3380 亿元、3339 亿元、3592 亿元,年均增长 5.0%。在地区生产总值(GDP)上,2020 年泉州 GDP 为 10158.66 亿元,连续 22 年位居全省首位;而福州则以 10020.02 亿元的成绩,与泉州一道携手加入"万亿俱乐部",福建省也一跃成为为数不多的拥有两个万亿城市的省份之一[①]。从下辖各地级市情况看,厦门市、福州市和泉州市优势显著,2018 年、2019 年、2020 年各市收入规模均实现一定增长。2019 年,全省一般公共预算总收入 5147.04 亿元,同比增长 2.01%。2020 年,各地市生产总值总收入和一般公共预算总收入、一般预算收入见表

---

① 刘道恒,付崇文.区域研究报告:福建省及下辖各市经济财政实力与债务研究(2020)[R]. 新世纪评级,2020.

5-2。虽然山区地级市和沿海地级市的一般公共财政收入和地方一般预算收入差距较大,但福建省高职院校绝大多数分布在沿海地区,总体经济指标处于全国中上游水平。帮助优秀大学生创业项目形成良好的发展态势,最终以项目发展推动区域相关产业的技术革新与产业升级转型。这方面厦门做得相对到位,福建省其他地市普遍做得比较不到位。

表 5-2 福建省 2019 年各地市主要经济指标比较

单位:亿元

地市	地区生产总值	一般公共财政收入	地方一般预算收入
福州	10020.02	1108.36	675.61
厦门	6384.02	1351.24	783.92
莆田	2643.97	231.27	147.1
三明	2702.19	170.15	111.16
泉州	10158.66	813.32	454.04
漳州	4545.61	350.65	218.56
南平	2007.40	146.12	98.18
龙岩	2870.90	329.78	158.61
宁德	2619.00	233.55	137.79

三、激励政策"山海"区域不平衡,闽西北待重视

(一)"山海"地域政策差异与能量流转

1.沿海地区政策支持力度大

在泉州、厦门、福州等沿海地区,由于经济发展水平高,政府对大学生创业的支持政策也更加完善和有力。这些地区出台了一系列具体的、有针对性的政策措施,为大学生创业提供了良好的环境和条件。这种政策支持促进了创业生态系统中能量的高效流转,激发了大学生的创业活力和创新潜能。

2.闽西北地区政策相对薄弱

相比之下,闽西北地区的龙岩、三明和南平等地的大学生创业政策显得较为粗糙,缺乏针对当地实际情况的细化政策。这种地域政策差异导致创业生态系统中的能量流转不畅,制约了闽西北地区大学生创业的发展。

(二)院校"山海"区域分布与创业能量

1.高职院校分布不平衡

福建省高职院校的分布呈现出明显的不平衡状态。在山区龙岩、三明和南平,高职院校数量较少,仅有 6 所,占全省高职院校总数的 12%。而在沿海地区,则有 44 所高职院校,占总数的 88%。这种分布格局与地区的经济发展水平和基础密切相关。

福建省高职院校的分布呈现明显的不平衡状态,沿海地区高职院校数量远多于闽西北地区。这种分布格局影响了创业人才的培养和流动,进而影响了创业生态系统中的能量流转。

2.创业地点选择的两难

闽西北的大学生在选择创业地点时面临沿海城市和闽西北之间的两难抉择。这种选择困境反映了地区间经济发展和政策支持的差异对大学生创业决策的影响,也影响了创业生态系统中的能量分布和流转。

(三)优惠政策的可操作性与能量流转

1.调查结果

在闽西北地区,许多大学生创业政策并未根据当地实际情况进行调整和完善,而是直接套用国家或省级的政策框架。这种做法没有充分考虑到闽西北地区的具体需求和特点,导致政策虽然出台,但在实际操作中难以执行。

2.影响分析

由于政策的"一刀切"现象,闽西北地区的大学生创业者可能面临诸多困难。他们可能难以找到符合自己项目特点和地区特色的政策支持,这使得创业过程中的一些关键环节,如资金筹集、市场开拓、人才引进等变得更为困难。此外,这种缺乏可操作性的政策还可能让创业者感到迷茫和无助,从而降低他们的创业积极性和成功率。

3.对创业生态系统能量流转的影响

政策的可操作性不足直接影响了创业生态系统中的能量流转。在创业生态系统中,政策是推动各种资源和要素流动的重要力量。如果政策无法有效实施,那么这些资源和要素就难以在创业者、投资者、市场等各方之间有效配置和流动,从而影响整个生态系统的活力和效率。

4.改进建议

为了提高政策的可操作性,闽西北地区的政府应该更加深入地了解当地大学生创业者的实际需求和困难,制定更加贴近实际、具有可操作性的政策措施。同时,政府还应该加强对政策的解读和宣传,让创业者更加清楚地了解政策内容和申请流程,从而提高政策的利用率和实施效果。此外,政府还可以考虑建立政策反馈机制,及时收集创业者的意见和建议,以便对政策进行动态调整和优化。

综上所述,福建省在大学生创业激励政策上存在明显的"山海"区域不平衡现象。为了促进全省范围内的创业活力和经济发展,有必要对闽西北地区的创业政策进行深入研究和改进。这包括制定更具针对性和可操作性的政策措施、优化创业环境、提供必要的创业支持和资源等。同时,还需要加强地区间的政策协调和合作,以缩小地区差异并推动全省大学生创业生态系统的均衡发展。

第二节　社会创业支持维度调查

一、创业筹融资渠道不畅通，支持创业贷款有待加强

高职学生自主创业面临的最大困难是资金。大学生创业需要启动资金，但他们获得资金存在以下困难：融资渠道不畅、家庭支持有限、银行贷款困难、风险投资不容易取得。

（一）调查结果

大学生自主创业面临的最大困难是资金问题。我们对在校生进行"影响创业的决定因素"的调查时得知，排在第一位的是"创业资金筹措困难"，排在第二位的是"政府和高校创业支持力度不够"，其他原因是"没有好的创业项目""家人不支持""担心自己的创业能力不足"等。由此可见，高职毕业生刚刚步入社会，缺乏资金积累和融资渠道，筹集创业的资金非常困难，大多是向亲朋好友和家人寻求支持，导致创业负担和压力过重，创业中容易出现急功近利的思想。

高职大学生创业初期资金的不足制约和限制了不少学生的创业热情。关于"您创业的初始资金来源主要有哪些"的调查统计结果如图5-5所示，结果显示创业大学生申请"政府创业专项基金或优惠贷款""风险投资"的比例还很低，分别只占3％和5.9％；创业资金的主要来源还是"父母、亲友的资助""个人储蓄"等两项，分别只占52.1％和19.6％；使用商业银行贷款的比例为15.7％。

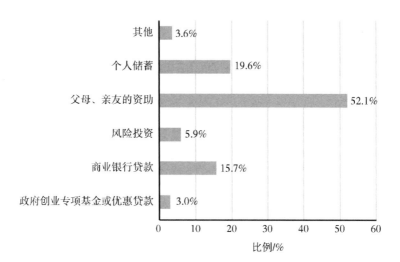

图 5-5　福建省高职院校学生创业者创业初始资金主要来源

（二）数据分析

1.获得创业资金的渠道有限

大学生创业需要启动资金,但高职院校的大学生获得启动资金的渠道非常有限,在银行贷款、风险投资这两个渠道上,高职学生比本科生更难以获得,这是目前高职院校大学生融资的普遍困难。对于高职学生创业者而言,创业启动资金的筹措至关重要。如何帮助高职学生筹措创业所需的启动资金,需要获得国家、学校和社会的支持。

2.个人商业贷款的操作性较低

我国个人商业贷款的主要形式是质押贷款、存单抵押、第三方担保等,福建省属的地方商业银行虽然有开展针对大学生的小额个人信用贷款,但宣传力度不够、手续复杂,因此真正获得小额个人信用贷款的创业大学生比例不高。2009 年,国务院办公厅发布《关于加强普通高等学校毕业生就业工作的通知》指出:"在当地公共就业服务机构登记失业的自主创业高校毕业生,自筹资金不足的,可申请不超过 5 万元的小额担保贷款;对合伙经营和组织起来就业的,可按规定适当扩大贷款规模;从事当地政府规定微利项目的,可按规定享受贴息扶持。"但到市县区一级却没有具体的执行细则,而且银行有自己独立的管理和执行制度,县区的协调作用非常有限。

2009 年 11 月 26 日,福建银监局与团省委联合制定《福建省农村青年创业小额贷款工作方案》等,我们在随机调查福建省 25 个地方性商业银行营业厅柜台工作人员得到的回答都是"不知道""没有""不清楚"。大学生创业者在贷款中如果没有专业辅导,大多数不知道贷款流程或因贷款手续烦琐而放弃,因此高校毕业生对此整体认同度极低,而异地创业贷款则更难。

3.创业基金规模小

部分县市区政府通过设立创业基金鼓励支持大学生创业,试图解决大学生创业资金不足的难题,但基金规模比较小、受益面较小,建议今后设立滚存式的资金池或者提高专项财政拨款额度。

4.创业鼓励政策区域不平衡

在我国,大学生创业已成为推动经济增长和创新的重要力量。在全国范围内,上海、北京、浙江、江苏、广东等地已出台并实施了一系列卓有成效的大学生创业政策,这些政策涵盖了创业资金、场地、技术、人才等多个方面,为大学生创业提供了全方位的支持①。其他大多数地方政府出台的大学生创业政策都相对比较粗糙。具体到执行层面上,这些政策的执行效果也是大相径庭。

以福建省为例,厦门、泉州、福州三市的大学生创业政策相对较为完善,具有较强的操作性。而在其他地区,尤其是县区层面,政策的落实情况并不乐观。许多政策仅仅是对国家和省级政府创业贷款优惠文件精神的简单呼应,缺乏具体的执行措施和配套措施。政策落实中存在的问题包括:

(1)可操作性低。除了少数几个城市外,福建省大部分地区的大学生创

---

① 安燕,傅象喜.基于 SWOT 分析的地方高师院校大学生创业意愿及创业教育对策研究[J].黑龙江教育学院学报,2012(1):11-14.

业政策存在可操作性低的问题。这些政策往往缺乏具体的执行细则和配套措施,导致政策难以真正落地生效。

(2)政策宣传不足。由于宣传不足,许多大学生对政府的创业政策了解得不够深入,甚至不知道这些政策的存在,导致政策的受惠面非常狭窄,许多有创业意愿的大学生无法得到政策的支持。

(3)培训效果不佳。一些地方政府提供的免费创业培训也存在问题。由于培训内容与实际需求脱节,或者培训方式不够灵活,导致培训效果不佳。有时甚至出现需要拉人头凑数的情况,这样的培训对于提升大学生的创业能力并无实质性帮助。

(4)补助经费知晓面低。部分地区的创业补助经费也存在使用效能不佳的问题。由于缺乏有效的监管机制和绩效评估体系,一些创业补助资金并没有真正被用在刀刃上,导致资金的浪费和效益的低下。

(三)政策执行困难分析

1.大学生创业启动资金获取渠道

大学生创业启动资金的获得渠道主要包括以下几种:

(1)自筹资金。这是大学生创业最常见的资金来源,主要来自个人储蓄、亲友赞助或者借款等。对于部分有家庭背景或社会资源的学生来说,这可能是他们的主要资金来源。

(2)大学生创业贷款。这是由商业银行、网络金融贷款等提供的专门针对大学生的信用贷款。这种贷款通常不需要抵押或担保,但需要学生具备良好的信用记录和还款能力。

(3)大学生创业基金。一些政府机构、高校或社会组织会设立大学生创业基金,以提供资金支持大学生实现创业梦想。这些基金通常会对创业项目进行评估,然后决定是否提供资金支持。

(4)创业比赛奖金。参加创业比赛是获得启动资金的另一种方式。一些创业比赛会提供丰厚的奖金,这对于初创企业来说可能是一笔不小的资金支持。

(5)天使投资或风险投资。一些具有创新性和市场前景的创业项目,可能会吸引天使投资人或风险投资公司的关注。他们可能会为项目提供资金支持,但通常会要求一定的股权或回报。

福建省虽然在 2009 年 5 月出台了《福建省属农村青年创业小额贷款工作方案》,此后多年来也出台了许多办法,但我们调查发现能申请到创业小额贷款的人数非常少。一方面,大学生创业贷款申请手续烦琐,光准备各种材料就要十多项,不但耗费人力,而且使大学生在等待中失去了创业的最佳时机。另一方面,贷款需要有担保人,大学生创业者的担保人一般是亲戚、朋友,家里或朋友条件允许的话,贷款还可能成功;但是对于那些家庭条件不是很好的创业者来说,找一个担保人并非易事,很多创业者只能放弃申请。这说明福建省还没有在融资方面形成支持大学生创业的社会机制。

2.案例

《福建省人民政府办公厅关于进一步扶持高校毕业生自主创业的意见》(闽政办〔2011〕175 号)的第三部分提出了"加大资金扶持力度",从六个方面提出措施来解决资金问题,包括:

(1)省政府每年增加安排 500 万元,用于高校毕业生创业启动扶持,省里每年重点扶持一批高校毕业生创业项目;

(2)高校毕业生自主创业自筹资金不足的,可在创业地按现行规定申请小额担保贷款或其他形式小额贷款贴息;

(3)高校毕业生自主创业取得国内外发明、实用新型、外观设计专利授权的,各设区市知识产权局对大学生创业高校毕业生专利项目给予优先资助;

(4)高校毕业生首次创业,领取工商营业执照或其他经营资质,且正常纳税经营 6 个月以上的,由纳税所在地财政给予每户一定数额的一次性开业补贴;

（5）高校毕业生自主创业招用其他人员,并按规定缴纳社会保险费满1年以上的,可按实际招用人数申请一次性创业带动就业奖励;

（6）高校毕业生中的就业困难人员从事个体经营或创办的企业吸纳就业困难人员,签订劳动合同并缴纳社会保险费的,在相应期限内按其为就业困难人员缴纳的基本养老保险费、基本医疗保险费和失业保险费给予补贴[①]。

3.分析

（1）以上政策措施分散,而且具备后五项的项目比较少,创业补助资金对大学生创业工作的推动效果一般,对高校大学生创业生态起到的作用也非常有限。其中只有第二项比较适合大多数项目,但这一项目并不是专门针对大学生,而是广泛适用的,而且在各地实际工作中执行力不强。最为不足的是没有与高职院校进行有效对接,在校内没有进行宣传和推广,学生要自行去了解,没有完全融合在高职院校大学生创业生态系统中。

（2）从调查中,我们发现高职大学生创业面临的资金障碍主要来自以下几个方面:

①金融机构的"逆向选择"。商业银行等金融机构出于投资项目的安全性考虑,往往避免向风险较高的创业项目提供资金支持。因此,即使大学生创业项目有潜力,也往往因为这一原因而难以获得贷款。

②政府支持资金有限。政府的创业专项基金或优惠贷款申请程序复杂,信息不够公开,金额有限,且存在多条件和高门槛。这使得大多数高职学生创业者难以成功申请到这些资金。

③高校创业支持资金有限。由于多数高职高校经费有限,难以为高职大学生创业活动提供充足的专项资金支持。这限制了高职学生在校园内开展创业活动的可能性。

④风险投资和基金的局限性。天使基金、风险基金和公众基金主要关

---

① 郭文渊,戴建忠.扶持高校毕业生自主创业新政出台[N].湄洲日报,2011-12-09(3).

注高学历和创业大赛获奖者等少数群体,对普通高职大学生的关注较少。这使得大多数高职学生更难从这些渠道获得资金支持。

⑤缺乏成熟的风险投资市场。如福建省的风险投资体系尚未形成,缺乏支持大学生风险投资的相关保险机制,这增加了高职大学生创业的风险和难度。

综上所述,高职大学生创业资金匮乏的主要原因包括金融机构的"逆向选择"、政府支持资金的限制、高校资金限制、风险投资和基金的局限性,以及缺乏成熟的风险投资市场。因此,对于高职大学生来讲,创业资金筹措困难是高职学生创业的最大障碍。

二、创业社会环境维度有待优化,鼓励创业氛围不够浓厚

清华大学二十国集团创业研究中心下属的中国创业研究中心发布的《全球创业观察 2016/2017 中国报告》《2018/2019 全球创业观察中国报告》,对中国创业活动的质量、环境以及与 G20 经济体之间创业活动的共性与差异性进行分析[1][2]。报告显示,中国创业活动的质量在不断提高。中国创业生态环境在改善,但在教育培训、商务环境和研发转移方面的改善缓慢或停滞不前。而中国人民大学、中国高等教育学会创新创业教育分会联合主办的《2019 中国大学生创业报告》显示,2019 年有超过 75% 的受访在校大学生具有创业意愿(这里的意愿相当于初步的想法),其中有超过 25% 的在校大学生的创业意愿较强。我国在创业环境条件框架的九个方面的综合评分相对于发达国家还有一定的差距。多年调查的统计结果显示:大学生创业者

---

① 《全球创业观察 2016/2017 中国报告》显示中国创业活动质量在提高[N].中国就业,2018(5):21-21.

② 清华大学二十国集团创业研究中心.2018/2019 全球创业观察中国报告[R/OL].(2019-11-25)[2022-08-09].http://www.g20e.tsinghua.edu.cn/contents/101/1346.html.

对高校创业支持(包括创业课程和创业实践活动)评价呈现趋好的上升态势,但仍有相当比例的大学生反馈创业课程和实践活动虚设比较多,从侧面表明高校创业支持存在一定程度上的有效供给不足。因此,在加强创业理论教育的同时,高校也需要构建多层次、多形式的创业活动实践平台和支持生态[①]。

从历史比较的角度和经济发展与创业环境相协调而言,我国总体的大学生创业环境近年来虽已经有较大程度提升,但还存在不少不足,与国家整体的"创业环境相对处于世界前列"不相匹配,还需要完善,福建省属的情况大体与全国的情况相同。考虑到全球整体创业环境的不断改善,目前我国的创业环境在全世界已经有很大幅度的提升,从2020年的全球第14位跃升至2021年的全球第7位,位居亚洲第一。具体到福建省,调查发现:福建省大学生的创业意愿较高,高于全国平均水平,创业目标更加趋于理性,受访者有更明确的发展方向,但不足的是,大学生的创业活动还是以"机会型创业"为主,总体的创业项目质量还处于中等水平,高学历创业者偏少;从区域来看,厦门市、泉州市、福州市的大学生创业比例略高于其他设区市,这两个设区市的创业意识较强,创业氛围较为浓厚,调查发现,在福建省经济活跃的地区创业氛围相对较好,社会环境和条件更容易激励大学生进行创业。福建省高职大学生创业活动主要集中在文化创意、零售批发、网络服务等领域,总体较集中于低技术行业。如图5-6所示,高职在校学生对创业环境的评价为"较差""很不好"的合计27.5%,"一般"的为38.3%,只有15.1%的人认为创业环境"很好",认为"比较好"的为19.1%。这说明高职院校大学生对创业社会环境的满意度还较低。因此,加大创业支持维度建构、构建良好的大学生创业生态系统十分重要。

---

① 杜鹏,毛基业.2019中国大学生创业报告[M].北京:中国人民大学出版社,2021.

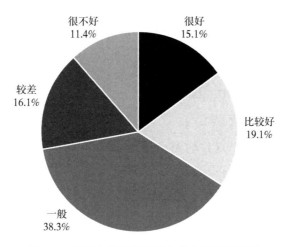

图 5-6　高职在校学生对创业社会环境的评价

（一）基于调查的结论

因为目前高校大学生创业的风险还较大，而且以往大学生创业成功率并不高，社会应创造一个良好的舆论环境，"宁可失业也不创业"成为不少大学生的观念。大学生对创业环境总体评价为"中等略好"，这与福建省地处东南沿海改革的前沿是不相符的，应该引起政府和专家的关注。也说明目前社会对大学生创业还存在不少疑惑，缺乏积极鼓励个人创业的社会氛围，这不利于创新型社会的培育。

（二）基于"能量范式"的分析

在"能量范式"的框架内，高校大学生创业生态系统可以被视为一个动态的能量交换和转化过程。在这个过程中，创业主体（大学生）作为能量的主动接收者和使用者，其创业活动的成功与否与系统的能量流动和转化效率密切相关。

（1）大学生创业主体面临的风险较大，主要源于其自身能力的不足。这里的"能量"是指大学生的经验、知识、技能、人际关系和资金等。由于这些能量的相对匮乏，大学生在创业过程中可能会遇到种种困难和挑战，导致创业失败的风险增加。

（2）以往大学生创业成功率不高，也可以从能量范式的角度来解释。创业生态系统的能量流动和转化机制不够完善，使得大量的创业资源（能量）无法有效地被利用和转化。这可能是因为系统内的信息流通不畅、政策支持不足、市场环境不利等原因。

（3）社会应创造一个良好的舆论环境，舆论环境是影响能量流动和转化效率的重要因素之一，积极的舆论环境可以激发大学生的创业热情，提升他们的能量水平，进而促进创业活动的成功。

（4）大学生对创业环境的总体评价为"中等略好"，与福建省作为东南沿海改革前沿的地位不相称，也反映了能量流动和转化效率的问题。作为改革的前沿，福建省应该具有更加完善的创业环境和更高的能量流动效率，以支持更多的大学生创业。

（5）政府应该通过制定相关政策、提供资金支持、加强创业教育等方式，为高校大学生创业生态系统注入更多的能量，促进能量的有效流动和转化，从而提升大学生创业的成功率，推动创新型社会的培育和发展。

综上所述，基于"能量范式"的高校大学生创业生态系统理论，可以帮助我们更深入地理解大学生创业活动的本质和创业社会环境因素，为提升创业成功率、推动创新型社会建设提供有益的思路和建议。

第三节　地方政府职能发挥问题分析

高职院校大学生创业生态系统的创业支持环境中蕴含的内外部环境条件与资源要素等，影响着主种群和相关种群的进化方向，能够在系统内对大学生创业主体及创业企业的共生发展关系产生抑制或促进作用。高校大学生创业的支持生态维度和要素的作用和效果是综合的，在系统中，大学生创业主体与各参与主体互为支持条件,主种群和各支持条件要素也可能互为环境或者互为支持要素。其中,地方政府是最为重要的参与主体,也是重要的责任主体,还是能量流动的最重要的主导因素。因此,我们得出以下结论:

地方政府主体职能在大学生创业生态系统的作用发挥是否充分,是决定系统优劣的重要原因,也是创业生态系统发展的重要推动力量。地方政府通过推动服务职能发挥对创业群落中的主种群及相关种群产生影响,并且这种影响可长时间发挥作用。因此,政府部门大学生创业服务政策的优劣决定了创业生态系统中政府创业支持维度的"活跃度",高校创业活动中各参与主体的互动,可以促进高校创业生态系统的优化,且具有标杆意义。

地方政府发挥"政策红利"和"社会治理"的主导力,根据创业生态系统"能量范式",地方政府是高职院校创业生态系统的"能量输入"的责任主体,对创业群落的影响集中在政策法律制度、融资方式、行业选择、舆论引导、设施优化和环境改善等方面。

下面我们就此思路对地方政府责任主体的主体职能发挥不足、"能量输入"不够的问题进行深入分析。

一、省政府扶持日渐加强,县区政府创业服务仍需系统化

(一)省级政府重视程度不断提升

1.政策支持与引导的细节

福建省政府对大学生创业的支持不仅停留在口头上,更通过实际行动来展现。近年来,政府出台了一系列鼓励大学生创业的政策措施,其中包括备受关注的《个人独资企业申报办法》。这一政策的推出,显著简化了大学生创业的流程,降低了初始创业的门槛,进一步激发了年轻人的创业热情。政府明确表示,希望通过这些政策,为大学生创业提供坚实的后盾。

2.能量流动的推动与影响

政府的扶持政策不仅仅是纸上谈兵,它们切实推动了创业生态系统中的各种"能量"流动。这里所说的"能量"指的是物质、信息、资金和人才,它们都是创业不可或缺的元素。由于政府的积极介入,这些资源的流动变得更加顺畅,从而为大学生创业营造了一个更加有利的环境。这也意味着,福建省的大学生创业者现在拥有更多的机会和资源来实现他们的创业梦想。

(二)市县区政府创业服务呈现零散化

1.政策执行与落实的困境

尽管省级政府已经出台了众多扶持政策,但在市县层面,这些政策的执行情况并不尽如人意。很多地方的执行力度和服务体系都显得零散,没有形成统一、高效的服务机制。这种情况导致了政策资源的浪费,也使得创业要素的活跃度大大降低。为了改变这一现状,需要进一步加强市县级政府对政策的解读和执行能力,确保各项政策能够真正落到实处。

2.服务与支持的明显不足

在大学生创业的道路上,政府提供的市场信息、网络资源以及配套服务都显得尤为重要。然而,目前这些支持要素在很多地方都是匮乏的。这种缺失直接影响了创业过程中的"能量"流动,使得很多有潜力的创业项目因为得不到足够的支持而夭折。这种情况对于想要创业的大学生来说,无疑是一个巨大的挑战。

3.宣传策略与知晓率的问题

一个好的政策,如果没有得到有效的宣传,那么它的影响力也会大打折扣。目前,很多市县区政府在创业服务和支持政策的宣传上都做得不够到位。这导致很多高职创业学生对这些扶持政策知之甚少,甚至完全不知情。这种情况反映了创业服务体系内部存在着严重的沟通不畅和配合不好的问题。此外,校内资源、校外政府支持要素以及社会支持要素之间也存在着明显的壁垒,需要进一步打破这些壁垒,形成更加紧密的合作关系。

二、省政府大力扶持创业,县区政府配套措施尚待细化

从"能量流转"的视角审视福建的高职院校大学生扶持创业政策,应该说政府政策的制定和执行在高职学生创业生态链中扮演着至关重要的角色。政策是推动"能量流动"的关键因素,能够为大学生创业提供必要的支持和保障。然而,当前存在的问题是,虽然省级政府扶持创业的政策较多,但县区政府配套实施措施不具体,导致政策执行效果不佳。

政府政策制定在生态链中起着关键的主导作用。高职院校大学生创业受挫与地方政府职能发挥不充分是直接相关的。地方政府往往认为大学生创业问题主要是高校的事情,其实,大学生创业不是高校所能独自推进的工作,大学生创业行为与社会紧密联系,更需要全社会各行各业、政府各部门的全力支持,特别是各级地方政府要担负起主体责任。据调查,目前除了教育系统、劳动保障系统、人事系统外,其他系统比如银行、保险、工商、司法、税务等系统,都还没有很好地执行扶持大学生创业的配套实施政策。比如,福建省的投融资基金对大学生关注度很低,少量支持大学生创业投资基金会,主要选择名牌大学生、留学人员和研究生,对高职院校大学生的关注度极低。还比如,中国人民银行、财政部、劳动和社会保障部联合发布《关于改进和完善小额担保贷款政策的通知》(银发〔2006〕5号),进一步扩大了小额担保贷款对象范围。其自筹资金不足时,可向当地经办银行申请小额担保贷款。但访谈发现,答复为"不知道,需要向上反映"比例约为76.3%。还有,虽然国家再三强调要大力支持大学毕业生创业,并多次发文,福建省政府相应政策也早已颁布,但一些市县区地方政府和有关单位并没有积极地贯彻执行。一些主管领导甚至没有认真学习国家创业政策,更谈不上研究和制定本地区大学生创业的实施细则。因此,部门政策出台以后,对地方政府来

说更重要的工作是必须抓好落实,督促相关单位、部门尽快出台实施方案和细则,否则,支持大学生创业就成为空话,无法真正落地。

政策在执行过程中也出现"上有政策,下有对策"的问题。教育部发出的《关于做好2021届全国普通高校毕业生就业创业工作的通知》,通知要求"组织开展高校毕业生创业服务专项活动,发挥创业孵化基地作用"。而2013年通知则提出"各地区要对自主创业高校毕业生进一步放宽准入条件,降低注册门槛",对自愿到西部地区及市县以下基层创业的高校毕业生,若其自筹资金不足,可向当地经办银行申请小额担保贷款。2019年教育部《关于做好2019届全国普通高等学校毕业生就业创业工作的通知》对创业工作也做了最全面的要求,提出"加强创业指导与服务。各地各高校要进一步建立健全各级各类大学生创业服务平台,为大学生创业提供项目对接、财税会计、法律政策、管理咨询等深度服务。鼓励各高校聘请行业专家、创业校友、企业家等担任大学生创业团队指导教师,鼓励专业教师、实验室老师全程指导大学生创新创业"。但据我们的调查,福建省高职院校近年来开展情况并不理想。

虽然国家再三强调要大力支持和扶持大学毕业生创业,相应的政策是宏观的,需要市县制定实施细则,但大多数市县及职能部门没有制定实施细则,当你要办理时,有些基层特别是农村银行分理处会互相推诿。

通过调查和访谈我们了解到,不少创业高职学生并未享受到相关的优惠政策,高职学生普遍反映:首先大学生申请时需要到多个部门办手续;其次,资金申请透明度不高,部分大学生对政策资金扶持产生疑虑;最后,政策缺乏针对性,更是让有些针对高职大学生的优惠政策"看得见,摸不着",落实得不多。很多大学生在创业实际中很难通过基层银行贷到款,甚至在有的银行分理处开个企业的基本户都很麻烦,基层银行基于自身业务考核指标的现实问题,欢迎大公司和大业务,而对小企业和小业务不屑一顾。不同地市对大学生创业扶持政策的侧重点有所不同,基层的执行力普遍不强。

由此可见,针对大学生特别是高职学生的创业支持体系的实际效果比较差,执行效果不理想。

总之,从"能量流转"的视角来看,政府政策的制定和执行是推动高职院校大学生创业生态系统中能量流动的关键因素。为了促进大学生创业的成功和生态系统的健康发展,政府需要充分发挥其主体作用,加大政策制定和执行的力度,并与相关系统协调合作,共同为大学生创业提供全方位的支持和保障。

三、创业政策体系尚未完善,针对性扶持政策亟须加强

教育部在 2021 年、2020 年的《关于做好全国普通高校毕业生就业创业工作的通知》提出"持续推进创业带动就业",而福建省政府层面由大中专毕业生就业工作领导小组 2020 年发出的《关于做好 2020 年普通高等学校毕业生就业创业工作的通知》,以及福建省教育厅、福建省人力资源和社会保障厅 2021 年发出《关于做好 2021 届全省普通高校毕业生就业创业工作的通知》提出"持续推进创业带动就业""深化创新创业教育改革"。很多创业政策的初衷是解决就业问题,地方政府已出台的政策主要聚焦在解决再就业政策的延伸和更改上。比如,创业前培训、提供小额贷款担保或贴息补贴等,原来的受惠者为下岗工人、新生代农民工,现在延伸到大学生。但是,大学生是不同于下岗工人和新生代农民工的一个特殊创业群体,他们的创业行为与下岗工人和农民工创业群体的创业行为是有较大区别的,特别是高职大学生的创业更难。因此,在政策的制定上必须考虑这种差异。

大学生由于经济上还没有独立,往往没有还款能力或者担保条件,在陌生的城市创业前期也还没建立良好的人脉关系,难以找到担保,很难获得政策规定的小额担保贷款和贴息贷款。

四、创业优惠政策信息丰沛，但高职院校宣传对接不足

从"能量流动"需要，基于"能量范式"的角度来看，高职院校大学生创业生态系统中的信息流动是至关重要的。信息作为一种关键的"能量形式"，其顺畅流动对于大学生创业的成功与否具有决定性影响，在创业生态系统中起着连接各个组成部分、促进资源共享和协同创新的作用。然而，目前存在的问题是：创业优惠政策信息总量丰富，但与高职院校对接宣传偏少。这阻碍了信息的有效流动和利用。

近几年，福建省市地方政府重视包括高职院校大学毕业生在内的创业工作，出台了一系列的优惠扶持政策，新闻媒体以及人事、劳动、教育等相关部门做了一定的宣传，但是调查发现，这些政策的宣传力度是不够的，大学生了解得不多，还存在着严重的信息不对称问题。主要有：

（1）政策信息流动不畅导致学生了解不全面。高职院校在校生和毕业生对于政府颁布的鼓励大学生创业的政策掌握得并不全面。从国家到省市，各级都有大量的扶持政策；同时，劳动、人事、教育等多个部门也出台了相应的扶持政策。但由于信息传递渠道不畅，学生们往往难以全面、准确地了解这些政策内容。

（2）地方政府与高职院校信息衔接不足。目前，在福建，地方政府职能部门与高职院校在信息传递上存在明显的断层。例如，地方政府设立的大学生创业孵化基地、提供的小额贷款等具体信息，在高职院校中的宣传力度远远不够，导致学生对此类信息知之甚少。

（3）信息化网站建设缺乏整合。尽管省市两级政府都在努力推进大学生创业服务信息化，但各部门之间的信息发布仍然各自为政，缺乏一个统一、集中的大学生创业服务信息发布平台。这种现状使得大学生在搜索相关信息时如同大海捞针，信息的可达性和可利用性大打折扣。

五、县区政府创业服务多样，但基层执行实施力度不够

在深入研究与广泛收集资料后，我们发现当前福建省的大学生创业支持体系虽呈现多元化趋势，但整体显得零散且缺乏系统性。众多创业扶持政策与措施的实施依赖于县区政府及其相关职能部门的积极执行。然而，现状显示，尽管县区政府提出了不少服务于大学生创业的工作思路，但在实际操作中的积极性并不高。现有的大学生创业支持体系尚不完善，很多政策措施仅仅是对省市级文件精神的简单响应，缺乏深入、细致的实施方案。

大学生创业支持生态是由多个部门、多维度辅导及服务构成的有机整体，在这个生态系统中，高校、政府职能部门、金融机构、共青团、非政府组织、创业园区及孵化基地等机构和部门都扮演着重要角色。这些机构和部门以创业大学生为中心，共同构建一个旨在为他们提供全方位创业辅导和服务的环境。

关于大学生创业服务的时间范围，在我国，政策主要关注的是大学生在校学习期间以及毕业后的五年内。这包括但不限于在读大学生、应届毕业生以及毕业五年内的往届毕业生所组成的创业团队或创办的企业。服务的重点主要是在企业创立前和创立初期，而对于社会青年的创业服务则时间跨度更大，内容也更加广泛，如创业辅导、培训、政策咨询、法律援助等。

在这一生态系统中，地方政府无疑扮演着至关重要的角色，他们是贯彻和执行创业政策的关键。然而，通过本次调查，我们发现县区政府在大学生创业服务体系构建上的重视程度有待提高。为了更有效地推动大学生创业，必须建立一个强有力的创业服务体系，并优化政府在各维度的支持。

政府，作为创业支持维度的核心责任主体，需要通过提供全方位的"创业服务"，促进各"要素优化"，进而改善整个生态系统的"维度活跃度"。这样，我们才能真正提高大学生创业的成功率和质量，为福建省乃至全国的创

新创业环境注入更多活力。

从前期研究和材料收集发现,福建省属目前的大学生创业支持政策和措施总体上比较松散,很多政策措施需要县区政府及其职能部门来执行,而目前县区政府服务于大学生创业工作的思路多,但积极性不高,对大学生创业的支持体系不够完善和健全,政策措施只是对省市有关文件精神的简单呼应。大学生创业支持生态维度是为大学生创业提供各种外部服务和辅导支持的各种要素构成的有机整体,它涵盖了多个部门、多维度的辅导及服务,包括高校、政府职能部门、金融融资机构、共青团、非政府组织、创业园区及孵化基地等机构和部门[1][2]。整个支持生态维度以创业大学生为中心和服务对象而形成,其目的是为大学生提供创业辅导和创业服务支持。

大学生创业服务的时间范围,我国政策鼓励范围主要集中在大学生在校学习期间和毕业5年内,一般包括在读大学生或应届毕业生组成的创业团队或创办的企业、毕业5年以内的往届毕业生组成的创业团队或创办的企业。主要在企业创立前和创立初期开展服务,而针对社会青年的创业服务时间则比较宽泛,创业辅导服务应该主要体现在创业辅导、培训、政策咨询、法律援助等扶持上。在创业服务体系中,地方政府是责任主体,是贯彻和执行的关键,这一章调查的主要结论是:提高和促进县区政府提高对大学生创业服务体系构建的重视程度,并建立强有力的创业服务体系。政府,作为创业支持维度的核心责任主体,需要通过提供全方位的"创业服务",促进各"要素优化",进而改善整个生态系统的"维度活跃度"。这样,我们才能真正提高大学生创业的成功率和质量,最终达到提高大学生创业成功率和质量的目的,为福建省乃至全国的创新创业环境注入更多活力。

---

[1] 徐明.大学生就业创业环境优化研究[J].中国青年社会科学,2016(5):34-37.
[2] 郑长娟,郝新蓉,程少锋,等.知识密集型服务业的空间关联性及其影响因素:以浙江省69个县市为例[J].经济地理,2017,37(3):121-128.

第三部分 "能量范式"重构

第六章　福建省高职院校创业生态系统"能量范式"重构思路

第一节　重构路径

福建省高职院校创业生态系统的重构主要采用以下重构思路,如图 6-1 所示。高职院校创业生态系统有两个重要的参与主体,一个是政府,一个是高校。本章的重构我们就围绕着"地方政府"和"高校"这两个最为重要的主体去重构分析。

在重构福建省高职院校创业生态系统时,我们可以从地方政府和高职院校两个主导方面出发,分别探讨不同的重构路径。

地方政府主导方面主要采用以下两条路径:

(1)"能量输入"视角下地方政府创业支持生态维度优化。这是第一条重构路径。

(2)在就"能量范式"视角下,"能量流动"需要大学生创业服务体系的促进,地方政府同样是主导大学生创业服务体系要素建设的主导力量。

因此我们进行第二条重构路径。

高职院校主导方面,就"能量流转"导向下高校如何主动对接政商资源推动大学生创业生态系统的优化提升进行研究和分析。这是第三条重构路径。

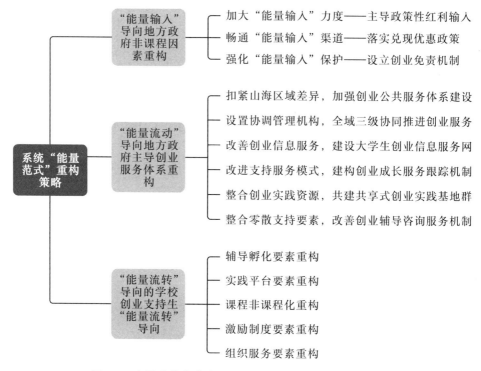

图 6-1　高职院校大学生创业生态系统"能量范式"重构路径

第二节　"能量流转"视角下政商资源整合策略

在高职院校大学生创业生态系统的构建中,"能量流转"是一个核心概念,政商资源是重要的生态系统的外部"能量来源",整合成为推动大学生创业活动的重要策略。而"能量流转"导向下高校大学生创业生态系统的主要"能量资源"则是政商资源,因此,我们在能量范式重构中采用"政商资源整合策略",促进"能量资源"向有利于大学生创业生态系统"友好度提升"的方向流转,具体是向创业主体——大学生创业者及创业企业方向流动和转化。其路径如下:

（1）就地方政府主导"政策性红利（包括资源）"输入，落实和兑现大学生创业政策，建立"能量输入"保护机制等进行探索。

（2）把理论应用于实践，以两所高职院校为例进行学校创业生态维度优化的实证研究。

第七章　地方政府主导的
生态系统优化策略

　　高职院校大学生创业生态系统政府创业支持维度是由政府主导的多种政策资源和外部环境组成的一个政策性要素集合,包括创业扶持政策要素(简称政策支持要素)、法律及社会治理支持体系要素(法律治理要素)、财政税收支持体系要素(财税要素)、服务支持体系要素(服务支持要素)等。地方政府在大学生创业体系维度重构中处于"主体责任"位置,主动与高校对接并提前介入对大学生创业的服务,体现了服务型地方政府的改革方向之一,是"大众创业、万众创新"新形势下的新服务职能之一,地方政府有必要为适应这一新职能进行必要的转变。

　　就业创业作为民生之本,其重要性不言而喻。地方政府应立足顶层设计,充分发挥其职能优势,紧扣高校创业生态系统"城校共生"特性,逐渐形成政府服务高校毕业生就业创业的机制,对创业的各个环节进行切实的支持和指导,推动我国大学生创业支持体系的健康发展。在大学生创业过程中的企业设立阶段和新创企业成长阶段,政府制定的政策、法规、措施等对大学生的创业活动产生重要影响。因此,地方政府发挥其职能优势完善大学生创业支持维度大有可为。

　　在大学生创业服务生态体系建设中,地方政府的作用至关重要。从支持能量流动的角度来看,地方政府主要通过以下七个方面来发挥其关键作用:

（1）创业环境的营造与资源整合。地方政府需要创造一个有利于创业的环境，包括简化注册流程、降低创业成本、提供便利的办公空间等。同时，地方政府还应整合和优化区域内的各种资源，如人才、技术、市场等，为创业者提供一个良好的起步平台。

（2）创业政策的制定与实施。为了鼓励大学生创业，地方政府需要制定一系列的政策措施，如税收优惠、贷款支持、创业补贴等，并通过有效的实施机制确保这些政策能够真正落到实处，从而激发大学生的创业热情。

（3）扶持政策执行的督查。政策的制定只是第一步，确保其得到有效执行才是关键。地方政府应建立健全的督查机制，定期对各项扶持政策的执行情况进行检查，确保政策能够真正惠及创业者。

（4）创业资金的支持。资金是创业过程中不可或缺的资源。地方政府可以通过设立创业基金、提供贷款担保等方式，为大学生创业提供资金支持，降低他们的创业风险。

（5）创业实践的指导。除了物质支持外，地方政府还可以提供创业实践的指导，如组织创业培训、搭建创业导师平台等，帮助大学生提升创业能力，规避创业风险。

（6）创业服务的提供。地方政府应建立完善的创业服务体系，包括提供法律咨询、市场调研、项目对接等服务，为大学生创业提供全方位的支持。

（7）社会机构参与创业服务的激励。地方政府应制定激励制度，鼓励企业、基金、协会、科研院所等社会机构积极参与创业服务，形成一个多元化的创业支持网络。

综上所述，这七个方面相互联系、相互影响，共同构成了一个完整的创业服务生态支持体系。地方政府在这个体系中发挥着核心作用，通过提供全方位的支持和服务，促进大学生创业生态系统的健康发展，推动区域内的创新创业活动。

第一节　加大"能量输入"力度
——主导"政策红利"输入

一、逐步完善大创政策融资体系，提升生态系统的"友好度"

融资贷款及寻求担保是现代社会创办企业的基础和通行做法，更是高职院校大学生创业的关键一环。拓宽筹融资贷款及担保渠道是解决当前大学生创业生态系统最为迫切的任务。

政府的大学生创业服务生态体系需要进一步完善，需要加大资金支持，建立和完善政策性资金支持体系，建立以地方政府为主体的统筹规划体制，使得大学生创业扶持力度进一步增强。调查中，在对问题"政府在大学生创业方面应该给予哪些扶持？"的回答中，福建省高职大学生选择最多的前三项依次是"提供大学生创业基金""银行提供方便、优惠的大学生创业贷款""建立大学生创业服务机构"，其中"提供大学生创业基金""银行提供方便、优惠的大学生创业贷款"主要为解决大学生的创业启动资金问题，"建立大学生创业服务机构"主要解决服务问题。

例如，设立大学生创业基金。福建省政府设立了一个专门的大学生创业基金，旨在为大学生创业提供初始资金支持。该基金不仅为创业者提供种子资金，还为他们提供了一系列的投资指导和项目孵化服务。例如，××职业大学的创业团队"智慧农业"就通过申请获得了该基金的支持，成功研发出了一款智能农业管理系统，大大提高了农作物的产量和质量。

例如，提供优惠的大学生创业贷款。为了解决大学生创业的融资问题，福建省的各大银行积极响应政府号召，推出了优惠的大学生创业贷款政策。

这些贷款不仅利率低,而且申请流程简单,大大减轻了创业者的经济压力。比如,××职业技术学院的毕业生小李通过申请这种贷款,成功开办了一家手工艺品店,实现了自己的创业梦想。

二、降低创业扶持资金准入条件,拓宽生态系统受益广度

创业基金可以为大学生开展创业项目提供直接的资助。目前,在校高职大学生中自主创业中碰到的最大困难,多数人认为是缺少创业资金,无法施展自己的本领,难以实现自己心中的理想,大学生创业基金的设立将为他们拓宽创业融资渠道。而在我们对福建省高职院校的走访中发现,现在的各种政策性的大学生创业扶持资金支持的门槛与大学生的期望值有较大差距,大多数高职院校没有设立创业基金,因此只有降低准入条件才能较大范围地拓宽大学生的受益面,扩展受益学生的广度,推动大学生创业工作的普遍开展,更好地为大学生创业提供必要的资金保障。

 创新案例设计 7-1

"启航创投计划"——福建高职院校大学生创业助力项目

1.背景

在福建省,高职院校的大学生创业热情高涨,但受限于资金和资源,许多优秀的创业想法难以实现。为了解决这个问题,我们设计了一个全新的创业扶持项目——"启航创投计划",旨在通过降低扶持资金准入条件,扩展创业生态系统的受益广度。

2.项目内容

设立启航创投基金:由福建省政府、高职院校以及社会企业共同出资设立启航创投基金,专门用于支持高职院校大学生的创业项目。

降低准入门槛:与传统的创业扶持资金不同,启航创投计划将大大降低申请门槛。只要是有创意、有市场前景的创业项目,无论学生是否有创业经验,均可以申请资金支持。

简化审批流程:通过线上平台实现一键式申请,简化审批材料,设立快速审批通道,确保资金能够及时到达创业者手中。

提供配套资源:除了资金支持外,启航创投计划还将为创业者提供导师指导、市场推广、法律咨询等配套服务,帮助创业者解决创业过程中遇到的各种问题。

建立跟踪评估机制:对获得资金支持的项目进行定期跟踪评估,确保资金的有效利用,并为后续的资金投放提供参考。

3.实施步骤

项目宣传与推广:通过高职院校、社交媒体等渠道广泛宣传启航创投计划,吸引更多的大学生参与。

项目申请与筛选:接收创业项目的申请,组织专家团队进行项目筛选,选出有潜力、有创意的项目进行支持。

资金投放与配套服务提供:对选中的项目进行资金投放,并提供相应的配套服务。

项目跟踪与评估:定期对项目进行跟踪评估,及时调整支持策略,确保项目的顺利进行。

4.预期效果

通过实施启航创投计划,我们预期达到以下效果:

(1)激发高职院校大学生的创业热情,培养更多的创新创业人才。

(2)为大学生创业提供必要的资金保障,推动创业项目的顺利实施。

(3)扩展创业生态系统的受益广度,促进福建省创新创业氛围的形成和发展。

(4)通过跟踪评估机制,确保资金的有效利用,提高创业项目的成功率。

此案例中展示的项目内容,目前福建高职院校还没有相关的创新实践,有望为福建省高职院校大学生创业提供新的动力和支持。

三、小额信贷中设置绿色通道,提升创业信贷生态保障度

支持解决大学生创业的配套资金问题,是一项复杂的系统工程。首先要建立小额贷款担保基金,出台相关政策,加大对大学生初次、小额创业贷款的扶持力度并简化手续,甚至建立绿色通道;其次要加强与金融机构的合作,加大对大学生创业项目实体的扶持力度;最后在贷款担保方式上,对处于创业初期,资金需求量小、贷款期限短的企业,可采取融资担保机构担保、企业法人连带责任担保等灵活方式,使面向大学生创业的小额贷款像大学生助学贷款一样在各县区普遍开展,各县区可以参照大学生助学贷款指定1~3家银行来办理,以免银行之间以各种理由互相推诿。

四、大幅减免政府财税费用,减轻学生初创企业资金压力

大学生创业,特别是高职院校大学生的创业风险是多方面的,包括市场风险、技术风险、管理风险、资金风险等。高职学生在创业过程中可能会面临更多的挑战,因为他们可能相对缺乏社会资源和经验,因此在创业的道路上需要更多的支持和帮助。

税收和费用对于创业初期的大学生来说是一个巨大的负担。对于已经完成初始资金投入并处于负债经营状态的大学生来说,减免税收和各种收费可以显著减轻他们的财务压力,并降低创业成本。课题组了解到,不少大学生在创业起步阶段完成初始资金投入后,已经有87.2%的大学生属于负债经营,这种"政策红利"不仅能够激励更多的大学生投入创业中,还能够为他们的创业生态系统提供更多的"能量输入",推动生态系统的健康发展。

从能量流动的角度来看,大幅减免政府财税费用对减少高职院校学生初创企业的资金压力有着深远的影响。这里的"能量流动"可以理解为经济资源的流动和分配。

（一）支持资源释放

政府通过大幅减免财税,实际上是在将原本用于税收的资源释放给企业。对于初创企业来说,这些资源就像注入的新鲜"能量",可以用于研发、市场推广、人才招聘等关键领域,从而推动企业的成长和发展。

（二）降低资金压力

初创企业往往面临着巨大的资金压力,包括研发成本、运营成本、市场推广费用等。财税减免可以直接减轻这些压力,使得企业有更多的"能量"去应对市场挑战,实现可持续发展。

（三）提升投资回报率

由于资金压力的减轻,初创企业可以更有效地利用有限的资源,提高投资回报率。这就像是在能量流动过程中减少了损耗,使得更多的能量能够转化为企业的实际效益。

（四）促进创业企业创新

初创企业往往是创新的源泉。通过财税减免,政府实际上是在为这些企业的创新活动提供更多的"能量"。这种支持有助于激发企业的创新活力,推动整个行业的进步。

（五）增强市场竞争力

有了更多的资源和更低的运营成本,初创企业在市场上的竞争力也会相应提升。这就像是在生态系统中,拥有更多能量的生物更有可能在竞争中占据优势。

（六）经济生态系统的良性循环

政府通过财税减免支持初创企业,这些企业在发展壮大后又会为社会创造更多的价值,包括提供更多的就业机会、缴纳更多的税收等。这形成了一个良性的经济生态系统循环,其中的"能量"在不断地流动和增值。

综上所述,政府大幅减免财税费用对高职院校学生初创企业的资金压力具有显著的缓解作用,有助于这些企业在竞争激烈的市场中脱颖而出,实现可持续发展。通过以上措施,可以为高职院校大学生的创业生态系统提供更多财税方面的"能量输入",激发大学生的创业热情和创造力,推动创业生态系统的持续发展和壮大。同时,这也有助于提高高职教育的质量和水平,为社会培养更多具有创新精神和实践能力的优秀人才。

五、支持设立高职大创专项基金,切实担当起政府主体责任

这项工作可以分解为以下三个具体步骤:

(一)开展风险投资培训

地方政府可以组织专门针对大学生创业者的风险投资培训。这些培训应覆盖风险投资的接洽方式、申请流程、所需提供的资料,以及如何有效展示自己的创业项目和商业计划,从而让大学生创业者更好地了解并掌握争取风险投资的技巧。通过这样的培训,可以帮助大学生创业者提升他们的融资能力,增加他们成功获得风险投资的机会。

(二)设立创业咨询机构

地方政府应设立公益性的大学生创业咨询机构。这些机构不仅可以为大学生创业者提供专业的咨询服务,帮助他们解决在创业过程中遇到的问题,还可以协助他们提高创业项目的市场适应性。咨询机构可以邀请业内专家和成功创业者来分享经验,提供市场分析和商业策略建议,使大学生的创业项目更加符合市场需求,提高成功率。

(三)搭建风险投资对接平台

为了进一步促进大学生创业者与风险投资的对接,地方政府应积极搭

建相关的机会和平台。这可以通过组织创业大赛、项目路演、投融资对接会等活动来实现。在这些平台上,大学生创业者可以直接向风险投资机构展示自己的创业项目和商业计划,从而获得更多的融资机会。同时,政府也可以利用这些平台宣传创业政策,吸引更多的社会资金和资源支持大学生创业[①]。

综上所述,地方政府在加大"能量输入"力度方面可以通过完善融资体系、降低扶持资金准入条件、提供小额信贷绿色通道、减免财税费用以及支持设立高职大创专项基金等措施来主导"政策红利"的输入。这些举措将有助于优化高职院校大学生创业生态系统,激发大学生的创业热情和创造力,推动福建高职院校大学生创业生态系统的持续优化。

第二节　畅通"能量输入"渠道
——落实兑现优惠政策

自然界中的生态系统在自然界里是一种开放的耗散结构系统,需要持续的"能量输入"以维持其正常运行,而作为一个社会化系统,高校大学生创业生态系统的持续发展同样需要源源不断的"能量输入",基于"能量输入"要求,地方政府要畅通"能量输入"渠道,按照当前福建省经济"全方位推动高质量发展超越"的总体发展要求和高职院校"补短板"的未来发展需求,在畅通高职院校大学生创业生态系统"能量输入"渠道、在狠抓"落实和兑现大学生创业政策"上着力,瞄准"创业服务体系建设"从服务范畴、重点内容、考核评估、政策执行等方面加强检查,通过制定科学合理、可操作的检查督查机制,为高职院校大学生创业落实"政策红利",有利于各职能部门针对大学

---

① 洪少春.学生创业支持体系中的地方政府主体职能研究[J].萍乡高等专科学校学报,2009
(5):20-23.

生创业企业提供全链条、多方位的服务,并贯穿于创业企业的整个生命周期,助推大学生创业企业的迅速成长和壮大。下面主要结合福建省高职院校实际及地市、县区情况提出实施思路。

一、县区镇行政部门在政策落实上下功夫,提高政策落实率

省级政府层面在建立检查督促机构来协调县区政府在大学生创业中的服务积极性、设立省市两级大学生创业服务网等方面进行了探索,提出了如何为大学生创业真正提供高质量、专业化的支持和服务的思路。

(1)政府相关部门要将现有大学生创业政策尽快落实到位。

(2)要及时制定相关配套实施细则,并注意吸收先进地区和其他省份的好政策、好经验、好做法。

(3)必须考虑到它与相关宏观经济政策的协调与配合问题,坚决杜绝"有政策、没细则,有细则、无落实"的现象,在狠抓服务政策落实上下功夫,切实为福建省属大学生创业营造良好的创业生态。

二、对创业办公场所免租优惠分梯次扶持,扩大政策支持面

(1)政策明确与统一标准。政府应制定明确的政策,确保高职院校的创业企业与本科、研究生创业企业在申请创业办公场所时,遵循相同的标准和流程。这样可以避免因为学历层次差异而导致的政策歧视。

(2)强化监管与评估机制。为了确保政策的公平实施,政府需要建立有效的监管和评估机制。这包括对政策执行情况的定期检查,以及对享受政策支持的创业企业的绩效评估。通过这种方式,政府可以确保资源被用于最有潜力和最具社会效益的创业项目。

(3)增强社会参与和合作。政府可以积极与各类社会组织和企业合作,

共同为高职院校的大学生创业企业提供支持。例如,通过校企合作项目,为高职大学生创业企业提供创业机会、技术支持和市场资源等。

(4)提供差异化支持。虽然强调平等对待,但政府也可以考虑提供针对高职大学生创业企业的差异化支持。例如,为这些企业提供专门的创业培训、导师辅导和融资支持等,以帮助他们克服由于学历层次相对较低而可能面临的一些创业障碍。

(5)建立反馈机制。为了持续改进和完善政策支持,政府应建立一个反馈机制,让高职院校的大学生创业者能够提出他们的建议和意见。通过这种方式,政府可以更加精准地了解创业者的需求,并据此调整和优化政策支持。

(6)分梯次扶持政策。在制定政策时,需要考虑到不同创业项目的差异性和多样性。不应简单地以学历层次或学校类型作为享受政策的唯一标准,而应根据项目的创新性、市场前景、社会效益等因素进行综合评估。可以根据大学生创业企业的实际情况和符合度,提供不同层次的扶持政策。对于符合条件的大学生创业企业,可以提供免费或低价的创业办公场所,期限可以是2~3年。对于符合度稍低的企业,可以考虑提供住房补贴、贷款优惠等其他形式的支持。

总之,为了确保大学生创业扶持政策的普惠性和有效性,政策设计需要细致且富有弹性。同时,政策的执行和监督也需要公开透明,接受社会监督。通过政府、企业、社会组织和个人的共同努力,为包括高职学生在内的大学生创业创造更好的环境和条件。

三、给予高职毕业生与本科生同等落户政策,增强归属感

需要地方政府在高校毕业生落户优惠政策制定时要进行三个转变:一是自主创业且符合产业发展导向要求的,各地应该给予与就业同样优惠办

理落户手续的待遇;二是不应对学历层次进行限制,以体现政策公平性;三是为符合条件的创业大学生提供免费或者优惠住房,解决优秀大学生创业的住房困难,解除他们创业的后顾之忧等等。畅通"能量输入"渠道,为能量向包括高职大学生创业企业流转创造公平政策环境,实现创业生态系统的公平和谐。

综上所述,地方政府在高校毕业生落户优惠政策制定中,应充分考虑高职学生的实际情况和需求,做出相应转变并实施相关扶持政策。这将有助于构建公平和谐的创业生态系统,激发更多年轻人的创业激情和创新活力,为地方经济社会发展注入新的动力。

四、政府职能部门增强主导责任意识,提升政府执行力

在高职院校大学生创业生态系统中,地方政府担负有"能量流动"的主导责任,是重要的责任主体,其中政府和高校、科技园(创业园、孵化基地)各自的职能如下:

(1)地方政府,特别是地级市地方政府,负责整体政策规划、管理制度制定,县区政府则侧重于负责考核、执行和资金管理及本级管理权限的政策制定。

(2)高校负责对创业教育进行系统协调和主体维护,负责重点主体跟进和生态系统机制创新。

(3)大学科技园作为创业教育的教学实践基地和创业实训平台,要创新和完善其管理运行机制,逐步成为集企业孵化、创业教学和实践、创业服务、科技创新等多种功能为一体的创业基地。

(4)地方政府要制定政策,激励企业参与高校的创业支持生态维度构建,建立校企合作共赢的机制,促进大学生就业基地、专业实习基地建设,充分拓展校外创业支持空间。

(5)资金方面,在加大各级财政投入的同时,按照市场化机制增加资金

来源渠道,并设立大学生创业教育基金。各级政府和高校也可根据自身情况设立多个级别的创业教育发展基金,以形成完善的创业教育基金体系。

第三节　强化"能量输入"保护
——建立创业免责机制

一、为大学生创办企业和注册个体工商户开通"绿色通道"

目前大学生注册企业的人数依然比较少,大多数人创业高职学生还是比较倾向于注册个体工商户。建议在全省推广闽侯县工商局大学生注册公司绿色通道,对大学生注册企业一律不收取任何费用,并且严厉处理注册中故意刁难大学生创业者的行为。简化大学生创办企业的程序,申请人提交登记申请书、验资报告等主要登记材料后,可先予颁发营业执照,让其在3~5个月内按规定补齐相关材料。对参加个体协会的大学生,免收其会员费。

二、创设宽松的执法环境,试行创业"首违免罚""轻微不罚"

据了解,高职院校大学生创业类型以小微企业和个体工商户为主,在经营过程中可涉及城管、工商、质检、卫生防疫、环保、消防等相关部门。高职大学生虽然接受了高等教育,但对各种政策的把握还不是很到位,初创企业出现不规范情况在所难免。行政执法部门可对第一次违规的初创企业进行纠正,在"可罚可不罚"的情况下,建议试行"首违免罚"政策,即对大学生在创业过程中首次出现情节轻微、没有对社会和他人造成危害后果的一般性违法行为,给予更多的宽容,只给予"警示告诫"。通过强化这种能量流转的保护,以保护大学生创业的积极性并让其他处于观望的高职大学生放心创业。

 创新案例设计 7-2

"宽容初创"——福建高职院校大学生创业"首违免罚"

与"轻微不罚"政策试点

1.背景

在福建省,高职院校大学生的创业活动日益增多,但由于初创企业和个体工商户对政策法规了解不够深入,有时会出现一些轻微违规行为。为了保护大学生的创业积极性,减轻其创业压力,我们提出"宽容初创"政策,即试行创业"首违免罚"与"轻微不罚"。

2.政策内容

(1)首违免罚:对于大学生在创业过程中首次出现的一般性违法行为,且该行为没有对社会和他人造成明显危害后果的,如未及时进行工商注册变更、未悬挂营业执照等,行政执法部门将给予"警示告诫",而不直接进行罚款。

(2)轻微不罚:对于情节轻微、影响不大的违法行为,如广告牌摆放不规范、卫生条件略有不符等,行政执法部门提出整改意见,并给予一定的整改期限。在整改期限内完成整改的,不予处罚。

3.实施步骤

(1)政策宣传:通过高职院校、创业园区、社交媒体等渠道广泛宣传"宽容初创"政策,确保大学生创业者充分了解政策内容。

(2)培训指导:组织专家团队,为大学生创业者提供政策法规培训,帮助他们更好地规避创业过程中的法律风险。

(3)执法监督:行政执法部门在执法过程中,对于符合"首违免罚"和"轻微不罚"条件的案件,应按照政策要求进行处理,并做好记录。

(4)定期评估:定期对政策执行情况进行评估,收集大学生创业者的反馈意见,不断完善政策内容。

4.预期效果

(1)保护大学生创业者的积极性,减轻其创业过程中的法律压力。

(2)通过"警示告诫"和"整改意见",引导大学生创业者规范经营,增强法律意识。

(3)营造更加宽松的创业环境,吸引更多的高职院校大学生投身创业实践。

(4)为福建省的创新创业注入新的活力,推动地方经济的发展。

此案例为福建高职院校大学生创业实践中的创新举措,旨在通过更加宽容的执法环境,鼓励和支持大学生创业,促进创新创业生态的繁荣发展。

三、构筑创业法治屏障,提升法律治理服务以赋能创业者

从能量流动理论视角解读,完善创业保护制度法规可被视为一种促进创业能量有效流动与保护的重要机制。在此理论框架下,各类制度法规构成创业能量的传输通道及保护层,旨在确保创业活动的顺畅进行,并最大限度地减少能量耗散。

（一）健全劳动保护及工商税务等法规措施

此举措旨在构建稳定且高效的创业能量流动通道。通过完善劳动保护、工商税务等相关法规,为高职学生创业奠定坚实基础,有效降低创业过程中的各类阻碍与风险。

（二）优化现有地方性政策法规环境

此举措旨在进一步优化现有创业能量流动通道,以提升能量流动的效率和安全性。例如,通过简化执照办理流程、提供房屋租赁及税收优惠等措施,降低大学生创业门槛与成本,进而提升其创业成功率。

（三）地方政府提供宏观指导并制定相关规章制度

此举措旨在为创业能量流动提供导航与保障。地方政府的宏观指导有助于大学生创业者更好地把握市场方向与创业机遇，而相关规章制度的出台则为其提供法律层面的保护与支持。这为创业能量的流动提供了明确的方向与坚实保障，确保能量能够按照既定路径高效、安全地流动。

综上所述，完善创业保护制度法规实质上是在构建一个稳定、高效且安全的创业能量流动与保护机制。福建省应通过建立"绿色通道"、营造宽松执法环境、完善创业保护制度及提供大学生创业法律治理服务等综合措施，进一步强化"能量输入"保护，为高职院校大学生创业营造更加优质的环境与提供更多机遇。这些措施将有效激发大学生的创业热情与创新精神，进而推动经济社会的持续发展与进步。

第四节　提升"能量流转"效率——服务要素重构

一、促进"能量流转"重构整体思路

高职院校建构的大学生创业生态系统的内涵是指在高职院校及周边的区域范围内，在地方政府的主导下，集合众多既独立又密切相关的政府职能部门、企业、高校科研院所、基金、协会、服务机构、投融资机构等参与主体及系统要素的力量，进行要素优化。"能量流动"包括"能量输入"和"能量流转"，在"能量流动"的驱动下，大学生创业企业才能得到发展与壮大[1]。

---

[1]　胡远,胡远,定明龙.创新创业生态系统服务体系初探[J/OL].(2018-12-14)[2021-06-21]. https://www.sohu.com/a/281963445_100006671.

　　这个系统重构的根本目标是:在可持续发展理念和促进大学生就业创业的导向下,促进大学生创新创业行为的持续涌现,通过将创新创业投入、需求、基础设施与管理在创新创业过程中有机结合起来,促进高职学生创新创业素养的提升,提升大学生创业数量及质量,进而推动当地经济及社会的高质量发展。地方政府在"能量流动"导向下的创业服务要素重构中扮演着至关重要的角色。通过政策引导、资源整合、资金支持和创业孵化等全方位的服务和支持,地方政府可以推动大学生创业生态系统的健康发展,进而促进高职大学生创业水平和质量的提升。

　　前面我们分析了"能量流动"(包括"能量输入"和"能量流转")问题,接下来我们分析服务支持要素的优化问题。

　　政府特别是教育主管部门要转换思路,要从推进高校创业教育的发展变为推进高校大学生创业生态系统构建和优化,地方政府与高校主动对接,根据当地产业特点和地理位置优势、人文氛围等,探索出适合当地特点、发展经济水平、民众需求等实际的创业支持措施,进而形成大学生创业在当地推行的机制和模式,不断提升大学生创业水平。政府提供各种优惠政策及条件扶持,能大大地帮助创业大学生清除创业过程中所遇到的障碍和困难[①]。

二、促进"能量流转"重构实施路径

(一)紧扣山海区域差异,加强创业公共服务体系建设

1.针对山海区域差异,优化创业服务短板,促进能量高效流转

　　福建省在"高质量发展超越"战略和创新驱动发展战略的推动下,经济

---

① 余醒雅."双创"背景下政府对在校大学生的创业扶持政策研究:以广州市为例[D].广州:暨南大学,2016.

持续稳定发展,为高职院校毕业生创业提供了广阔的空间。然而,福建省山海区域经济发展存在明显差距,这要求我们在鼓励高职院校毕业生创业时,必须充分考虑区域差异,优化创业服务。针对资金流转、税费办理、场地免租等短板,我们应着力解决,确保创业创新的种子能在各个区域都茁壮成长。通过提升服务质量和效率,实现创业生态系统中能量的高效流转,从而推动区域经济的均衡发展。

2.构建一站式进校创业服务体系,降低创业门槛,加速能量积累

根据福建高职院校大学生创业生态系统的特点,并考虑山海区域差异,我们建议进一步完善并推广"绿色通道",为创业大学生提供一站式,甚至进校门的便捷服务。通过简化登记办证手续、减少不必要的证明材料、提供税收优惠政策等措施,降低创业门槛,使更多大学生能够轻松进行创业。同时,允许创业初期的大学生利用符合安全规定的住宅作为创业场所,进一步减轻他们的负担。这些举措将有助于加速创业生态系统中的能量的积累,为大学生创业提供更多支持和保障。

3.加强市、县区两级政府公共服务职能,成立综合服务中心,实现能量高效释放

为了加强创业公共服务体系建设,提升对大学生创业的服务质量和效率,我们建议在市、县区两级政府的主导下成立大学生创业综合服务中心。该中心将集创业项目展示、项目评估、资金及贷款申请、工商税务登记等功能于一体,为大学生创业提供全方位的服务和支持。通过强化地方政府在高校创业教育中的角色,推动政产学研用的深度融合,对大学生从创业意识的培养、创业技能的训练到创业资金的供给、创业项目的提供、创业孵化的落实等环节提供完整的支撑,实现高职院校大学生创业生态系统中能量的高效释放,并在更大范围内的区域性大学生创业生态系统内流动。这种综合服务中心的设立将有力保障大学生创业支持系统的有效运转和可持续发展,为福建省的经济发展注入新的活力。

（二）设置省市县协同机构，促进创业服务"能量"流转

鉴于福建省高职院校大学生的广泛流动性及多元化的求学与创业选择，为确保创业生态系统的"能量"能够顺畅、高效地流转至大学生创业企业，亟须建立一个统一且联动的创业服务管理机制。这一机制的设立，旨在适应大学生在省内外不同区域的求学、创业需求，以及应对他们在不同地域间的流动性。

福建省高职院校实行全省统一招生政策，学生在省内乃至全国的流动性大，其求学单位、生源地与创业地往往存在交叉。因此，政府需对分散在各地的大学生创业孵化基地和各县市的大学生创业园进行全省性的联动管理。为此，建议省政府设立一个专门的协调和管理机构，负责统筹和协调各地的大学生创业孵化基地和创业园。此举不仅有助于提升创业服务的质量和效率，还能确保"能量"在创业生态系统中得到最优配置，从而推动大学生创业活动的蓬勃发展。

（三）改善创业信息服务，构建省市大学生创业信息网络

要推动大学生创业生态系统的"能量"顺畅流转至创业主体——大学生创业者及创业企业，优化信息服务是关键一环，特别是针对政策、技术、市场、融资及人才流动等方面的信息，其发布的及时性和准确性对创业者至关重要。因此，福建省在省市层面构建服务于大学生创业企业的信息发布平台显得尤为重要，这将极大提升对大学生创业的服务效率。

1.建立省市级大学生创业信息网络，以促进信息的全面发布

目前福建省还没有省级主办的大学生创业服务网，类似的只有福建省毕业生就业创业公共服务网，该网站以发布就业信息为主，创业服务性质的内容很少且还不够系统。我们建议福建省尽快建立省、市两级大学生创业服务网和微信公众号，可以参考杭州大学生创业服务网，设立创业资讯、我要创业、创业政策、创业宝典、创业展示、投资融资、咨询解答、下载专区、杭

州人才、毕业生就业等栏目。

省市两级大学生创业服务网应该由政府职能部门主导,属于大型综合服务类门户网站,由高校、政府职能部门、企业、金融机构、创业基金和行业协会等共同参与,学校提供相关的创业课程和教学资料,学生可根据需要选择相关内容学习或查询信息;政府各部门及时发布相关的创业政策和信息;金融机构、创业基金发布企业融资贷款信息、基金申请信息和详细的办理流程,企业和行业协会则可以为学生提供实训实践及加盟创业机会。优先推荐适合毕业生的创业项目,提供咨询、辅导、跟踪、扶持、成果转化等一站式服务。

2.打造"一网式"在线办证服务平台:创新服务模式,激发高职大学生创业活力

面对当前经济发展形势下创业动力不足、经济下行压力增大的现状,建议省政府应以创新为驱动,积极推动各地市、县区打造"一网式"在线办证服务平台。这一平台的打造旨在通过提升服务效率,为高职大学生创业提供更加全面、便捷、高效的支持,并进一步推动新质生产力的发展。省市两级大学生创业服务网作为这一创新改革的核心载体,将由政府职能部门主导,汇聚高校、政府、企业、金融机构、创业基金和行业协会等多方资源,共同构建一个大型综合服务类门户网站。

此平台的建设应该紧密围绕高职大学生创业的实际需求,提供一系列创新服务。学校可以在平台上分享创业课程和教学资料,帮助学生夯实创业理论基础;政府各部门则负责及时发布创业政策和信息,确保创业者能够紧跟政策步伐,充分利用政策红利;金融机构和创业基金则提供企业融资贷款信息、基金申请信息及详细的办理流程,为创业者解决资金难题,降低创业门槛;同时,企业和行业协会也积极参与,为学生提供实训和加盟创业机会,帮助学生将创业计划转化为创业实践,积累创业经验。

"一网式"在线办证平台的目标,不仅在于打造一个集政策宣传、信息查询、创业指导、融资对接、项目推荐、税费办理等功能于一体的大学生创业服务平台,更在于通过创新服务模式,专注于服务广大大学生创业者,特别是高职院校的创业大学生。在当前经济下行压力增大的背景下,地方县市区通过这一平台的打造,将进一步激发大学生的创业热情和创新活力,促进创业带动就业,有效缓解经济下行压力。同时,通过引导和支持高职学生创业者投身于新兴产业和创新领域,推动产业升级和经济发展,进一步完善创新生态系统,为福建乃至全国的经济发展注入新的动力。

3.构建网上信息反馈机制,优化政策环境感知

在创业生态系统中,信息流通与反馈机制的高效运作对于减少创业者在寻求资源和解决问题时的"能量消耗"至关重要。特别是在政府创业支持维度上,这一机制更是能够显著提升政府服务的效率和大学生创业生态系统的友好度。

(1)机制构建与目标

信息收集与整合:创业服务网需建立专项的信息收集与整合平台,及时、全面地搜集省市层面出台的扶持大学生创业的系列配套政策。

问题反馈渠道:为大学生创业者提供便捷的问题反馈渠道,包括但不限于在线表单、电子邮件、即时通信工具等,确保创业者的问题和困难能够迅速到达服务团队。

定期分析与报告:服务团队需定期对收集到的问题进行分析,并形成报告提交给主管职能部门。通过建立定期分析与报告机制,服务团队能够更加系统地识别与解决高职大学生创业过程中遇到的问题,为创业者提供更加精准、高效的服务支持。同时,这也有助于主管职能部门更好地了解创业者的实际需求与市场动态,为制定更加科学合理的政策措施提供有力支撑。

政策优化建议:针对高职大学生创业服务中的问题与实际需求,结合当前经济发展形势和创业生态的发展趋势,向政府部门提出政策优化建议。比如简化办证流程、加强政策宣传与解读、强化金融支持与服务、建设创业孵化基地和推动区域协调发展等。

跨部门协作与响应:主管职能部门在接收到问题和建议后,应迅速组织相关部门进行研讨,制定针对性的解决方案并执行,确保问题得到及时解决。

(2)机制优化与活跃度提升

反馈机制优化:持续优化反馈机制,提高处理速度和响应效率,增强创业者的信心和满意度。

政策宣传与教育:通过创业服务网等渠道,积极宣传政府出台的支持政策,提高大学生的政策知晓率和利用率。

成功案例分享:定期分享大学生创业成功案例,激发更多大学生的创业热情,同时也为其他创业者提供可借鉴的经验。

通过以上措施,我们期望能构建一个集信息发布、政策解读、项目对接、融资协助及问题反馈等功能于一体的大学生创业服务平台。平台能够更有效地收集、整合和反馈大学生的创业需求和问题,进而提升政府创业支持维度的活跃度。这不仅有助于减少创业者的"能量消耗",还能提高整个高校大学生创业生态系统的效率和活力,为大学生创业者创造更良好的创业环境。

(四)改进支持服务模式,建构创业后期跟踪服务机制

社会服务及资助体系是指社会为高职院校学生准备创业和创业过程所提供的一系列支撑措施,对大学生创业起到保驾护航的作用。政府部门应建立定期的跟踪服务体系,在大学生创业者开办企业后,及时了解他们的经营情况和遇到的问题。通过组织座谈会、交流会等活动,促进创业者之间的交流和合作,共同解决问题。同时,还可以提供法律咨询、财务规划等专业服务,帮助他们更好地应对创业过程中的各种挑战。以上措施可以构建一个更加完善的大学生创业生态系统,促进"能量"在系统中的有效流动,提高

创业成功率和企业存活率。

(五)整合创业实践资源,共建共享式创业实践基地群

1.整体思路

(1)在机制建构上。政府主导统筹资源配置,打破行业及企业之间的壁垒,进行创业实践基地的统筹布局,在地市级建设不同方向的创业实践基地。

(2)在企业选择上。企业选择是一个关键环节,它关乎整个生态系统的活力和可持续性。在企业选择上,我们可以考虑两个富有创新性的方向:

一是捐资型校企合作创业实践基地的建设。在这类合作模式中,企业并非出于直接经济回报的考量,而是基于追求社会效益的长远目标进行投入。它们愿意为高职院校提供资金、技术、管理等多方面的支持,共同打造一个有利于大学生创业的实践环境。这种合作模式不仅体现了企业的社会责任感,也为高职院校带来了宝贵的资源和机会。

二是选择具有成长潜力的创业型企业进行合作,旨在实现校企双方的深度共赢。在这类合作中,企业不仅能够获得经济效益,还能通过与高校的紧密合作,提升其品牌影响力和市场竞争力。而高校则能借助企业的力量,更好地培养学生创新创业的能力,提升整体的教学质量。特别是像跨境电商企业这样的合作伙伴,它们不仅能为学生提供学习并实践跨境电商网络平台创业的机会,还能与高校共同研发新的教学模式和课程,推动创业教育的创新与发展。当然,在选择这类企业时,我们需要设定严格的准入标准和审核流程,以确保学生的权益得到充分保护,同时也保证合作的质量和效果。

(3)在项目选择上。可以选择专业实践与创业实践相结合的项目,与企业合作经营创业工作室,合作进行创新创业开放协同模式的设计开发,引入企业导师团队参与大学生创业辅导。大学生从创业动机萌发到实际开展创

业,中间有许多环节,如果企业能为大学生提供实习机会,大学生在实习过程中可以了解到企业的现实情况,进一步确定今后的创业方向,从而有助于提高创业的成功率。企业还可以为大学生开展创业实践活动提供厂房和软硬件设施方面的支持,提供富有创业经验的兼职教师,弥补学校创业教育的不足。企业还可以对大学生创业计划大赛中比较好的、有投资前景的项目进行资金、技术、市场等方面的支持和配合。

2.推行"高校建立大学生创业孵化基地、市县设立创业孵化器或者加速器"的共享式实践基地建设思路

福建省政府可以要求各高校建立大学生创业孵化基地,各市县在大学生创业园设立创业孵化器或者加速器,县区级人民政府结合本地工业园区实际,在已经建立的大学生创业园成立一批创业孵化器和加速器,建成具有地方经济社会特色的创新创业生态支持与实践生态支持体系。高校大学生创业孵化基地扶持的重要手段是场地免租金、资金支持和提供创业辅导。为了推动高校大学生创业孵化基地的长久发展,应该设立高校大学生创业基金,由高校投入启动基金,而后通过校友捐助、政府财政支持、自身造血和企业捐赠等多种方式不断累积基金。当前地级市的创业孵化基地比较多,而县区市级的创业孵化基地比较少,福建省特别是沿海地区的市县地方政府普遍经济实力比较强,因此可以调动县区参与高职院校创业孵化基地建设的积极性,建设更多创业孵化基地,使得更多高职院校大学生有机会参与孵化和辅导。

3.建构思路

(1)强化创业沙龙、项目对接、法律事务、导师培育、财税优惠、职工落户等服务功能,政府职能部门把地方比较完善或者有特色的创业培训体系引入高校,校地共建各种模拟创业的实践平台。

(2)组织大学生创业企业参加各类展会,参加当地的企业互助组织。

(3)在创业实践基地,提供创业辅导,探索现代创业学徒制、一对一帮扶等创业辅导模式,帮助大学生创业。这不仅能够促进大学生创业生态系统的"能量"流转,还能提高大学生创业的成功率和质量。

4.能量流动模型下的共赢机制

在能量流动模型下,高校、地方政府、创业孵化器和加速器以及大学生创业者之间形成了一个共赢的机制。高校提供创业项目和初创企业,地方政府提供政策和资金支持,创业孵化器和加速器提供资源和市场对接服务,大学生创业者则通过这一机制实现创业梦想。这一机制有效地促进了能量的流动和转化,实现了各方利益的最大化。

(六)整合零散支持资源,改善创业辅导咨询服务机制

大学生创业生态系统的各体系维度实际上是由各职能部门和各高校出台的政策体系组成的,通过调查和访谈我们发现,各职能部门和各高校都已经在各自的领域采取了一定的措施和政策,也发挥了一定的积极作用,但由于这些政策和措施相对零散,存在着沟通不畅、配合不协调的问题。要构建友好型的大学生创业生态系统,就必须整合校内外各种资源,积极构建响应迅捷、结构合理、特色鲜明、对大学生友好的大学生创业生态系统,为大学生创业营造良好的非课程因素创业生态环境[1]。这一目标的实现同样需要设立一个协调机构,我们建议这一机构同时具有大学生创业孵化基地、各县市大学生创业园协调功能。

综上所述,"能量流转"在创业生态系统中非常重要,这种流转不仅发生在创业主体之间,还涉及创业主体与参与主体之间的相互作用。地方政府支持大学生创业生态体系是由多种社会资源和外部政策环境组成的,除了开展以上服务外,还应不断完善其他支持服务,以促进生态系统中的"能量流动",即资源、信息和机会向大学生创业者及创业企业的有效传递和利用。

---

① 鲍志伦,姜兴.鼓励大学生创业政策及健全创业服务体系研究[J].商场现代化,2010(32): 150-152.

比如健全法律服务,从多方面着手优化大学生创业政策法治环境,让社会形成激励创业、鼓励创业的氛围,形成正确的舆论导向,在合法合理的前提下,通过加大政策扶持力度和优化创业环境,积极主动创造有利于大学生创业的条件,推动大学生创业生态系统友好度的提升。

第八章　高校主导的学校创业支持维度要素重构策略

高职院校创业生态系统中,各创业主体、群落及支持环境之间通过能量流动和物质循环进行互动,要素优化可以为"能量流转"扫清障碍、创造条件,不断驱动当地社会经济、生产发展①。福建省在高职教育方面有着自己的特色和需求。在前面的理论研究成果的基础上,本章结合省情,我们认为福建省高职院校在创业支持生态的建设中应更加注重与地方产业的对接,以及利用地方资源进行创业教育和实践。就高职院校学校层面创业支持生态维度的"能量流转"导向的要素优化策略进行分析,我们提出了五方面重构思路:

(1)辅导孵化要素方面——"共享化、专业化、反思型、差异化"思路;

(2)实践平台要素方面——改进大学生创业实践基地创设模式;

(3)课程体系要素方面——探索"非课程化、模块化"创业辅导模式;

(4)组织服务要素方面——建构"创业友好型"人才培养管理机制;

(5)激励制度要素方面——建立精准分层分类激励制度体系。

在学校创业支持生态维度中,福建省高职院校的辅导孵化师资要素和实践平台要素是最弱的要素,因此,本章结合福建省的省情,重点对这两方面进行分析。

---

① 刘雅婷,胡远,定明龙.创新创业生态系统服务体系初探[J].中国科技资源导刊,2018,50(4):85-94.

第一节　辅导孵化师资要素重构

一、建立共享式的大学生创业导师联盟

（一）方案背景目标

福建省高职院校面临着辅导孵化师资的问题，为了解决这个问题，我们提出了一个创新的方案——构建一个共享式的大学生创业导师联盟。这个联盟的目标是为在校及毕业后 5 年内的大学生创业提供全方位、多角度的支持，确保创业能量的高效利用和创业项目的稳定发展。

（二）创业导师遴选

创业导师联盟应该由地方政府职能部门牵头，可以由企业家、职业经理人、职业咨询师、行业专家和大学创业课程教师等组成，推广前期采用专兼职制相结合的办法来确定学生创业导师。

（三）机构设置改革

由地级市人事与公务员局负责设立管理机构，可以命名为"市高职院校学生创业导师联盟管理中心"或者"高职院校学生创业辅导中心"等。

（四）资金筹措发放

先期建议由政府创业补助资金列支，后期建议由财政专项列支，为提供创业辅导的专兼职导师发放薪酬，提供联盟管理机构的运行经费，免费为大学生提供创业导师服务。

（五）服务重点选择

在能量流转导向下，基于高职院校大学生创业生态系统的学校创业支

持生态维度优化,共享式大学生创业导师联盟孵化辅导重点放在以下三方面:

1.企业申报手续的精细化指导

为确保创业能量的顺畅流转,共享式的大学生创业导师联盟应聚焦于指导大学生办理企业申报手续。这包括但不限于指导大学生熟悉相关法律法规、办理流程,以及如何高效地完成企业注册、税务登记等手续。通过精细化的指导,降低大学生在创业初期的困难,确保大学生团队能够顺利启动创业项目。

2.管理制度的完善与优化

管理制度是保障公司日常运营和持续发展的基石。针对大学生创业团队,创业导师联盟将重点辅导团队建立并优化公司日常管理制度、财务管理制度、薪酬分配制度、内部控制制度和业务员管理制度等。通过导师的专业知识和实践经验,帮助大学生团队构建科学、高效、灵活的管理制度体系,确保团队在创业过程中能够有序运转,实现能量的有效配置和利用。

3.创业企业运营的精准辅导

基于创业生态系统的共生演化特征,创业导师联盟将从制度层面为大学生创业企业提供精准的孵化辅导。根据创业生态系统在初创期、成长期、成熟期、转型期和衰退期五个阶段的不同特征,导师应提供针对性的辅导措施,包括市场策略、产品研发、团队建设、资源获取等方面的指导,帮助大学生创业企业在各个阶段都能够迅速适应环境、抓住机遇,实现持续、稳定的发展。

总之,在能量流转导向下,高职院校大学生创业生态系统的优化与支持是确保创业项目成功和创业能量有效流转的关键。通过共享式的大学生创业导师联盟的精细化指导、管理制度的完善与优化,以及创业企业运营的精准辅导,我们可以为大学生创业团队提供一个全面、系统的支持环境,促进创业能量的高效利用和创业项目的长远发展。共享式的大学生创业导师联盟通过这三大孵化辅导重点,全方位、多角度地支持大学生创业团队,确保他们在创业的道路上走得更加稳健、长远。

二、创业导师创业辅导"专业化"发展思辨

(一)建构路径

目前,福建省高职院校创业导师的现状为:创业教育教师的教学经验和理论知识储备普遍不足,部分教师缺乏足够的教学胜任力,部分教师课程讲授只停留在理论层面,而创业实践指导能力不足,无法满足良好的创业生态系统建设的需要。创业导师不仅是创业知识的传播者,更是创业实践的引领者和辅导者,导师队伍建设中涉及创业导师的专业化发展问题。应该说非课程因素的创业生态系统建设也需要创业辅导专业化的指导教师来引导,当然这里的专业化与专业教师的专业化不同,它更倾向于双师化的专业化,我们称之为"创业辅导专业化发展"。在当今日益活跃的大学生创业生态系统中,创业导师(辅导孵化教师)的角色显得越发重要。在能量流转的导向下,我们基于高职院校的创业教育环境,探讨如何实现创业导师的"专业化"发展,并优化学校的创业支持生态维度。

福建高职院校大学生创业辅导孵化要素要实现活跃度提升,对创业导师的专业化要求也日益增强。从图 8-1 我们发现,72.2%的创业导师认为提高辅导质量需要进行专业发展。大家期望通过完善相关机制安排和培训,以及参与创业实践,实现福建高职院校创业导师的专业化发展,进而达到辅导孵化要素的优化目标,为促进"能量流动"创造要素条件。

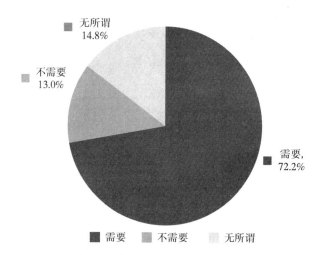

图 8-1　创业导师提高辅导质量是否需要进行专业发展调查情况

创业导师专业化发展建构路径：

（1）制定并完善创业专业化教育师资准入制度。建立明确的创业导师准入标准，确保进入高职院校从事创业辅导的教师具备专业知识和实践经验。

（2）建立专门的创业导师管理部门。成立专门的创业导师管理部门，负责创业导师的选聘、培训、考核等事务，为教师的专业化发展提供支持和保障。通过专业化的管理，为创业导师提供更多的发展机会和资源，促进其专业成长。创业导师管理部门的成立将推动教师专业化发展的进程，提高创业导师的专业素养和辅导能力。

（3）强化多方参与的创业师资培养渠道。建立多元化的创业师资培养渠道，包括校企合作、专业培训、国际交流等，以提高创业导师的专业水平和国际视野。通过多元化的培养方式，提升创业导师的综合能力，使其更好地适应创业教育的需求。多方参与的创业师资培养将促进教师间的交流与合作，形成更加开放、包容的创业教育氛围，提高创业导师的综合素质和辅导水平。创业人才最终要步入社会，参与实际活动，需要具备良好的创业意识、创业精神、创业能力,创业导师需要具备从途径、方向、程序等方面为学生提供创业咨询和模拟创业指导的能力。高职院校本科院校创业教育要积极聘请社会企业、行业、政府部门等各方的创业专家加入师资队伍的构建和培养过程,促进创业辅导孵化师资与社会各界人士的接触交流,确保创业教育的时代性、前沿性、创新性。这样才能改变创业教学经验丰富的"双师型"教师数量严重匮乏的局面。

(4)设定合理的考核目标与期望效果。在推进创业导师专业化发展的过程中,我们需要设置明确的考核目标,以确保教师的能力和表现达到预期效果。考核目标包括专业知识掌握程度、实践指导能力、团队协作与沟通能力等。通过考核,确保导师具备扎实的专业知识和实践经验,能够为学生提供全面、深入的创业辅导。

为确保创业能量的顺畅流转,以下举例说明针对创业导师的三个考核目标:

①考核目标 A:创业导师的专业知识掌握程度

举例:在高职院校的创业课程中,创业导师张老师为学生讲解商业模式的构建。她能够清晰地阐述不同商业模式的优劣,以及如何根据市场环境和产品定位选择合适的商业模式。课后,她能准确回答学生关于市场定位、竞争优势和盈利模式的问题,显示出她对创业理论、市场分析和商业模式的深入了解。

效果:学生们对张老师的专业知识表示赞赏,认为她的讲解深入浅出,对学生的创业思路有很大的启发。这证明了张老师的专业知识掌握程度符合要求,能够有效地将创业知识传递给学生。

②考核目标 B:创业导师的实践指导能力

举例:在创业实践项目中,创业导师李老师带领学生团队进行市场调研和产品设计。他亲自指导学生如何设计问卷、如何进行市场调研,以及如何根据调研结果优化产品设计。在项目结束后,学生团队成功开发出了一款受市场欢迎的新产品。

效果:学生团队对李老师的实践指导能力给予高度评价,认为他的实践经验非常丰富,能够给予学生很多实用的建议和指导。这证明李老师具备强大的实践指导能力,能够有效地帮助学生将理论知识转化为实践操作。

③考核目标C:创业导师的团队协作与沟通能力

举例:在创业项目路演中,创业导师王老师与学生团队紧密合作,共同准备路演材料。她积极与学生沟通,了解他们的想法和需求,并给予他们很多有价值的建议。在路演过程中,王老师与学生团队配合默契,成功吸引了投资者的关注。

效果:学生团队对王老师的团队协作和沟通能力表示赞赏,认为她能够很好地理解学生的想法和需求,并给予他们有力的支持。这证明王老师具备良好的团队协作和沟通能力,能够与学生建立良好的互动关系,共同推动创业教育的发展。

以上考核目标的分解,有助于培养出具备专业化能力和综合素质的创业导师队伍,为高职院校的创业辅导孵化提供强有力的支持。同时,这也将有助于提升福建高职院校大学生创业辅导孵化要素的活跃度,推动整个创业生态系统的良性发展。

(5)立足福建高职创业学生的需求,构建精细化创业导师培训进修制度

为了更贴切地服务福建高职院校的大学生创业者,我们需要从学生实际需求出发,建立并持续优化创业导师的培训进修制度。这一制度的核心目标是不断提升创业导师在企业运营管理、创业辅导等方面的专业素养和实践能力,以确保他们能够有效地传递创业"能量",助力高职学生成功创业。

首先,我们要深入了解福建高职院校大学生的创业特点和挑战,明确他们在创业过程中可能遇到的具体问题和需求。基于这些需求,为创业导师量身定制培训内容,如地方政策解读、行业趋势分析、创业资源整合等,确保

培训内容既有针对性又具实用性。

其次,对创业导师的培训不应局限于理论知识,更应注重导师实践能力的提升。因此,我们需要组织导师们深入企业一线,进行实地考察和学习,让他们亲身体验企业运营管理的各个环节,从而更准确地把握创业学生的实际需求,并提供更为精准有效的指导。

再次,为了保持创业导师的专业水平和辅导能力的持续提升,我们需要建立定期的进修机制,包括参加国内外创业领域的研讨会、论坛等,以便及时了解和掌握最新的创业理念和实践方法。

最后,我们还应建立一套完善的评价和反馈机制,以评估创业导师的培训效果,并根据创业学生的反馈不断优化培训内容和方法。这将有助于我们持续提高创业导师队伍的整体素质,为福建高职院校的大学生创业者提供更为专业、高效的辅导服务。

(6)创业导师专业发展需要反思原有师资队伍的组成和现状,这也是当今教师专业发展理论的重要观点。元认知理论、反思性教学理论都对教师的反思进行了系统的论述,创业导师成长中需要进行反思也已成为共识。而且培养导师的反思能力在当前教育改革的大背景下具有重要意义,强化反思意识,成为反思型创业辅导教师(导师),是时代对新时期创业辅导教师提出的要求,也是教师专业发展的内在需要和关键所在[①]。

(7)引导企业优秀管理人员参与到高校创业教育中来,开展多层次、系统化的创业辅导能力提升计划,切实提高创业导师的专业化水平。福建高职院校的大学生创业生态系统,根植于这片充满活力的土地,与福建企业的发展实际紧密相连。这里的企业,以其独特的商业模式和创新精神,为地方经济注入了源源不断的动力。为此,高职院校应该积极引导企业优秀管理人员、不同背景的行业人才参与到创业辅导中来。这些管理人员,不仅深谙

---

① 方坪珍.基于教学反思的通用技术教师专业发展研究[D].福州:福建省师范大学,2009.

福建企业的发展实际,更对市场需求、行业动态有着敏锐的洞察力,也有着深切的创业体验。

以闽北职业技术学院的"益食无忧创业团队"为例。闽北职业技术学院食品营养与检测专业的学生在创业之初,就得到了来自企业优秀管理人员的指导和帮助。这些管理人员不仅提供了市场需求的分析,还协助学生进行了产品类型的选择和研发方向的确定。他们的实战经验对于学生创业团队来说是一笔宝贵的财富。"益食无忧创业团队"在创业导师的指导下,成功研发出"重组米"和"益生元系列产品"。这些产品不仅具有低 GI 值、强饱腹感、高营养价值等特点,还得到了消费者的广泛认可。团队在 2021 年进行了超过 150 批次的实验后,成功研发出产品,并在试吃体验者的反馈下不断改进产品,最终推出二代产品①。这一成功案例充分证明了企业优秀管理人员参与到创业辅导中的重要性。他们的加入,无疑为创业辅导注入了更有实际指导意义、更具前瞻性的内容。这一策略不仅丰富了导师队伍的多样性,更为学生提供了与市场更为接轨的创业指导。

(二)创业导师分类方法

2016 年,福建省教育厅印发《福建省大学生创新创业导师管理暂行办法(试行)》(闽教学〔2016〕34 号),由省教育厅选聘一批创业导师并纳入省大学生导师库管理,以独立身份参加大学生导师活动的人员。大学生导师分为三类:

1.实践型导师

实践型导师主要是省内外知名企业家、中小企业创新创业成功人士、科研人员、风险投资人,或具有创新创业实战指导方面经验的人士。

---

① 围绕专业寻创新,职教学子筑创梦——闽北职业技术学院"益食无忧创业团队"的创业故事〔EB/OL〕.(2023-06-25)〔2024-05-01〕. https://www.sohu.com/a/691134984_121687414.

2.培训型导师

培训型导师主要是有关部门、高校和单位中熟悉创新创业政策的专家学者、咨询机构专业人士,或已获得创新创业培训资格的培训师。对这类创业教师要优化其从业标准,成立创业教育师资培训机构,不断提升师资素质,提高其专业能力,推进创业教育师资职业化进程,改善师资队伍整体水平。

3.评审型导师

评审型导师具备一定的理论和实践能力,具有创新创业大赛评审或对创新创业项目成果有投资遴选经验,同时也因个人或者工作原因主要从事评审工作的导师。评审型导师的服务是公益性和有偿服务相结合的方式,其服务内容如下:

(1)专题讲座。开展大学生创新创业讲座及咨询活动,帮助创新创业大学生掌握相关知识和相关政策。

(2)服务指导。为创业大学生提供项目注册、法律咨询、人力资源、计划制订、营销策略、生产技术研发和财务管理等方面的创新创业服务指导。

(3)项目论证。参与大学生创新创业项目的评审、论证、跟踪和后续帮扶。

(4)咨询诊断。为大学生提供创新创业政策咨询、手续办理、企业经营运作等方面的咨询指导,为大学生创新创业团队建设、培养和文化塑造等方面出谋献策,对创新创业大学生遇到的问题进行指导。

(5)结对帮扶。根据行业领域、企业类型为创新创业大学生提供一对一、一对多的导师帮扶及跟踪指导。

(6)媒体活动。利用网络、纸质、媒体、电台和电视台等宣传大学生创业优惠政策。

(7)政策调研。开展大学生创新创业政策专题调查和政策咨询,了解大学生的创业类型及需求,为地方政府相关部门和高校提供政策性建议。

(8)教师培训。帮助培训高校创新创业辅导孵化课程师资,通过创业沙龙,增强高校科研人员市场转化意识,鼓励科研骨干教师带领学生创新创业。[①]

(三)案例分析

1.案例1

福建省属创新创业基地(三明)由福建省教育厅和三明市人民政府共同建设。根据基地建设的需要,经市政府研究,决定聘任华普亿方教育集团总裁付鹏、中国科学院博导姜青山、华普亿方(厦门)科技有限公司总经理李庆华(女)等19位同志作为基地创业导师。

当前福建省校级层面的遴选比较多,如集美大学2017年聘任了新三板上市企业、厦门骐俊物联科技股份有限公司董事长张伟杰、华普亿方(厦门)科技有限公司总经理李庆华等15位校内外专家担任大学生创新创业导师。这些创新创业导师每人每月至少一次到集美大学辅导大学生创业团队,为大学生创业团队提供财税法务、知识产权、赛事辅导、投融资对接等方面的指导和服务,同时还为大学生创业团队提供电话、微信、邮件等线上即时咨询与服务。从公开报道资料看,这是该校针对福建省属创新创业标准园区工作创建短板、深化创新创业服务内涵、提升创新创业服务水平的重要举措。集美大学自2017年5月面向全社会启动2017年大学生创新创业导师征集工作以来,共有近50位专家学者、成功企业家、创业校友等应征成为该校大学生创新创业导师[②][③]。

[①] 福建省教育厅.关于印发《福建省大学生创新创业导师管理暂行办法(试行)》的通知[EB/OL].(2016-08-10)[2020-08-09].http://jyt.fujian.gov.cn/xxgk/zywj/201608/t20160810_3180735.htm.

[②] 集美大学.学校聘任15位大学生创新创业导师、集美大学焦点新闻[EB/OL].(2017-06-23)[2020-08-09].http://www.jmu.edu.cn/info/1041/34025.htm.

[③] 杨淑林,蔡伟清,曹敏杰.创新创业教育与专业教育融合的问题及对策——以集美大学为例[J].集美大学学报(教育科学版),2018(5):84-88.

分析：

以上第一种是创业孵化基地模式的创业导师，第二种是校级层面的创业导师。这两种导师都是总经理级别的高级管理人员，是具有荣誉性的创业导师，但无法真正深入一线，更无法开展"一对一"辅导工作，整体的创业辅导和服务效果不够理想，不是真正地深入一线辅导的创业导师。

2.案例 2

省内外常州机电职业技术学院、武汉晴川学院、泉州职业技术大学等高校也相继遴选了一批校级创业导师，进一步完善校级导师库，建立跨学院、跨学科、跨专业交叉培养的创新创业人才新机制，不断健全创新创业辅导导师队伍。同时，各学院在新一轮人才培养方案修订时，根据创新创业教育目标要求调整专业课程设置。并在聘请各行各业优秀人才担任专业课、创新创业课授课或指导教师的同时，加强对本学院创新创业教育师资队伍的建设与管理，每个二级学院也遴选创新创业导师，统一建立校院两级的创新创业导师人才库。

分析：

关于创业生态系统建构意愿，我们在调查中发现，高职院校的积极性比较高，知名本科高校的积极性反而不高。另外就是创新创业导师队伍的规模普遍还偏小，从公开报道资料来看，以领导、高管居多，实际运作中很多成为荣誉性的称呼，和我们所倡导的进行实质性创业辅导的创业导师不一致。

其实，教育部已经提出了创新创业教育的核心并不是单纯复制与模仿现有的企业项目，而是要培养学生的创新创业素养和思维能力。因此，开展创业教育的重心要放在落实学生发展，提升学生的创新水平，从而开辟出全新的知识领域。因此，仅聘请一些高管、专家开设几场讲座，对创业素养提升目标是杯水车薪，对高校创业生态系统的完善更是难以产生显著成效。

因此,我们所倡导的创业导师"专业化",是能够真正投入较多时间对学生进行辅导的实战型导师。学校应按照课时向这些实战型导师支付报酬以提高其积极性,并像专业外聘教师一样进行管理,以此来提升高校创业生态系统辅导教师这个核心要素的质量。

因此,在高职院校的创业生态系统建设中,辅导孵化要素优化是基础,高校院系方面要将创新创业辅导教师队伍建设纳入独立的专业化师资队伍建设中去,作为高职院校教育的改革方向之一,从而实现能量的有效输入、流转和高职院校大学生创业生态系统优化的目标。创新创业教育不仅是大学生进行创业的基础,也将深刻影响高职院校职业化的整体改革。

三、反思型创业导师理念的培育

创业辅导教师对创业辅导反思有一定了解,但对创业辅导反思重要性普遍没有清晰认识,认识仅仅停留在"一般了解"上,或者知道创业辅导反思的重要性但没有掌握具体的方法和理论,也就是说整体来说,创业辅导教师了解辅导反思但不深入,认可创业辅导专业发展的重要性但没有深入思考,而且教师很少有人会把创业辅导反思与创业辅导能力发展联系起来,对辅导反思对导师创业辅导能力发展的促进作用了解不深。

通过对福建省高职院校相关部门及人员的访谈,我们发现大多数创业导师并没有经过系统的培训,主要是辅导员、就业指导教师或者商科教师来担任,而且多数是兼职的,对辅导创业的专业化发展了解不多甚至存在偏差,对"创业辅导反思"并不重视。

创新案例设计 8-1

福建福州高职院校"反思型创业导师培育计划"

1.背景

福建福州某高职院校意识到创业辅导教师对于"创业辅导反思"的重要性认识不足,决定设计一个创新的"反思型创业导师培育计划",以提升创业辅导教师的专业素养和辅导能力。

2.计划目标

(1)提升创业辅导教师对"创业辅导反思"重要性的认识。

(2)教授创业辅导教师进行有效反思的方法。

(3)通过实践反思,提高创业辅导教师的辅导能力。

3.实施步骤

(1)启动大会:召开全校创业辅导教师大会,明确"反思型创业导师培育计划"的目标和意义,提升教师们的参与度和积极性。

(2)专业培训:邀请创业教育和反思实践领域的专家,进行为期一周的集中培训。内容涵盖创业辅导的基本理念、方法,以及反思理论、技巧和案例分析。

(3)实践反思:培训结束后,要求创业辅导教师在接下来的一个学期内,每次辅导后都要进行反思,记录辅导过程中的成功与不足,思考改进方法。同时,每月组织一次反思分享会,让教师们交流心得。

(4)高级研讨会:在学期末,组织一次高级研讨会,邀请在创业辅导领域有丰富经验的教师分享他们的反思实践,同时让参与计划的教师们汇报自己的反思成果。

(5)持续支持:提供线上交流平台,鼓励教师们在日常辅导中持续进行反思实践,并定期发布优秀的反思案例和经验分享。

4.预期成果

(1)创业辅导教师对"创业辅导反思"有更深入的认识和理解。

（2）教师们掌握有效的反思方法，能够自如地运用到日常辅导中。

（3）通过反思实践，教师们的创业辅导能力得到显著提升。

（4）形成一个积极向上、不断学习和进步的创业辅导教师团队。

此案例设计的核心在于，通过系统的培训和实践反思，提升创业辅导教师的专业素养和辅导能力。通过这一计划，不仅可以提高教师们的个人能力，还能推动整个创业辅导团队的持续进步和发展。

四、创业导师专兼结合、校内外结合并逐步向校外导师为主方向发展

（一）鼓励创业导师"跨越校门"，深入实践创业活动

为了更贴近福建高职创业学生的实际需求，我们鼓励创业导师"走出校门"，亲身参与和体验实际的创业活动。这不仅可以增强导师自身的实践能力，更能让他们带回一线市场的最新动态和行业需求，从而有针对性地调整教学内容和方法。

在经济全球化的今天，创业教育的国际化趋势也日益明显，我们特别强调创业导师要与时俱进，加强与国际创业教育的交流与合作。通过参与国际研讨会、访问学者项目等形式，创业导师可以及时了解国际创业教育的最新理念和实践，将其融入日常教学中。

福建的企业发展实际为创业辅导提供了丰富的案例和实践机会。创业导师应紧密结合这些实际，引导学生分析和解决实际问题，培养他们的创新思维和实操能力。同时，创业导师也要主动了解世界、行业和市场的快速变化，不断深化教学方式改革，丰富教学资源，结合学生实际需要进行调整，积极吸纳和分享前沿的创业教育成果。

（二）吸纳校外创业先锋及企业管理精英作为创业导师

比借鉴美国大学商学院的师资模式，我们应注重引进那些既具备创业

实战经验又在企业中担任关键管理角色的专业人士作为创业导师。这些人士不仅拥有丰富的创业历程，还在企业管理中扮演着举足轻重的角色，他们的经验和洞见将为我们的创业教育注入新的活力。

针对福建高职院校大学生创业生态系统的特点，我们需要不断地从社会中招募那些既有学术造诣又拥有丰富创业经历的企业人员，如一线创业者、成功企业家等，来担任兼职创业导师。这些资深兼职导师的加入，将极大地丰富创业辅导的内涵，激活生态系统的活力，为学生提供更加贴近实际的指导和建议。

同时，这些导师的实战经验也将为我们的创业辅导课堂带来鲜活的案例和素材，使得创业教育更加生动有趣，提高学生的学习兴趣和参与度。他们的成功故事和失败教训都将成为宝贵的教材，帮助学生更好地理解创业的全过程和挑战。

此外，通过与这些成功人士的亲密接触，福建高职学生们将更容易受到启发和鼓舞，从而增强他们的创业信心和决心。这种信心的提升，对于培养学生的创业精神和能力至关重要。

综上所述，从"能量流转"的要素重构角度出发，我们积极引进校外创业及企业管理专业人士担任创业导师，旨在打造一个充满活力、贴近实际、富有启发性的创业教育环境，为福建高职创业学生提供最优质的辅导和支持。

(三)建立省市两级高职大学生创业导师交流促进机制

我们可以通过创业联盟、创业导师协会开展分享会和沙龙活动，开展地级市域范围的创业辅导交流促进活动。比如：

(1)创业联盟与创业导师协会活动。鼓励福建高职院校通过创业联盟和创业导师协会等平台，定期组织分享会、沙龙活动等，以促进创业辅导经验的交流与分享。这些活动不仅可以加深教师对创业教育的理解，还可以为学生提供更多的实践机会。

（2）地级市域范围的创业辅导交流。在地级市范围内开展创业辅导交流活动,鼓励不同地区的高职院校共同参与,分享各自在创业辅导服务方面的成功案例和实践经验。这有助于形成一个互相学习、共同进步的氛围。

（3）邀请本地创业成功者开展交流讲座。定期邀请本地创业成功者来校分享他们的创业经验和心得,为高职院校创业导师提供更贴近实际的创业实践经验分享。

（四）支持创业导师参与大学生创业并给予优惠政策

为了进一步提升福建省高职院校大学生创业生态系统的活跃度,优化创业辅导师资要素,支持创业导师参与大学生创业,并为此制定一系列优惠政策。这些措施旨在鼓励教师积极带领学生创新创业,促进科技成果和创业计划的产业化。主要措施如下:

1.政策支持

（1）地方立法权限内制定政策。福建省地方政府在符合地方立法权限的前提下,制定相关政策,允许创业导师以对外转让、合作转化、作价入股、自主创业等形式将科技成果和创业计划产业化。这将为创业导师提供更多的创新空间和商业化途径。

（2）税收优惠。对参与大学生创业的创业导师,政府可以给予一定的税收优惠,如减免个人所得税、企业所得税等,降低其创新创业的税务负担。

（3）融资支持。设立创业导师创新创业专项资金,提供贷款担保、贴息贷款等融资支持,帮助创业导师解决创新创业过程中的资金问题。

2.鼓励教师带领学生创新创业

（1）创新创业奖励。设立创新创业奖励机制,对在创业教育中表现突出的创业导师和学生进行表彰和奖励,激励更多的教师和学生参与到创新创业中来。

（2）创新创业实践基地。在高校内建立创新创业实践基地,为创业导师和学生提供实践场所和资源支持,促进理论与实践的结合。

（3）创新创业指导。加强创业导师的创新创业指导能力培训,提升他们在指导学生创新创业方面的专业素养和实践经验。

3.优化创业辅导师资要素

（1）建立创业导师库。通过筛选和培养优秀的创业导师,建立创业导师库,为高校提供优质的创业辅导资源。

（2）加强创业导师之间的交流与合作。组织创业导师之间的交流活动,分享经验和资源,促进合作与共赢。

（3）提升创业导师的社会认可度。通过媒体宣传、成功案例报道等方式,提升创业导师的社会认可度,吸引更多优秀人才加入创业辅导队伍中来。

（五）校内外创业导师携手共推创业能量向大学生汇聚

建议采取以下办法:（1）建立校外导师管理科进行统一管理;（2）实行校外导师按工作时间计酬的方法来加强管理。

针对"创业导师实行专兼结合、校内外结合并逐步向校外导师为主的方向发展"这一策略,我们从"能量输入和流转"的角度进行深入分析:

首先,专兼结合的创业导师队伍有助于实现能量的多元化输入。专职导师通常具有深厚的理论知识和研究能力,能够为创业者提供系统的创业理论知识和方法指导。而兼职导师,尤其是那些具有丰富创业经验和企业管理经验的专业人士,能够带来一线市场的信息和实战经验,为创业者提供更具实际操作性的指导和建议。这种专兼结合的队伍配置,使得创业者能够从多个角度获取能量,有助于他们更全面地了解创业环境和市场动态。

其次,校内外结合的创业导师队伍有助于实现能量的有效流转。校内导师更侧重于理论知识和基本技能的传授,而校外导师则更能帮助学生将理论知识与实际应用相结合,促进能量的有效转化和利用。通过与校外导师的互动和交流,创业者可以更好地了解市场需求和行业趋势,从而调整自己的创业策略和方向。

最后,逐步向校外导师为主的方向发展是为了更好地适应市场动态和行业需求。校外导师通常具有更丰富的实战经验和更广泛的社会资源,他们能够为创业者提供更直接、更实用的指导和帮助。同时,校外导师的加入也能够为创业生态系统注入更多的活力和创新元素,推动生态系统的持续发展和优化。

综上所述,通过实行专兼结合、校内外结合的创业导师队伍并逐步向校外导师为主的方向发展这一策略,可以有效地促进高校大学生创业生态系统的能量输入和流转,并推动生态系统的持续发展和优化。

 创新案例设计 8-2

三明高职院校"创业导师校企共育计划"——促进创业支持
与资源转化为大学生创业者的创业能力与素养

1.背景

三明市,位于福建省的中西部,拥有独特的经济和文化资源。为了充分利用本地的企业资源,并强化创业教育的实践性和实用性,假设三明××高职院校积极创新,决定实施"创业导师校企共育计划"。该计划旨在将创业支持与资源有效地流动到大学生创业者手中,进而转化为他们的创业能力与素养。

2.核心目标

(1)深化校企合作,推动资源共享与优势互补,打破传统教育与市场的隔阂。

(2)切实提升学生的创业实践能力,培养其敏锐的市场洞察力。

(3)打造一个充满活力、紧密联系实际、与时俱进的创业教育生态系统。

3.实施策略

(1)建立稳固的校企合作关系:与三明市内具有创业精神的企业构建长期、稳定的合作关系,确保创业教育与实践的紧密结合。

（2）精心选聘创业导师：从合作的企业中挑选经验丰富、有成功创业案例的企业家和管理精英，担任校外创业导师。

（3）校内外导师协同指导：实施双导师制度，确保每位学生都能得到校内和校外导师的共同指导，从而更好地将理论与实践相结合。

（4）开展实战性创业项目：鼓励学生团队在双导师的引领下，结合企业的真实需求，开展具有实际意义的创业项目。

（5）持续评估与即时反馈：定期对项目进展进行评估，确保项目的顺利进行，同时根据反馈不断调整教学策略，以达到最佳的教学效果。

（6）成果展示与市场推广机会：组织项目成果展示活动，邀请业界专家和投资者参与，为学生提供融资和市场推广的宝贵机会。

4.特色举措

（1）加强导师间的交流与培训：定期组织校内外导师进行经验分享和培训活动，不断提升其创业教育水平和市场敏锐度。

（2）动态更新导师资源库：根据市场和行业的发展变化，及时调整和更新校外导师资源，确保创业教育的时效性和前瞻性。

（3）提供创业资金支持：设立专门的创业基金，对具有市场潜力和创新性的创业项目提供必要的资金支持。

5.期望成效

（1）高职学生能够真正获得贴近市场需求的创业经验和实战能力，为未来的创业之路奠定坚实的基础。

（2）校内导师通过与校外导师的紧密合作，不断提升自身的实践指导能力和市场认知水平。

（3）学院与企业之间建立更为紧密的合作关系，推动产学研的深度融合与发展。

（4）为三明市及更广泛地区培养出更多具备创业精神和创新能力的高素质人才，为地方经济的持续繁荣注入新的活力。

此案例设计的精髓在于,通过加强学校与企业的深度合作,引入具备丰富实战经验的校外创业导师,与校内导师形成有力的互补,共同推动创业教育的深入发展和以大学生创业支持为导向的高职院校大学生创业生态系统的持续优化。这不仅能有效提升学生的创业实战能力,还将进一步加强学院与企业的紧密联系,促进创业教育的持续创新与发展。同时,这种创新的校企创业导师合作模式也将为三明市乃至更广泛地区的高职院校提供有益的参考和借鉴。

五、民办高职院校创业辅导师资培育的差异化发展思路

(一)民办高职院校创业教育的现状与挑战

民办高职院校在创业教育领域面临着诸多挑战。相较于公办学校,它们在教育资源、实践基地、资金投入以及企业合作等方面存在显著差距。这些短板导致创业教育的实践性不足,使得学生在创业道路上缺乏有效的指引和援助。尽管民办高职院校的大学生创业率较高,然而创业项目的质量和持久性却往往不尽如人意。特别是在福建省,一些民办高校的商务和市场营销专业由于专业性不够突出,已经出现供大于求的情况,这进一步加剧了学生的就业压力。

(二)差异化发展思路的提出

为了应对上述困境,民办高职院校可以采取差异化发展的策略,特别是可以考虑将现有的商务和市场营销专业教师转变为专注于培养创新创业人才的创业导师。这一策略旨在通过教师角色的转变和提升,强化学生的创新创业技能,从而提高学生创业项目的质量和成功率。

(三)创业辅导师资的重构与培育

要实现差异化发展,民办高职院校必须重新构建其创业辅导师资体系。

这意味着要大胆地将传统的商务和市场营销专业教师转型为专注于创新创业人才培养的创业导师。这一转变不仅有助于实现院校的差异化发展,还可能成为民办高职院校的一个竞争优势。创业辅导师资体系的重构至关重要,未来这类教师将非常受欢迎。因此,各校应尽早开始培养创业教育所需的师资,甚至可以考虑设立创业辅导专业或转型创建技术师范学院等二级学院。同时,必须为教师的发展路径进行合理规划,以确保创业导师能充分发挥其专业能力和指导作用。通过全面的支持和保障,福建省地方政府可以确保创业导师在创新创业人才培养中起到引领作用。这将极大地提升高职院校大学生创业生态系统的活力和竞争力,从而为地方经济和社会发展培养更多的高质量创新创业人才。

 创新案例设计 8-3

厦门××民办高职院校"校企联合创业导师计划"

1.背景

厦门××民办高职院校为提升创业教育质量,决定采取差异化发展策略,从创业型企业和咨询公司聘请有丰富实践经验的创业导师,以弥补校内教师在实践经验上的不足。

2.计划目标

(1)引入校外实战经验丰富的创业导师,增强创业教育的实践性。

(2)通过校企联合,为学生提供更多真实的创业案例和实践机会。

(3)提升学生的创业项目质量和实战能力。

3.实施步骤

(1)合作企业筛选:与福建省内知名的创业型企业和咨询公司建立合作关系,筛选有意愿且具备丰富创业经验的导师。

(2)导师选拔与培训:从合作企业中选拔具有创业实战经验的企业家和

咨询师,为他们提供短期的教育培训,确保他们能够适应高校的教学环境。

(3)双导师制度:每位校外导师与一位校内教师结对,共同指导学生,实现理论与实践的结合。

(4)实践项目设计:结合企业的实际案例,设计实践项目供学生参与,让学生在实践中学习和成长。

(5)定期评估与反馈:定期对校外导师的教学效果进行评估,并根据学生的反馈进行调整和优化。

(6)成果展示与交流:每学期组织创业项目成果展示会,邀请企业界、教育界人士参与,为学生提供更多的展示与交流机会。

4.预期成果

(1)学生能够接触到更多真实的创业案例和实践机会,提升创业实战能力。

(2)校内教师与校外导师共同合作,提升创业教育的整体水平。

(3)学院与企业建立更紧密的合作关系,为未来的校企合作打下坚实基础。

此案例设计的核心在于通过校企联合,引入具有实战经验的创业导师,与校内教师共同合作,为学生提供更具实践性的创业教育。这不仅有助于提升学生的创业实战能力,还能加强学院与企业的合作关系,为学院的差异化发展提供有力支持。同时,这种校企联合的模式也可以为福建省其他高职院校提供有益的参考和借鉴。

综上所述,通过采取差异化发展策略和重构创业辅导师资体系,民办高职院校将能为学生提供更加优质和实践性强的创业辅导和孵化服务。这将显著提升学生的创新创业能力,进而提高他们的创业成功率和创业质量,不仅有助于学生的个人发展,也将对地方经济和社会发展产生积极影响。

第二节　实践平台要素重构

一、"能量流动"的平台载体生态优化思路

构建高校大学生创业实践基地时,采用基于"能量范式"的三维度高职院校大学生创业生态系统模型,引入"能量流动"的平台载体思路至关重要。这一思路强调"创业资源和支持"应如"能量"般在高职院校大学生创业生态系统中自由流动,确保它们能够最大限度地发挥作用,同时也可能转化为大学生创业者的创业能力与素养。为此,我们需要打造一个开放、包容且互联互通的实践平台要素,使政府、企业、学校和社会等各方资源和"能量"能够顺畅地输入创业生态系统中或者向创业主体"流转"。

从能量输入的角度来看,应该积极争取政府、企业和社会各界的支持,为大学生创业提供资金、技术、市场渠道等多方面的资源。这些资源将作为创业实践基地的"能量输入",为大学生创业提供强大的后盾。

在能量流转方面,需要建立一套有效的机制,确保这些输入的资源和支持措施能够在创业者之间合理流转。这包括建立资源共享平台、促进创业者之间的交流与合作,以及设立创业导师制度,让有经验的创业者或企业家为初创企业提供指导和帮助。

通过"能量流动"的平台载体思路,我们可以构建一个充满活力、高效运转的大学生创业实践基地。这个基地将不仅是一个创业实践的场所,更是一个资源汇聚、思想碰撞、合作共赢的创业生态圈。

二、设置层次分明的创业实践平台基地体系

福建省可以整合学校资源和企业、地方资源,建立校园创业实践基地,新质生产力的发展不仅意味着以科技创新推动产业创新,还意味着大学生创业空间和创业行业面临新机遇、新挑战和新潮流。高职院校要树立全周期培育学生创新创业项目的理念,大力提升学生的自主创新创业能力,为学生模拟创业或者真实创业提供场所和条件,甚至由企业或者创业辅导机构负责大学创业教育实施,充分发挥地方企业的带领、示范作用,建立层次分明的创业实践基地。

在福建省高职院校现有实践平台还比较缺乏的情况下,建议采用以下解决思路:

(一)基础实践层——充分利用校内现有专业设施建立技术型创业实践平台

1.实践平台

这些平台可以依托专业、院系或学校统一建设,为学生提供专业性强、技术含量高的创业实践机会。

2.运行模式

此类平台的运行应避免课程化的模式,采用非课程教育因素的课外科研创业型活动形式,以激发学生的创新精神和创业热情。

3.策略指导

采用灵活方式进行创业实践平台建设,可以以学校为单位建设统一的实践平台,然后将平台进行分割,分专业进行建设;也可以依托专业、院系来建设实践平台;还可以在学校统一实践平台上按照类别进行分类设立实践平台,在专业实验设备基础上建立专业性强的技术型创业实践平台,然后由

学校的创新创业指导机构(创新创业学院、创业指导中心)与设备管理机构统一进行创业实践与实验设备的管理,当然这种平台的运行不宜采用课程化的运行模式,而应该采用非课程教育因素的课外科研创业型活动的形式来展开。

(二)专业实践层——寻求与校外孵化基地、创业型企业合作打造创业实践平台

1.与校外资源合作

这种合作模式可以为学生提供更加真实、贴近市场的创业环境。

2.资源共享与共赢

在与企业的合作中,学校可以提供场地、设施和教学资源,企业则可以提供行业资源、市场渠道和技术支持,实现校企双方的资源共享和合作共赢。

3.实践策略指导

在实施过程中,学校创业实践训练中心与校外孵化基地创业型企业合作,在资金支出、场地选择、管理模式、运作形式、建设规模、应用目标等方面达成共识。企业可以在培养学生创业的过程中对自己的产品进行推广,建立更多的渠道,增加利润;学生可以在创业实践的过程中利用企业的优势更快取得进步,并通过分成等方式从中受益;高校可以在创业指导的过程中进行双师型师资的培养,达到合作共赢的目标。

(三)综合实践层——争取创投企业出资在校内设立校企共用的创业实践平台

1.创投企业设立平台

这种模式可以为学生提供更多的创业资源和资金支持。

2.模拟技术型创业

当平台建设完备后,可以让学生利用创业平台的资源开展模拟技术型

创业,从而提升大学生的创业素养和实践能力。争取创投企业出资在高职院校内设立校企共用的创业实践平台。

3.实践平台设置策略

当平台建设完备后,可以让学生利用创业平台的相应资源开展模拟技术型创业,争取能够让广大的大学生利用这种普惠性平台提升创业素养,让更多的大学生真正地喜欢上创业。当然,这种模式需要在办学质量比较高的高职院校中来推行。

以上案例合作主要是专业实践合作,而创新创业合作模式和内容还偏少,有待加强,也有待福建省高职院校在这方面进行有益的探索。构建一个层次分明的创业实践基地体系,可以为高职院校的大学生提供更加全面、深入的创业实践机会,从而大力提升学生的自主创新创业能力。同时,这种合作模式也有助于促进政府、企业、学校和社会等各方资源的有效整合和能量的流转,推动整个创业生态系统友好度的提升。

三、建立全链条化的创业实践服务综合体

为了全面支持大学生创业,构建一个充满活力的创业生态系统,我们需要打造一个全链条化的创业实践服务综合体。这个综合体将从多个层面为大学生创业提供"能量输入"和"能量流转",确保其持续发展和成功。

理想的实践服务孵化平台是全链条的,能够覆盖创业的全过程。但考虑到福建省各高职院校的经济实力和具体情况,也可以选择适合自己的实践服务孵化平台。以下是我们推荐的四种实践服务孵化平台:

1.创新创业通识性能力培育实践平台

此平台通过丰富多彩的第二课堂活动,让学生将在课堂上学到的理论知识付诸实践,更加形象、生动地消化和吸收。通过如头脑风暴、案例分析等多种方式培养学生的创新思维和创业技能。

2.模拟创业平台

利用各种计算机网络创业培训教学模拟平台和辅助系统来指导学生创业。这种模拟要完整地再现实际创业的流程,结合学生的兴趣和专业背景,重在提升他们对创业的感性认识。

3.创业实训平台

此平台采用校内外相结合的方式开展。建议利用高校现有的专业实训基地、社会实践基地等与相关企业合作,建立多层次的实践平台。创业辅导教师将学生带入真实的企业环境,通过考察商业运行模式和实战模拟,提升学生的创新创业能力和行动力。

4.创业孵化基地(工作坊、工作室)

这是政府或高校为创业者搭建的服务平台。通过提供场地、设备、政策指导等全方位的支持,鼓励大学生组建创业团队,开展实质性的自主创业实践。基地还通过引入企业运行机制,汇聚社会资源,为创业者提供全方位的服务。

除了上述平台外,还可以考虑建立创业孵化咨询平台等,为创业者提供专业的咨询服务。

综上所述,把高职院校的创业实践服务孵化平台建设为全链条的创业实践服务综合体是发展方向,我们要瞄准大学生创业过程的 13 个要素和 3 个维度提供支持和系统优化措施,全链条赋能,"全要素三维度"驱动,为创业者提供友好度高的大学生创业生态系统。通过以上策略的实施,我们可以构建一个全链条化的创业实践服务综合体,为高职院校的大学生创业者提供全方位、多层次的支持和服务。同时,这种综合体也将成为连接政府、企业、学校和社会等各方资源的桥梁和纽带,推动能量在高职院校大学生创业生态系统及其他创业生态系统中的自由流动和高效利用。

四、建构全流程的"个性化"创业辅导机制

目前在福建省高职院校的大学生创业中,个人创业和团队创业都有,个人创业的比例还是比较高的,占 69.3%,但个人创业的失败率也比较高。团队创业就是利用团队成员的知识和技能协调工作、解决问题,达到共同目标的共同体。个人创业企业的成长较为缓慢,且容易因为创业者个人的风险而造成企业破产。此外,风险投资者通常不愿意给个人创业类型的企业投资。现实中,高职院校学生个人创业比例高于本科生,因此对学生个人的全程个性化辅导就显得非常重要。

在组织服务要素上,作为创新创业教育实践平台,要建好校企合作大学生创业实践基地、创业示范基地,在基地里采用新型实践辅导模式,为学生提供全程个性化辅导。这方面工作我们建议采用政府购买服务来实现,从原有的就业创业补助资金支出,把原求职补贴等就业创业补助资金调整部分用于个性化辅导服务。根据我们在高校长期对创业就业补助资金使用的调查发现,这部分资金的使用没有发挥应有作用,比如求职补贴,很多辅导员就是将其发给班干部或者家庭困难的学生,最终成为奖助学金,没有真正起到帮助就业创业的作用。如果将其用于提供创业辅导服务,那么就能够真正用于就业创业支持上。

通过以上措施,可以构建一个充满活力、高效运转的大学生创业生态系统,实现"能量"的有效输入和流转,从而提升高职院校大学生创业的成功率和企业的成长潜力。

五、开设小微企业创业加速器,探索"零成本"创业启动工程

从能量流动促进思路出发,为大学生创业者及企业开设小微企业创业

加速器、探索"零成本"创业启动工程,是一种创新和富有活力的方法。这一举措旨在通过提供必要的资源和支持,降低创业门槛,帮助大学生创业者顺利启动和发展他们的企业。以下是结合能量流动模型的具体实施建议:

（一）加速器规划与建设

能量输入与流转:结合福建省的实际情况,由地市政府、科研院所和高校共同投入资源和专业知识,形成强大的支持网络。

功能区域划分:加速器内设立孵化器、企业加速器和综合服务区,以满足从创业初期到成熟期的不同需求,实现能量的有效流动和转化。

（二）基础设施建设与服务

网络全覆盖:通过三网融合、光纤入室宽带网络和无线网络的全覆盖,确保信息的快速流通,为创业者提供高效的信息交流环境。

智慧园区服务:提供地理信息、社会舆情等智慧服务,帮助创业者更好地把握市场动态和商机,实现能量的高效利用。

（三）"零成本"创业"能量"支持

政府购买服务:通过政府购买服务的方式,为创业者提供一站式创业咨询服务,降低创业初期的行政和财务成本。

资源"能量"共享:提供人力资源服务和IT服务外包项目孵化环境,实现资源的共享和"能量"优化配置,减少创业者的运营成本。

（四）"拎包入驻"模式

能量流动模式快速启动:打造"拎包入驻"的创业环境,提供必要的办公设备和共享空间,使创业者能够迅速投入运营,实现能量的快速转化和利用。

（五）持续支持与发展

培训与辅导:建立长期的培训、导师辅导机制,帮助创业者提升创业能力和企业管理水平,实现企业的快速成长和能量的持续输出。

资源整合:与政府、行业组织、投资机构等建立紧密合作关系,整合各方资源,为创业者提供更多的市场机会和资金支持。

通过以上措施,小微企业创业加速器可以为包括高职院校在内的所有大学生创业者提供一个低成本、高效率的创业平台。这不仅能够降低创业门槛,还能有效促进创业生态系统的健康发展,实现能量的持续流动和转化。

六、创业活动与专业知识相融合,倡导高技术创业项目

高校应充分利用和整合校内外资源,包括技术、资金、人才、市场等,形成一个有机的创业资源网络。这些资源就像创业生态系统中的"能量",通过合理的流动和配置,促进"能量流动",能够为大学生创业提供有力的支持。

(一)构建专创融合的创业实践体系

高校应将创新创业教育与专业教育深度融合,鼓励学生在专业学习中发掘创新创业机会。通过设立创新创业必修课程、实践项目和跨学科选修课程,培养学生的创新创业思维和实践能力。同时,结合社会需求导向,设立专业创新创业大赛,激发学生的创新热情,选拔优秀创业项目。

(二)打造多元化众创空间和孵化基地

高职院校应设立包含工科设计制作、商业协同设计、技术转化和专业设计等工作室的众创空间或孵化基地。这些工作室可以根据学生的不同需求和项目特点提供专业化的指导和支持,帮助学生将专业知识与创业实践相结合,开发出高技术含量的创业项目。学生可以根据需要选择参加其中一个或者多个工作室的孵化。

（三）强化校企合作与资源整合

高校应与企业建立紧密的合作关系，共同开展创新创业教育和项目孵化活动。通过校企合作，学生可以接触到更真实的市场环境和商业实践，提升创业项目的实际应用价值。同时，高校还可以借助企业的资源和经验，为创新创业项目提供更全面的支持和指导。

（四）建立长效的支持机制

为了确保创业生态系统的持续健康发展，高校需要建立长效的支持机制。这包括提供持续的资金支持、导师指导、市场推广等服务，以及建立完善的创业项目评估和反馈机制。通过这些措施，可以及时发现和解决创业过程中遇到的问题，推动创业项目不断向前发展。

通过整合校内外资源、构建专创融合的教育体系、打造多元化众创空间和孵化基地、强化校企合作与资源整合以及建立长效的支持机制等措施，可以为大学生创业提供更加全面和有力的支持。

七、参照"建教合作"模式，与企业共建创业实践基地

我们可以将创业支持措施和资源视为创业生态系统中的"能量"，这些"能量"需要有效地输入高校大学生创业生态系统中，并流转至高职院校大学生创业者的创业企业中，最终转化为他们的创业能力和素养。

（一）建设路径

（1）"建教合作"机制下的创业实践与专业实践并存，采取半工半读方式，学校负责理论教学，创业型、成长型企业负责创业实训培养。

（2）企业与学生订立训练合约，明确双方权利和义务。学生创业辅导期满，由学校发给创业培训合格证书，同时获得专业训练的结业证书。

（3）方式：在学校上课与到企业创业实践交叉进行，时间及轮换方式由

建教合作企业与学校双方具体商定。

（二）案例分析

目前福建省高校已经设立了一定数量的大学生创业实践基地,比如福州市溪源江景观暨象溪源大学生创业实践基地、大学生创业真维斯实践基地等。应该说,创业是一项综合性很强的复杂活动,除了一些必备的理论知识外,对大学生进行创业实践中实际分析处理问题的能力养成非常重要。因此,高职院校在加强创业理论教育的同时,要把重点放在大学生创业实践基地建设上,但目前高职院校的大学生创业实践基地设置比例很低,如有设立的也基本等同于大学生创业实践基地或者等同于大学生创业园,其对大学生创业的推动作用不大,应该探索新的真正可以推动大学生创业的运作模式,对大学生创业意识培训、创业计划培训、校企合作、就业指导等方面有更多实践性活动①。提高大学生的动手能力、实践能力和创新能力,以达到创业者应具备的基本素质。

（三）具体思路

实践平台是创业生态系统实践平台维度的核心要素,也是创业生态系统重要的非课程因素,它在制度体系和组织体系的支持下构成创业非课程生态系统的重要结构,提供实践功能,更是提高创业教育质量的有效途径。从目前大学生创业实践开展的情况看,地方工科专业的学生通过创业教育和培养可以拥有良好的创业意识并具备一定的创业能力,但文科类专业的创业实践很多只是停留在到商业企业中进行体验式顶岗活动,真正意义上的创业实践不多。创业教育从初期的创业意识培养、中期的课程建设再到后期的创业实践,是一个连续而完整的发展过程。没有创业实践的创业教育是失败的创业教育,没有创业实践体系建设的创业生态系统一定是脆弱的,无法对大学生这一创业主体提供强大的支持。

---

① 徐双杰.合肥市大学生创业问题研究[D].合肥:合肥工业大学,2010.

第三节　课程体系要素重构——探索非课程化、模块化的创业辅导模式

我们设计了高职学生认为高校创业教育存在的最主要问题进行了补充调查,其中高职学生认为的五种主要问题如表 8-1 所示。在福建省高职院校创业生态系统的改进中,针对"只注重书本知识"和"缺少创业实践机会"等问题,我们需要从课程体系要素方面进行改革,探索一种非课程化、模块化的创业辅导模式。

表 8-1　高职学生认为学校的创业教育存在的最主要问题

	选　项		缺少创业实践机会	只注重书本知识	辅导创业针对性不强	辅导教师的企业运行管理经验缺乏	师生缺乏互动
人数	创业学生	人数	321	106	210	476	99
		占比/%	26.5	8.7	17.3	39.2	8.2
	在校学生	人数	1351	912	1539	2177	879
		占比/%	19.7	13.3	22.4	31.8	12.8

结合高校大学生创业生态系统理论和能量流动模型,这种模式可以围绕以下几个核心要素进行设计。

一、改进创业辅导方法,提倡 "非课程化"研讨辅导模式

调查发现,17.3％的创业学生、22.4％的在校学生认为"辅导创业针对性不强"。福建省高职院校的创业课程与社会、企业的结合程度很低,创业活动的成效不明显,创业支持效果不显著。当前,多数高职院校创业教师主业

是专业教学、科研任务;如果是辅导员,其主业是学生管理。创业教育教师专职的很少,大多是兼职的,他们更加缺乏创业课程模式创新的积极性,基本采用填鸭式理论传授,对大学生创业难有实质性的指导。因此,需要对高职创业教育的辅导师资要素进行优化。比如,从企业引入实践能力强的创业导师,加强大学生创新精神和创业能力的培养,加强案例教学与实地考察相结合的直观教育,推出一批资源共享的创业慕课、公开创业辅导视频等在线网络资源,将理论与实际相结合。

调查同时发现,26.5%的创业学生、19.7%的在校学生认为创业辅导"缺少创业实践机会",反映出当前福建省高职院校在创新创业教育方面存在的问题,特别是在实践教学环节的缺失。在现有的课程体系中,创新创业课程数量不足,且教学重点偏向理论学习,实践类课程稀少。这种教学结构的不合理导致实践教学的缺乏,以及相应实践教材的缺失。在这种情况下,学生难以从空谈理论中获得实际的创业能力和经验。

为了改善这一状况,我们建议采用"研讨式"的非课程化教学模式。这种模式淡化了传统的创业理论授课,更加强调小组形式的、非课程化的创业研讨。通过小组讨论和研讨,学生可以更深入地理解和探索创业的实际问题。

此外,应辅以启发式的讲座,以激发学生的创新思维和创业灵感。高校应致力于营造一个良好的创新创业环境氛围,这对学生创业精神的培养至关重要。

同时,建议在这样良好的生态氛围中,结合"案例教学"、"实地考察"和"实践模拟"等直观的教学方法来提供创业辅导。这些方法能够让学生更直观地了解创业的全过程,从而在实际操作中提升创业能力。

在这种"研讨式"的非课程化模式中,创业课程已不再是传统的课程或授课模式,而是完全转变为一种研讨模式,更注重实践、互动和深入探索,以更好地培养学生的创新创业能力。

二、提高实践内容比例，尝试"模块化"的实践学习模式

辅导模块内容的设计，围绕创业过程来安排相应的理论内容，更应注重实践课程的安排，培养学生的实际操作能力，即包括战略与商业机会、资源与商业计划、创业企业融资和快速成长等方面，同时，提供相关选修辅导课程，增加针对性和辅导内容的实用性[①]。

基于高职院校大学生创业支持生态系统理论，结合福建实际，从促进各类辅导资源和支持（即"能量"）向大学生创业者流动并通过模块化辅导使之转化为大学生的能力和素养角度来看，提高实践内容比例并尝试"模块化"实践学习模式确实是一种创新且富有成效的教学方法。这种方法的核心理念是根据创业过程的不同阶段和需求，设计具有针对性的辅导模块，同时高度重视理论与实践的结合，以切实培养学生的实际操作能力和创新思维。

福建地区的高职院校在创业教育方面，应当紧密结合当地的经济、文化和社会发展的实际需求。通过实施"模块化"实践学习，学生可以更加系统地掌握创业所需的知识和技能，进而更好地适应福建地区的创业环境，有效利用当地的资源和优势，实现能量形式从"辅导资源"转化为"能力素养"。

在实施"模块化"实践学习的过程中，需要针对不同专业的学生设计差异化的创业实践内容。这要求高职院校不仅提供创业理论课程，还需开发一系列与这些专业紧密结合的创业实践项目。通过案例分析、模拟创业等方式，使学生在深入了解自己专业的同时，也能培养其创业思维和创业能力。建议采用以下思路：

（一）理工农医类专业

理工农医类专业创业辅导课程与经济管理、企业管理的融合。高职院

---

① 谢钢，周陪袤.浅谈构建大学生创业体系[J].商场现代化，2009(6)：375.

校应开发跨学科课程,将经济管理知识融入专业课程中,同时设置创业实践项目,使学生能够在实际操作中理解和应用这些知识。

(二)文史类、法学类、外语类专业

这些专业的创业课程模块,重点在于如何在保持专业特色的基础上,融入创业教育的元素。这要求高职院校不仅提供创业理论课程,还需要开发一系列与各专业紧密结合的创业实践项目。通过案例分析、模拟创业等方式,使学生在深入了解专业的同时,也能培养其创业思维和创业能力。

(三)构建产、学、研、创相结合的教育模式

产、学、研、创相结合的教育模式是提升创业教育效果的重要途径。高职院校需要加强与产业界的合作,建立实习基地和创业孵化平台,为学生提供真实的创业环境和实践机会,同时,鼓励学生积极参与科研项目,不仅能培养其科研素养和创新思维,还能为未来的创业活动奠定坚实基础。

(四)大学生科研计划与创新创业研究的结合

对于技术类专业学生,实施大学生科研计划与创新创业研究相结合的策略至关重要。高职院校应设立专门的科研创新项目,鼓励学生参与教师的科研项目,并为其提供必要的指导和支持。同时,还应积极创造条件,让师生科研成果与创业实践相融合,将科研成果转化为创业项目,进一步推动创业教育的深化发展。

(五)完善创业辅导课程体系和服务机制

在非课程化模式下,高职院校需要建立完善的创业辅导体系和服务机制。同时,还应建立创业信息共享平台,为学生提供最新的行业信息、创业政策等资源,为其创业之路提供有力支持。同时,通过提供全方位的创业辅导服务,促进能量向大学生创业者的流转,帮助学生更好地把握创业机会、规避创业风险,并最终实现从"学生"到"创业者"的顺利转变。

这些举措将有助于推动福建省高职院校创业教育的发展,为培养更多

具有创新精神和实践能力的创业人才提供有力支持。

三、模块选择学生自主，加强创业辅导模块因素重构

在高职院校大学生创业生态系统理论框架下，结合福建高职院校分布和经济水平发展较高的实际，特别是福建高职院校大多数分布在沿海城市、经济发展基础较好、创业氛围浓厚、大学生创业意愿强烈、高职院校大学生创业生态系统持续向好的背景下，针对创业辅导课程的模块选择与重构显得尤为重要。

（一）模块选择与重构原则

1.学生自主选择原则

赋予高职学生选择模块的自主权，根据个人兴趣和创业方向选择相应的课程模块，以提高学生的参与度和增强学习效果。

2.模块化与课程整合

将创业辅导课程划分为多个模块，如创业基础知识、市场营销、财务管理等，便于学生根据需求和兴趣进行选择组合。这种模块化设计能够使课程更加灵活，适应高职学生的不同需求。

3.与区域经济相结合

结合福建特色产业和经济发展特点，设计具有地方特色的创业辅导模块，提高课程的实用性和针对性。创业辅导模块设置的首要步骤是深入研究福建的特色产业。福建以海洋经济、机械制造、电子信息、轻工纺织、文化旅游等为主导产业，每个产业都有其独特的优势和发展潜力。对于高职学生创业者来说，了解这些产业的现状、发展趋势以及未来市场需求是至关重要的。

4.与专业实际相结合

结合福建特色产业还应鼓励高职学生创业者进行商业模式创新。福建

省的高职院校涵盖了多个专业领域,如信息技术、旅游管理、电子商务等。这些专业与福建的特色产业有着紧密的联系。因此,高职学生可以利用其专业知识和技能,在课程模块设置时针对特色产业进行商业模式创新。例如,信息技术专业的学生可以开发针对海洋经济的智能化管理系统,旅游管理专业的学生可以探索旅游资源的共享经济课程模块。

（二）具体模块内容

（1）创业主干辅导模块:包括创业基础知识、创业流程、商业计划书撰写等内容,为创业者提供全面的基础知识支撑。

（2）创业选修模块:根据学生兴趣和专业方向,提供多样化的选修课程,如市场营销、财务管理、法律法规等,以满足不同创业领域的需求。

（3）创业实践模块:组织学生进行创业实践活动,如模拟创业、企业参观、实习实训等,以提升学生的实践能力。

（4）创业经验模块:邀请成功创业者分享经验,提供案例分析,帮助学生积累创业经验,规避创业风险。

（5）创业经营模块:涵盖企业运营、团队管理、市场拓展等内容,帮助学生掌握企业经营管理的核心技能。

（三）配套措施与改革

（1）改革学籍管理制度:为参与创业辅导的学生提供学籍管理的灵活性和便利性,如允许学生在一定期限内暂停学业,专注于创业实践。

（2）改进学生创新创业服务指导:建立专门的创新创业服务指导中心,为学生提供个性化的创新创业指导和咨询服务。

（3）制订创新创业能力自我培养计划:指导学生制订个人创新创业能力自我培养计划,明确学习目标和发展方向。

（4）建立创新创业档案和成绩单:客观记录并量化评价学生参与创新创业模块培养的情况,为学生未来的职业发展提供参考依据。

（5）优先支持参与创新创业的学生：对于在创新创业方面表现突出的学生，提供优先转入相关专业学习的机会，以激励更多学生积极参与创新创业活动。

第四节　组织服务要素重构——建构"创业友好型"创业管理机制

一、探索建立创业就业"友好型"人才培养管理机制

有条件的高校可以成立创新创业学院等校内综合协调机构，负责推进创新创业教育改革。建立以教务部门为主导、创新创业学院和其他院系为主体的创新创业教学体系，在学校层面，构建教务、学工、团委等职能部门和院系协同的创新创业训练与实践体系，成立教学、科研、学生处、团委等相关部门共同参与的独立的创业教育指导中心，健全学工部门、就业创业中心等单位协同的就业创业指导服务体系，完善学工部门、科研部门、就业创业中心、大学创业园、大学科技园等单位协同的创新创业孵化体系。同时，要及时完善创新创业教学管理制度、创新创业学分制，建立并完善跨学科制度等。

二、成立地级市市域范围内跨校大学生创业社团联盟

从"能量"向大学生创业群体流动的角度看，提高创业主体种群的规模和促进生态系统的稳定性是关键。地级市范围内的大学生创业社团联盟能够成为一个重要的平台，将大学生创业者和相关资源链接在一起。

大学生创业社团联盟主要可以开展以下活动：

（一）积极寻求企业支持

通过社团的力量，与企业建立联系，为学生争取创业实践机会，如实习、项目合作等。这不仅可以为学生提供实践经验，还有助于他们建立职业网络。

（二）搭建交流互动平台

为大学生创业者搭建一个基于"能量流动"和"能量转化"的交流平台，让他们可以分享经验、讨论问题、寻求合作。这样的平台有助于促进创业者之间的互动和学习。

（三）组织多样化活动

开展创业沙龙、座谈会、交流会、创业比赛等，以丰富学生的创业知识和经验，激发他们的创新思维和创业热情。

（四）提供信息能量共享

收集和分享与创业相关的市场信息、行业动态、政策解读等，帮助学生更好地了解创业环境和市场趋势，促进"信息能量"在大学生创业种群内的流转。

三、在高职院校广泛推广设立学生"创新创业工作室"

在高职院校中广泛推广设立学生创新创业工作室是一个具有创新性和实效性的举措。这种工作室以学生为主导，不仅为学生提供了一个实践创业理念、交流创新思想的平台，还能有效促进创业生态系统的能量流转，激发学生的创业热情和创造力。

为了充分发挥创新创业工作室的作用，高职院校应当优化工作室的设立与管理。首先，学校可以提供一定的场所和资金支持，确保工作室的基础设施完善,为学生的创业活动创造有利条件。其次,学校应制定明确的管理规定和运作机制,确保工作室的规范运营和资源的有效利用。此外,学校还可以聘请知名企业创始人或高层管理人员担任"创业导师",为学生提供宝贵的创业经验和指导。

创新创业工作室的运作模式也至关重要。学校可以鼓励学生自由组成小组,选择感兴趣的创业项目,并在导师的指导下开展实践活动。通过模拟创业过程、进行市场调研、制订商业计划等,让学生在实践中学习创业知识和技能,培养团队的合作精神和创新意识。同时,学校还可以定期组织创业大赛、项目路演等活动,为学生提供展示和交流的机会,进一步激发他们的创业激情。

综上所述,通过广泛推广设立学生"创业工作室",可以为高职院校大学生创业者提供一个以创业学生为主的交流研讨提升的平台,促进创业生态系统的能量流转。同时,通过优化创业工作室的设立与管理、运作模式以及实施创新创业教育的校园文化战略等措施,可以进一步提升高职院校大学生创业支持生态环境的有效性。

第五节　激励制度要素重构——构建分层分类精准激励制度体系

一、建构思路

从能量流动范式来看,高职院校大学生创业生态系统中激励制度要素的重构,特别是建立分层分类精准激励制度体系,是至关重要的。这一建构思路旨在确保各种资源和支持(即"能量")能够有效地向大学生创业者转化和流动,从而激发各参与主体向大学生创业主体能量流转的积极性。将这些要素视为确保创业能量(资源、支持、机会等)有效、精准地流动到每一个创业学生和创业项目中的关键环节。

(一)分类激励的界定

在福建高职院校的创业生态系统中,分类激励是一个核心概念,它强调的是根据学生的专业背景和创业领域来提供具有针对性的激励措施。这种分类不仅基于学生的学术和专业方向,还紧密结合了地方产业的需求和发展趋势。

首先,对于航海、机械等传统优势专业的学生,他们的专业知识和技能与地方海洋经济和智能制造产业的发展高度相关。因此,为这些学生提供与海洋经济、智能制造等相关的创业项目支持,不仅能够激发他们的创业热情,还能促进相关产业的创新和发展。这种支持可能包括提供特定的创业基金、技术转移服务,或是与相关行业企业的合作机会。

其次,对于旅游、文化等现代服务业专业的学生,福建丰富的文化旅游资源为他们提供了广阔的创业空间。为这些学生提供与福建特色文化旅游相关的创业指导和资源支持,有助于他们将专业知识与地方特色相结合,开发出具有市场竞争力的创业项目。这种支持可能包括文化旅游项目的策划指导、市场推广策略的辅导,或是与地方文化机构的合作机会。

总的来说,分类激励的界定旨在确保激励措施与学生的专业背景和创业领域紧密相连,从而最大限度地发挥他们的专业优势和创新潜能。通过这种方式,不仅能够促进学生的个人成长和创业成功,还能为地方经济的发展和产业的升级提供有力的支持。

(二)分层激励的实施

在福建高职院校大学生创业生态系统中,由于学生们处于不同的创业阶段,他们的需求和成果也各不相同。因此,实施有针对性的分层激励措施对于提高学生的创业积极性至关重要。

对于初创期的高职学生,他们往往缺乏创业经验和资源,需要的是基础性的扶持和引导。针对这一阶段的学生,我们可以提供创业培训课程,帮助他们掌握创业基础知识和技能;同时,提供场地租赁优惠,降低他们的创业成本,从而助力他们平稳度过初创期。

而对于那些已经形成稳定商业模式并展现出良好发展前景的学生项目,我们应给予更高级别的支持和激励。例如,提供资金扶持,帮助他们扩大规模、提升产品品质;进行市场资源对接,协助他们拓展销售渠道、提升品牌影响力。这些措施将有助于推动他们的创业项目向更高层次迈进,进一步激发学生的创业热情和积极性。

通过实施这种有针对性的分层激励措施,我们能够更好地满足福建高职院校大学生创业生态系统中不同学生的需求,有效提高他们的创业积极性,推动整个生态系统的蓬勃发展。

(三)精准激励的落地

在创业生态系统中,精准激励相当于确保能量能够准确、高效地传递到每一个需要它的创业项目和学生。通过建立专门的创业项目评估小组,对每个项目进行细致的分析,福建高职院校可以实现对创业项目的深入了解和评估。这种评估机制类似于生态系统中的能量传递者,它们精确地识别出每个项目或学生的具体需求和优势,从而提供个性化的激励方案。这些方案就是"能量包",确保每个创业者都能获得他们最需要的支持和资源,以推动项目的成长和发展。

(四)制度的持续优化

制度的持续优化是为了保证创业生态系统的能量流动不会受到阻碍,确保激励制度始终保持高效和适应性。通过定期评估和优化激励制度,可以及时发现并解决制度在实施过程中出现的问题和不足。这就像是生态系统中的自我调节机制,通过不断地反馈和调整,保持系统的稳定性和高效性。收集学生和教师的反馈意见,并根据实际情况进行调整和完善,可以确保激励制度始终与学生的需求和创业环境相匹配,从而实现能量的最大效用。

(五)合作与共赢

合作与共赢是推动整个创业生态系统能量流动的重要动力。福建高职院校在建立激励制度时,积极寻求与地方政府、企业和社会组织的合作,这就像是生态系统中的共生关系。通过这种合作,高职院校可以获得更多的外部资源和支持,为师生提供更多优质的创业资源和平台。同时,这种合作也能促进能量的循环和再利用,推动整个创业生态系统的持续发展和繁荣。地方政府、企业和社会组织也能从这种合作中获得相应的回报和利益,形成共赢的局面。

二、校院两级创业分层激励制度

从能量流动的角度来看,建立校院两级创业分层激励制度在福建高职院校大学生创业生态系统中,相当于构建了一个能够有序引导和分配创业能量的机制。这一机制通过合理的奖励和惩罚措施,促进学生创业支持资源能量在系统内的有效流动和积聚,从而推动大学生创业工作的有效开展。

(一)校级激励制度:宏观调控与资源整合

校级创业激励制度在生态系统中扮演着宏观调控的角色。它通过设立全校性的创业奖励基金、创业竞赛、创业实践项目等措施,为所有学生提供一个公平竞争的平台。这些措施相当于在生态系统中注入了初始的创业能量,激发了学生的创业热情和创新思维。

同时,校级制度还负责资源整合,与校外企业、投资机构等建立合作关系,为校内创业项目提供更多的资金、技术和市场支持。这种能量的引入和分配,有助于提升整个创业生态系统的活跃度和可持续性。

（二）院级激励制度:精准支持与个性化培养

院级创业激励制度则更侧重于为本院学生提供精准的支持和个性化的培养方案。各学院根据自己的专业特色和资源优势,制定符合本院学生需求的创业激励政策。这些政策可能包括提供专业导师指导、实验室和设备的使用权、创业课程的开设等。

在能量流动的视角下,院级激励制度相当于在生态系统中建立了多个局部能量中心。这些中心能够根据学生的具体需求和特点,提供定制化的创业能量支持,从而促进学生创业项目的快速成长和成功。

（三）校院奖励与惩罚:平衡与调节

在校院两级创业分层激励制度中,合理的奖励和惩罚措施是平衡和调节创业能量流动的重要手段。奖励能够激励学生更加积极地投身于创业活动,同时也为他们提供了必要的资源和支持;而惩罚则是对那些不积极参与或不负责任的创业行为进行约束和纠正。

通过奖励与惩罚的有机结合,我们可以确保创业生态系统中的能量流动保持在一个健康、有序的状态。这不仅能够提升学生的创业能力和成功率,还能够为整个社会的创新创业发展乃至区域的创业生态系统的优化贡献力量。

 创新案例设计 8-4

福建高职院校校院两级创业分层激励制度

1.背景

为了促进福建高职院校大学生创业实践,构建一个能够有序引导和分配创业能量的机制,我们设计了校院两级创业分层激励制度。该制度旨在通过宏观调控与资源整合、精准支持与个性化培养以及合理的奖励与惩罚措施,推动大学生创业工作的有效开展。

2.校级激励制度实施

设立全校性创业奖励基金:由学校出资设立创业奖励基金,用于支持具有创新性和市场前景的创业项目。通过定期评选,对优秀创业项目给予资金支持。

举办创业竞赛:定期举办全校性的创业竞赛,鼓励学生提交创业计划书或实际创业项目。获胜者可获得创业启动资金、导师指导和市场资源等支持。

资源整合与合作:积极与校外企业、投资机构建立合作关系,为校内创业项目提供资金、技术和市场支持。通过校企合作,推动创业项目的实际落地和市场拓展。

3.院级激励制度实施

提供专业导师指导:各学院根据自身专业特色和资源优势,为学生配备专业导师,提供针对性的创业指导和建议。

开放实验室和设备使用权:鼓励学生利用学院实验室和设备进行创业项目的研发和实践,降低创业成本,提高项目可行性。

开设创业课程:根据学院特色和学生需求,开设相关的创业课程,提升学生的创业理论知识和实践能力。

4.校院奖励与惩罚机制

奖励措施:对于在创业竞赛中获奖、创业项目取得实际成果或获得市场认可的学生,给予物质奖励(如奖金、设备等)和荣誉证书,同时提供进一步的创业支持和资源对接。

惩罚措施:对于不积极参与创业活动、浪费资源或违反创业规定的学生,视情况进行警告、限制使用创业资源或取消创业资格等惩罚。

5.实施步骤与预期效果

实施步骤:首先在校级层面设立创业奖励基金和创业竞赛,整合资源;

随后在院级层面提供专业导师、实验室和创业课程支持;最后建立明确的奖励与惩罚机制,确保制度的有效执行。

预期效果:通过校院两级创业分层激励制度的实施,预期能够激发学生的创业热情和创新思维,提高创业项目的质量和成功率。同时,该制度还有助于培养一批具有创业精神和实践能力的优秀人才,推动福建省高职院校的创新创业教育工作向前发展。

三、教师与学生共同创业的鼓励机制

从创业生态的"能量流动"思路出发,建立教师与学生共同创业的鼓励机制是一种有效促进创业能量流动和转化的方式。

首先,教师与学生的共同创业能够充分发挥双方在创业生态系统中的优势。教师具有深厚的专业知识和丰富的社会经验,而学生则拥有活跃的思维和新颖的想法。当教师与学生的思绪相互碰撞,不仅能够激发学生的创新思维,还能帮助教师将学术研究成果转化为具有市场价值的创业项目。这种能量的交汇与融合,有助于提升整个创业生态系统的活力和创造力。

其次,教师参与共同创业可以有效弥补学生创业经验不足的缺点。在创业过程中,教师需要为学生提供必要的指导和帮助,帮助他们规避风险、解决问题。这种一对一的辅导方式,能够使学生更快地掌握创业的技能和方法,提升他们的创业成功率。同时,教师的参与也能够为学生树立榜样,激励他们更加努力地追求自己的创业梦想。

为了确保这一激励机制的有效执行,建议由学校创业生态维护的主管机构(如创新创业学院或创新创业办公室)来统筹制定具体的激励制度。这些机构具有丰富的创业教育和资源整合经验,能够确保激励制度的合理性和有效性。制度应明确教师与学生共同创业的权益分配、风险承担等关键问题,以保障双方的合法权益。

最后,学校层面的发文确认能够彰显学校对创业教育的重视和支持。这不仅可以形成师生共创业的良好局面,还能进一步提升学校的品牌形象和社会影响力。更重要的是,这种鼓励机制能够激发学生的创业意愿和保护他们的创业行为,为福建高职院校大学生创业生态系统注入更多的活力和创新力量。

综上所述,从能量流动的角度来看,建立教师与学生共同创业的鼓励机制是推动福建高职院校大学生创业生态系统健康发展的重要举措。通过充分发挥教师与学生的优势、弥补学生的经验不足、提供有效的制度保障和彰显学校的信心与责任,我们可以期待这一机制为福建高职院校的创业教育带来新的突破和发展。

四、创新创业奖助学金及学分置换实施细则

创新创业奖学金的设置对于激励大学生创业具有导向作用。高职院校可以逐步设立奖学金池,前期经费可以由学校筹措,后续经费则由学校经费、企业捐赠和校友、基金会捐资等构成。可以设立创新奖学金、创业奖学金和创造奖学金等三个奖项。

在创新创业教育中,对于不能完成基本创新创业学分任务、敷衍了事的学生要在精神方面给予一定的"惩罚"。这里的惩罚一般更多地体现为鞭策,包括批评、通报等鞭策性方式,不可过重,因为创业教育宜以鼓励为主。创新创业学分是学校人才培养方案的重要组成部分,高职院校的学生在校期间必须修完人才培养方案中规定的创新创业学分。我们建议加大对创业学生奖励力度,诸如鼓励在校生休学创业或毕业两年内自主创业的毕业生向学校提交工商行政管理局颁发的《企业法人营业执照》和工商行政管理局备案的《公司章程》或其他有效证明材料,学校根据其创业的性质和规模给予以下奖励:

注册资本在 5 万元以下(含 5 万元)的企业一次性奖励 2000 元,注册资本在 5 万元~20 万元(含 20 万元)之间的企业一次性奖励 3000 元,注册资本在 20 万元以上的企业一次性奖励 5000 元。

除了建立创新创业学分鼓励制度外(包括累积和转换),学校可以为学生提供更多激励机会,包括设立创新创业专项奖金进行奖励。采用企业剩余资金无息借用等灵活形式设立创业基金,并设立奖金回流机制,如果学生创业成功,把奖学金翻倍返回母校再支持下一届学生。

此外,还可以评选"创业之星"等为大学生创业树立学习的典型。这样,高职院校校园创业生态系统氛围就会逐渐浓厚,学校可以借此引导学生增强创业理论应用于实践的能力和社会竞争力,奖励在创新创业创造实践、自主创业方面取得突出成绩或重大突破的个人或集体,进而推动高校强大友好的创业生态系统的形成。

 创新案例设计 8-5

福建高职院校创新创业奖助学金及学分置换实施细则

1.背景

为了激发福建高职院校学生的创新创业热情,培养学生的创业意识和创业能力,我们提出设立创新创业奖助学金及学分置换的实施细则。该细则旨在通过奖励机制,鼓励学生积极参与创新创业活动,并将创业实践与学分挂钩,为学生提供更多的实践机会和动力。

2.主要内容

(1)设立创新创业奖助学金:

设立创新奖学金、创业奖学金和创造奖学金,分别奖励在创新、创业和创造方面取得突出成绩的学生。

奖学金的经费来源包括学校经费、企业捐赠、校友和基金会捐资等。

设立奖学金池,确保奖学金的可持续发放。

(2)创新创业学分置换实施细则:

学生必须在校期间修完规定的创新创业学分才能毕业。

对于不能完成基本创新创业学分任务的学生,给予一定的精神鞭策,如批评、通报等,以鼓励为主。

允许学生通过创新创业实践置换部分学分,具体置换规则根据学校实际情况制定。

(3)休学创业与自主创业奖励:

鼓励在校生休学创业或毕业两年内自主创业,提交相关证明材料后可获得一次性奖励金。

奖励金根据创业性质和规模而定,如个体工商户、不同注册资本的企业等。

创业成功回馈机制:

设立创业基金,采用企业剩余资金无息借用等灵活形式支持学生创业。

若学生创业成功,鼓励其将奖学金翻倍返回母校,以支持下一届学生的创新创业活动。

(4)树立创业典型:

评选"创业之星",为大学生创业树立学习的榜样。

通过宣传典型创业案例,营造浓厚的校园创业氛围。

3.实施步骤

(1)制定详细的实施细则和评选标准。

(2)通过校园宣传、讲座等方式普及创新创业知识和政策。

(3)设立专门的评审委员会,负责奖学金的评选和发放工作。

(4)定期公布获奖名单和创业典型,激励更多学生参与创新创业活动。

(5)跟踪评估政策实施效果,及时调整和完善相关细则。

4.预期效果

(1)提高学生的创新创业意识和能力。

(2)促进校园创业生态系统的形成和发展。

(3)培养一批具有创业精神和实践能力的优秀人才。

(4)推动福建省高职院校的创新创业教育工作向前发展。

第九章　能量流动之政商资源整合实证研究——以泉州为例

第一节　整合思路

在构建大学生创业生态系统的过程中,"能量输入"是维持系统活力和推动创业活动持续发展的关键。对于泉州市管高职院校而言,这种"能量输入"主要体现在政府、学校和商业资源的整合上。

目前我国大多数省、市、县三级地方政府出台了许多扶持政策,但市管高职院校与市、县区地方政府有效对接还做得不够,无法形成合力。课题组选取地级市所属公办高职院校和由地级市管理的民办高职院校为主要研究对象进行分析,在本书中我们称为"市管高职院校(亦可称为市属高职院校、市级高职院校)"。这里的"管"表示"属于地市级地方政府管理",既包括公办的市属高职院校,也包括民办高职院校。课题组以泉州市为例进行调查,泉州市的高职院校在福建省所有地级市中办学规模最大、学生数量最多,区域性的高职学生创业生态系统比较活跃,特征显著,具有较强的研究性和代表性。泉州市高职院校包括泉州医学高等专科学校、泉州幼儿师范高等专科学校、泉州轻工职业学院、泉州海洋职业学院、泉州工艺美术职业学院、泉州经贸职业技术学院、泉州华光职业学院、泉州纺织服装职业学院、泉州工程职业技术学院、泉州职业技术大学、黎明职业大学等 11 所市管高职院校,其中公办高校6所、民办或者企业出资(包括民营企业和国有企业)5所。另有1所由福建省电力公司与福建省教育厅所属的福建省电力职业技术学院,由于泉州市政府对其没有管理权限,暂不列入我们的研究范畴。

市管高职院校包括绝大多数民办高职院校和市属公办高职院校。这里的市管公办高职院校是指由地市级财政为主拨款的市管高职院校,其中大多不是以科研为办学定位的,在行政级别上属于副厅级单位,但在很多大型企业和省级行业协会眼里其整体实力偏低。这一类高职院校毕业生参与创业的积极性与研究型高校、省部属高校和地级市属本科高校相比相对较高。但由于多方面原因,市管高职院校的创业生态系统"友好度"很低,大学生创业数量比高但质量低,成功率低于研究型高校(包括省部属高校)和地级市属本科高校大学生。创业支持在不少高职院校还是更多体现在理论辅导上,目前市管高职院校自身建立的孵化基地为数也不多,而且这些孵化基地由于市管高职院校对企业化运作不熟悉等原因,现实运作中受益面较窄,对大学生创业的引领和推进作用很低,无法满足高职学生日益增强的创业意愿的需要。

下面,我们就构建新型的市管高职院校大学生创业系统"能量输入"之政商资源整合策略提出了可行性改革策略并进行一定的实践探索。

第二节　现状调查与分析

21世纪是知识经济时代,知识创新和驱动经济发展成为主导。在这一背景下,大学生创业教育不仅被视为缓解就业压力的重要途径,更是推动教育改革和经济发展的重要力量。泉州市作为福建省的重要城市,其市管高职院校在大学生创业生态系统建设方面具有一定的代表性。然而,受多种因素影响,泉州市管高职院校在大学生创业生态系统建设方面仍面临诸多挑战。

一、现状分析与挑战识别

在能量流动范式重构理论下,泉州市管高职院校在大学生创业生态系统建设方面存在诸多挑战。这些高职院校由于科研实力、大学生创造力、社会影响力等方面的不足,整体实力普遍低于中央部属和省属普通高校,同时也弱于省属高职院校。尽管如此,它们也在努力适应和响应国家对高职教育的政策导向,以期在能量流动的生态系统中找到自身的定位和发展路径。

(一)科研实力与大学生创造力

福建省大多数市管高职院校在科研实力方面相对较弱,这在一定程度上限制了其在大学生创业教育方面的发展。由于缺乏高水平的科研成果和师资力量,这些高校在培养学生的创新能力、创业精神等方面存在不足。

(二)社会影响力与能量资源获取

由于整体实力相对较低,泉州市管高职院校在社会影响力、资源获取等方面也处于不利地位。这导致其在吸引大型企业、校友等资源方面存在困难,难以形成有力的创业教育支持体系。

(三)资金困境与生态优化投入

资金问题是制约泉州市管高职院校大学生创业生态系统建设的关键因素。公办高职院校的资金来源相对有保障,但受限于招生数和财政拨款机制,其资金规模有限。而民办高职院校则面临更大的资金压力,随着本科院校的扩招,其财政盈余能力下降,对创业教育的投入普遍偏低。尽管2019年国家实施了高职院校扩招政策,使资金困难有所缓解,但整体来说,资金问题仍然是制约其发展的一个重要因素。

(四)政策环境与创业氛围

尽管国家对高职院校实施扩招政策,并在一定程度上缓解了资金困难,但泉州市管高职院校仍面临着政策环境和创业氛围的制约。政策扶持力度不足、创业文化氛围不浓厚等问题限制了大学生创业生态系统的健康发展。

总之,泉州市管高职院校在大学生创业生态系统建设方面仍面临诸多挑战,在应用型转型背景下,市管高职院校更应当承担起推动创业教育发展的历史使命,不断探索新的创业教育模式,建设良好的创新创业生态系统。

二、调查数据与结果研判

创业生态系统优化是一项复杂的系统工程,高职院校的创业教育和创业激励等方面目前还存在许多不足。

(1)目前泉州大多数的市、县区地方政府对大学生创业都出台了一系列措施和政策,主要由人力资源和社会保障局(或公务员局)牵头,多部门、多单位联动,声势浩大,但市级高职院校的创业教育与地方政府的创业资助服务资源、当地企业的主动对接普遍不多,特别是县区地方政府与市管高职院校由于互不隶属,虽然都在大学生创业方面做了一定的工作,但基本没有互通,市管高职院校的创业教育主动与驻地地方政府创业服务资源对接并吸引其提前介入得不到重视。

(2)真正由地方政府牵头建立在市管高职院校校内的大学生创业孵化园区、辅导中心还比较少。市管高职院校大学生的创新创业教育工作是一项系统化工程,它不仅仅是市管高职院校的任务,也是整个社会需要积极响应并参与的系统工程,单靠市管高职院校有限、单向的创业生态支持维度难以支撑,成效也不够显著。而且市管高职院校开展创业辅导的能力本身也偏弱。以上原因造成市管高职院校对大学生创业能力提升的推动效果普遍不理想,大学生创业基本处于自发状态。

(3)泉州市管高职院校加强大学生创业孵化在内的创业实践已经迫在眉睫。

在泉州,泉州幼高专在校企合作开展创业基地方面做了一定的探索,比如引入合作企业新建咖啡吧生产性实训基地、体育生产性综合实训基地,学校紧密结合二孩政策、学前教育普及率、早教市场扩容率等拓宽学生创业面,以民办幼儿园、培育机构、儿童用品商业、幼儿心理辅导等产业创业模式为大学生创业目标项目,加强校企合作,并把大学生学习成果转化纳入创业教育体系中,取得了一定的成效。不足之处在于校企合作实践平台主要还是侧重于社会实践和体验方面,在创业孵化和创业模拟、创业实践上做得还是不够,还没有实现真正意义上的"孵化"。此外,高职院校与企业开展创业辅导合作的深度不够,这不利于大学生创业比例和质量的双提高[①]。

因此,市管高职院校的创业教育如能主动对接市县区的政商资源,与市县区地方政府的创业公共服务体系进行紧密对接,就能够促进大学生创业生态系统有效发展并形成相对省部属高校的独特生态优势。课题组将深入探索市管高职院校整合和利用地方政商资源推行大学生创业教育的机制,探索利用校地各种资源共同推进创业教育发展的创新策略。

三、系统重构与优化意义

向高校大学生创业生态系统进行能量输入,以及向高职院校大学生创业者及其创业企业进行能量流转,是维持和推动该生态系统持续发展的关键。而在这个过程中,"能量流转"成了一个核心要素,不仅仅是资源的流动,更是创新与创业活力的传递。

在福建,泉州作为发达沿海地区的地级市,2023年全市地区生产总值已经到达1.22万亿元,但全市地方一般公共预算收入只有580.79亿元,市本

---

① 苏松能,苏世彬.浅析泉州幼儿师范高等专科学校"三加一"创业教育模式的实施路径[J].创新与创业教育,2017,8(6):112-114.

级财政可支配投入还是不足,教育投入还是比较困难,而高职院校数量又居全省第一,因此,作为高等教育的重要组成部分,11所泉州管高职院校的办学实力和财政来源与省部属高校还是存在较大差距。

在泉州市这样的经济发达、产业优势明显的地区,高职院校作为培养实践应用型人才的主力军,与当地产业及民营企业的紧密结合不可或缺。构建一个独特的、区别于普通高校的校地协同创业生态系统,对于高职院校的个性化成长和地方经济的持续发展均具有显著的推动作用。

(一)从能量流动的角度来看,泉州市的校地协同创业生态系统在"能量输入"与"能量流动"方面展现出卓越的效率

该系统通过整合政府、民营企业、行业协会等多元化资源,为高职院校在校大学生及毕业创业者提供了包括资金扶持、技术转移及市场开拓在内的全方位支持。这种支持不仅促进了创新创业活动的蓬勃发展,更实现了能量的高效流动——这不仅仅是物质资源的简单传递,更是对创新与创业文化的深度培育与广泛传播。

(二)泉州市的民营企业众多,且实力雄厚,这为高职院校的创业者提供了丰富的实践机会与市场空间

通过与地方产业的深度融合,高职院校能够更精准地把握市场动态,进而调整其教育教学内容,培育出更多满足地方产业发展需求的高素质技能型人才。这种与地方产业的紧密结合,不仅有助于高职院校塑造独特的办学特色,更能够推动其个性化发展。

(三)这种校地协同的创业生态系统还对泉州市的经济创新发展产生了积极的推动作用

高职院校所具备的科研实力与创新能力,为地方产业提供了强大的技术支持与智力保障,推动了产业的升级转型。同时,高职院校培育出的创业人才及孵化出的创业企业,为泉州市的经济注入了新的活力,成为推动经济

增长的重要引擎。

（四）系统重构思路使高职院校能够充分利用泉州市产业优势和民营企业资源，凸显其职业教育特色并实现差异化发展

在促进高职院校个性化发展方面，通过与地方企业及行业的深度合作与交流，高职院校得以根据市场需求调整其教育教学内容，从而培育出更多满足社会需求的高素质技能型人才。

（五）在推动地方经济发展方面，此生态系统有效地促进了高职院校的科研成果及创新能力与泉州市经济发展战略的深度融合

通过加速科技成果的转化与应用、为大学生创业提供全方位的扶持与孵化服务以及吸引更多的外部投资和优质资源等措施，该系统为泉州市经济的持续繁荣与发展注入了新的动力。这种校地协同的创业生态系统不仅有助于高职院校的个性化发展和人才培养质量的提升，更为泉州市的经济创新发展提供了有力支撑。

第三节 政商资源整合导向的重构路径

一、地方政府主导、校企合作的共享式创业实训平台构建

（一）泉州高职院校创业实训平台建设现状

为进一步提高政府支持大学生创业工作的实效，建议以高校所在市级行业协会及龙头企业为依托，引导高校大学生创业意愿与校区周边的区域优势经济相协调，校企合作建立共享的创业实训平台是发展趋势。通过我们的调查发现，目前的高职院校创业实训平台建设存在以下弊端：

（1）泉州的高职院校已经在企业建设了一批创业实训平台,但效果不理想,把创业实践基地与专业实践基地、创业实践平台与专业实践平台混在一起,大多数的创业实践基地其实是专业实践基地,创业实践平台其实是专业实践平台,难以支持大学生开展创业实践或者创业模拟,更无法为大学生创业提供指导。创业从某种意义上说是指发现、创造和利用商业机会,组合生产要素并创造价值,创立自己的事业,以获得商业成功的过程或活动。这种挂名的创业实训平台无法为大学生实现、创造和利用商业机会,组合生产要素提供指导。泉州市大学生创业促进会（以下简称"大促会"）与顺丰丰泰共同打造"泉州市大学生创业就业实训基地",还建有泉州市大学生创业孵化实践基地（永春青创园）,为电子商务行业培养急需的人才,也为广大高职院校大学生在内的大学生提供"无风险、零投资"的电子商务创业机遇,为泉州市大学生提供优秀的创业就业实训平台①。但这个平台目前规模还是比较小,还无法开展普惠式创业实践实训。

（2）创业指导团队没有建立。最佳的创业导师团队是高校创业教师及专业教师与企业的创业导师联合、专兼结合的指导团队。

（3）专业实习与创业实践缺乏融合。教育部发文要求从2016年起所有高校都要设置创新创业教育课程,面向所有学生开设创新创业必修课和选修课,纳入学分管理,但我们调查泉州高职院校的实际执行情况,发现效果不佳。泉州大部分高职院校已不同程度地开展了创新创业教育,但没有将其列为必修课单独课程的,也没有与专业教育有机结合形成完整的教育教学体系,更没有将其纳入专业人才培养方案,而仅仅作为大学生就业指导范围内一两章的教学内容或是大学生第二课堂教育的一部分开设选修课,更没有上升到创业生态系统建设的高度去看待这一问题。在创业生态系统还

---

① 张跃良.搭平台促创业:泉州市大学生创业促进会获当地政府点赞[EB/OL].(2019-10-12)[2023-04-25].http://www.cinn.cn/p/218619.html.

不够健全的情况下,创新创业实践与专业实践如何结合始终处于探索中。

(4)创业导师职业发展存在严重的瓶颈,学校内部的职称晋升空间有限。

由于存在以上弊端,高职院校大学生创业的实践平台很少,严重限制了福建省高职院校大学生创业生态系统的优化。因此我们有必要发挥市管高职院校的地方优势,依托地方政府去协调企业创建各种校外创业实践基地,推动市管高职院校与市域行业协会、龙头企业建立大学生创业教育的协同合作机制,推动高校—政府—行业协会(龙头企业)三位一体的"学政会""学政企"合作的大学生创业教育新格局。开发探究性、递进式实训模式,引导学生开展模拟实训或校外企业经营实训,提升学生的创新创业能力和行动力,将创新创业实践推进到更高阶的层级[①]。

(二)重构路径建议

在大学生创业生态系统构建中,能量输入是至关重要的环节。这种能量不仅指物质资源和政策支持,更包括政策、资金、技术、市场信息等关键能量形式。而创业辅导、创业实践和创业培训则可能把"创业支持"的能量形式转化为创业高职学生身上的"创业能力及素养"。针对泉州市的高职院校,我们可以从地方政府和校企合作的角度出发,提出一种以"能量流转"为导向的政商资源整合重构策略,这里的"能量流转"包括能量流动和能量转化。

1.挖掘专业实践中的创新创业资源

根据我们的考察,目前泉州高职院校的专业实践、实习基地建设相对已经比较完备,高职院校可以以原有专业实践、实习基地为基础,挖掘专业实践中蕴含的创新创业资源,选择一批适合学生进行创业体验的专业实践、实习基地调整为创业实践基地,并进行创新,将创业实践与专业实习有机地结

① 沈洁.促进高校创新创业教育与专业教育紧密结合的实践困境与对策[J].青年时代,2019(13):34-39.

合在一起。

2.校企共建创业实践平台(创业实验室)

根据专业特点,选择电子商务或者创业成长型企业等,在校内或者企业内建设创业实践平台(创业实验室),高校要在合作前期建立校企合作共赢机制,吸引校外企业参加,保证校企合作的创业实践项目尽可能贴近实际创业过程,拓宽训练创业技能的范畴。

3.整合多学科专业实践资源

尝试对现有多学科专业实践资源和实践平台进行整合,重构出具有学科特色的创新创业实践平台。

目前泉州各高职院校已经初步建立一定数量的专业实验室、实践设备和实践平台,学校可以对已经分散建设完毕、隶属不同二级管理的院系的专业实验室资源和教学资源进行梳理,在不改变现有用途的前提下对这些实践教学设备资源进行重组,协调多方共同参与创业实践平台建设,建设成面向多学科、跨专业的创新创业实践平台。平台由于隶属不同二级管理单位,管理机制需要创新,在学校教学、科研、实验室等行政管理部门的指导下,探索合适的管理、运作机制,建立相对独立的管理机构。在实践使用安排上,整合优化资源配置,建立实践教学与创新创业实践的联系,推进"专业实践支持创新创业实践、创新创业实践反哺专业实践"的机制。专业实践与创业实践交叉进行,实现对教学实验室、学科科研平台和创新创业实践平台使用的统一规划、统一建设和统一管理。设施及硬件管理与维修、后勤服务实现统一管理,保证参与共享的专业实验室硬件资源向创新创业实践全面开放。通过灵活机制,将学校专业的实验设备、顶级的学术大师、前沿的科学研究成果等最优质的教育资源整合在一起,构建双赢共享、资源优化、运作高效的创新创业与专业实践共用平台,为高职学生自主学习、自主实践和创新创业活动等创造条件。同时,这些条件的建立也为工程创新合作项目课程的开发提供了资源保障和人力保障。

4.利用商业资源建立创业实践基地

这些具有专业特色的专业实践设备可以进行整合,建立以专业创业实践为核心的创业孵化平台,比如商务管理、市场管理等一些电脑软件和设施,可以整合为模拟创业实践平台,让高职学生进行网上模拟创业。再比如,医学健康管理,学校可以开放学校的一些店面和资源让学生进行健康管理创业经营体验。

这方面泉州医学高等专科学校做了一定的有益探索,该校投入390万元与相关行业企业共同建设了美容美甲中心、爱牙屋、月嫂培训中心、中医理疗馆、中药生活馆、健康管理中心等创新创业基地。其中,提供健康信息采集、风险评估、教育咨询的健康管理中心由检验预防学院建设,开展针对小儿推拿保健师、母婴保健师、月嫂的培训中心由护理学院牵头建设,提供药膳药茶、药皂香囊、中药煎煮、用药咨询、中药制备等项目服务的中药生活馆由药学院牵头建设。这些创新创业基地面向全校在校高职学生开放,通过引导学生体验创业过程,参与这些商业体的管理和运营,拓展了学校的第二课堂领域。这些创业实践基地也是专业实践基地、社会实践基地,体现了专业实践与创业实践的深度融合,营造了浓厚的创新创业氛围,活跃了高校创业支持生态环境,并鼓励全校师生申请专利、孵化项目,使全校师生在各级各类创新创业大赛中脱颖而出,取得良好的育人成效①。当然这种模式也存在一点不足,那就是参与面比较窄。

综上所述,通过地方政府主导的资源整合和校企合作建设共享式创业实训平台,我们可以有效地向高校大学生创业生态系统进行能量输入。这不仅有助于提升高职院校的创业教育水平,还能促进地方经济的持续繁荣和发展。

---

① 张君琳,陈娇娥.泉州医高专打造"双创"平台助力学生"破茧成蝶"[N].侨乡科技报,2019-04-25.

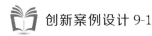 **创新案例设计 9-1**

地方政府主导、校企合作的共享式创业实训平台构建
——以泉州工程职业技术学院和九牧卫浴集团为假定案例

1.项目背景与能量流动理念

为了响应国家关于创新创业的号召,并有效地将政府、高校和企业的资源链接起来,我们提出了以能量流动为核心的创业实训平台构建思路。这意味着我们将各种资源、知识和资金视为"能量",通过平台的构建和运营,使这些"能量"在政府、高校和企业之间自由、高效地流动,从而推动大学生创业生态系统的持续发展和繁荣。

2.平台建设与能量流动

(1)政府主导,注入初始能量

泉州工程职业技术学院和九牧卫浴集团都位于泉州市的县级市南安市,便于协调和建设共享实训平台。泉州市政府作为主导者,南安市政府作为牵头单位,为平台注入初始的"能量"。

①资金与政策支持:政府提供资金支持,这是平台建设的原始动力。同时,通过税收优惠等政策,鼓励更多企业参与,形成更广泛的能量流动网络。

②法规与制度保障:政府出台相关政策,确保平台运营的合法性和规范性,为能量流动提供稳定的法律环境。

(2)校企合作,促进能量交换与增值

泉州工程职业技术学院与九牧卫浴集团的合作为平台带来了丰富的知识和技术资源。

①知识与技术流动:高校提供先进的研发成果和技术知识,企业则贡献其实践经验和市场洞察。这种知识与技术的流动不仅丰富了平台的内容,还促进了双方的创新与发展。

②人才流动与培养:高校学生和教师可以在企业实习、研究,而企业员

工也可以进入高校深造或参与研究项目。这种人才流动为平台注入了新的活力。

（3）共享资源，扩大能量辐射范围

通过共享技术、市场和人才资源，平台不仅促进了校企之间的深度合作，还扩大了其能量辐射范围，吸引了更多的外部资源和合作伙伴。

3.能量流动的持续与循环

为了确保能量流动的持续性和良性循环，我们建立以下机制：

（1）反馈机制：收集政府、高校和企业在合作过程中的意见和建议，不断优化能量流动的路径和效率。

（2）激励机制：设立奖励制度，鼓励在平台上取得优秀成果的团队和个人，进一步激发能量流动的动力。

（3）评估与调整机制：定期对平台的运营成果进行评估，根据评估结果及时调整能量流动的策略和方向，确保流动的持续性和有效性。

4.实施效果与展望

通过以能量流动为核心的创业实训平台的构建与运营，我们成功地促进了政府、高校和企业之间的深度合作与资源共享。展望未来，我们将继续优化能量流动的路径和效率，推动平台向更高层次、更广领域发展。同时，我们也期待更多的合作伙伴加入这一能量流动网络，共同推动泉州工程职业技术学院的大学生创业生态系统的优化和发展。

二、二级院系与县区优势产业深度合作，主动寻求"能量输入"

泉州市管高职院校与其所在县区的优势产业之间的深度合作显得尤为重要。这种合作不仅能为大学生创业生态系统注入新的"能量"，还能促进高职院校大学生创业者的创业企业进行"能量流转"。特别是当高职院校与县区（包括县级市）同属于一个地级市管辖时，这种地域性的紧密联系为双方的合作提供了得天独厚的条件。

市管高职院校包括其二级学院或系,可以选择不同县区甚至发达的乡镇、街道的优势产业进行创业教育的深度合作,由县(市)区有效整合集聚所在地的社会资源和企业资源,强化高校与县市区政府部门、行业企业和社会机构的对接,鼓励各地、各类行业协会和企业定期发布创新创业项目指南,推动形成高校、政府、企业、社会共同参与并良性互动的县市区区域参与高职院校大学生创新创业生态系统建构机制。与高职院校共同建设具有县区地方产业特色的若干创新创业创新平台,基于创业生态系统共生演化的合作模式会因为地缘相近而较为容易推进。

为了更好地适应社会经济发展需求,市管高职院校必须建立政校企协同育人机制,并加强大学生创业生态系统非课程体系因素的重构。这不仅是高职院校实现差异化发展的必经之路,也是提高大学生创业成功率和质量的重要途径。

县区的人力资源和社会保障部门也应该对支持大学生创业的政策进行整合,寻找适合市管高职院校专业需要的重点创业行业进行扶持,优化产业领域和学科布局,建立县区企业与市管高职院校的院系合作机制,共建大学生创新创业实践及孵化中心,作为主要源头活水,建立由创新创业培育项目、创新创业实训项目和创业实践项目构成的三层递进的项目开发体系,以解决孵化项目来源单一和质量偏低的问题[①]。力争在优势特色领域建成几个具有县区影响力的创新创业平台,孵化出一批拥有自主知识产权或创新性的大学生新创企业。

---

① 韩德伟,王振龙,关丽霞.农业高职院校创新创业项目开发与管理的实践探索——以辽宁农业职业技术学院为例[J].科技经济导刊,2019,27(34):1-4.

创新案例设计 9-2

"南安智造·创未来"大学生创业共生计划

1.背景介绍

南安市作为泉州市下辖的一个县级市,是全国百强县市,拥有独特的产业优势,如石材、水暖、鞋服等产业。为了充分利用这些产业优势,并结合福建高职院校的教育资源,我们团队设计了"南安智造·创未来"大学生创业共生计划,旨在通过深度合作,促进大学生创业实践,同时推动南安优势产业的发展。

2.核心思路

从能量流动的角度出发,我们将南安市的产业优势转化为大学生创业的"能量源",通过与高职院校的机械工程及自动化、智能制造、技术装备及石材加工方面的二级院系深度合作,将这些"能量"注入大学生创业生态系统中,同时促进能量的流转和增值。

3.实施步骤

(1)产业对接与教育融合

南安市政府与高职院校签署合作协议,明确双方的合作内容和目标。

高职院校的机械工程及自动化、智能制造、技术装备及石材加工方面的二级院系与南安市的优势产业进行对接,了解产业需求和发展趋势。

根据产业需求,高职院校调整课程设置,增加与南安产业相关的课程和实训内容。

(2)共建创新创业实践平台

在南安市优势产业集中区域,如石材产业园区、机械制造、水暖卫浴产业园区等,设立大学生创新创业实践基地。

实践基地提供创业培训、项目孵化、市场推广等服务,同时作为高职院校学生的实训场所。

（3）政校企三方联动

南安市政府提供政策支持,如创业补贴、税收优惠等,鼓励大学生创业。

企业提供实习岗位、技术指导和市场渠道,帮助大学生创业项目落地。

高职院校提供人才培养、科研支持和项目孵化服务,推动创业项目的成长。

（4）三层递进项目开发体系

创新创业培育项目:针对有创业意愿的学生,提供创业意识培养和初步的商业计划指导。

创新创业实训项目:对已有创业想法的学生,帮助他们进行商业模式的验证和优化。

创业实践项目:对已经成熟的项目进行市场推广和运营支持。

（5）成果展示与市场推广

定期在南安市举办大学生创新创业大赛,展示和推广优秀的创业项目。

利用南安市政府和企业的资源,为创业项目提供市场拓展的机会。

4.预期成效

（1）提升高职院校学生的创新创业能力,培养一批具有市场竞争力的创业人才。

（2）促进南安市优势产业的发展,形成产教融合、校企合作的良性循环。

（3）为南安市的经济发展注入新的活力,推动创新创业文化的普及和深入。

此创新案例充分利用南安市的产业优势和高职院校的教育资源,通过政校企三方联动和深度合作,打造具有地方特色的创新创业生态系统。这不仅为大学生创业提供了全方位的支持和服务,也为南安市的产业发展注入了新的动力。

三、挖掘地方特色创业文化资源，优化创业生态系统"友好度"

泉州市的高职院校在推动大学生创业方面，可以深入挖掘所在地的创业文化资源，以此强化创业氛围，并优化大学生创业支持生态系统的"友好度"。不同的地市因为历史地理不同而形成不同的地方文化内涵，作为地级市一般包括少量的本科高校、若干所专科高校和若干所民办高校，市属高职院校有责任、有优势对本市的地方文化核心精神、要素进行整合，这也符合市管高职院校办学深耕地方、对接地方产业的办学思路。

每个地区的地域文化中都会包含有利于激发大学生创业的人文因素，都有自己独特的历史传统、文化理念、创业精神，这些是所在地高职院校文化的源泉，也是一所学校办学特色之所在，这就需要所在地高职院校去挖掘并推动其成为大学生创业的区域性文化因素和资源[2]。

结合泉州实际，高职院校大学生创业教育应当深入挖掘并融合泉州丰富的文化资源。泉州，作为海上丝绸之路的起点，拥有深厚的历史文化底蕴和独特的闽南文化特色。这里不仅有众多的历史遗迹，如开元寺、清净寺等，还有丰富多彩的民间艺术，如提线木偶、梨园戏等。因此，泉州高职院校在创业教育过程中，应当将这些独特的文化元素融入其中。同时，泉州高职院校还可以在大学生创业园和特色专业创业园中融入闽南文化和闽商文化，开拓新型产业开发和创业之路，拓宽高职院校学生的创业范围。

从"能量流动"的视角来看，创业生态系统如同一个充满活力和交互性的网络。在这个网络中，知识、技能、资金、人才、市场机遇等资源和要素持续流动，共同为大学生创业提供滋养与推动力。基于这一理论框架，我们从"挖掘地方特色创业文化资源，优化创业生态系统'友好度'"的方法入手，对泉州市高职院校如何结合地方文化推动大学生创业生态系统优化提出如下建议。

（一）深入挖掘与整合闽南特色及海丝文化资源

泉州，作为闽南文化的发源地之一和海上丝绸之路的起点，拥有丰富的历史文化遗产和深厚的商业传统。高职院校应深入探索这些独特的文化资源，如闽南建筑艺术、传统工艺、民俗节庆等，将这些元素融入创业教育和实践中。例如，可以开设相关课程，引导学生思考如何将这些文化资源转化为具有市场潜力的创业项目。

（二）营造融合闽南特色的创业氛围

在泉州的创业园和特色专业创业园中，可以巧妙地融入闽南红砖文化、石雕艺术等元素，营造出富有地方特色的创业环境。同时，定期举办以闽南文化为主题的创业讲座、创业大赛等活动，激发学生对闽南文化的热爱和创业激情。

例如，某高职院校的创业园中设立了一个以闽南建筑为灵感的创客空间，学生们在这个充满闽南风情的环境中交流创意、碰撞思想，不少富有闽南特色的创业项目应运而生，如结合闽南剪纸艺术的文创产品、以闽南美食为主题的创意餐饮等。

（三）构建全方位、友好的创业支持生态系统

泉州市的高职院校应与社会各界紧密合作，共同为学生提供项目策划、资金筹集、市场开拓等全方位的支持和服务。这种合作模式有助于将学生的创业构想转化为切实可行的商业计划，并推动其落地实施。

例如，小李是某高职院校的学生，他提出了一个结合闽南文化和现代科技的创业项目——开发一款以闽南文化为主题的 AR 互动游戏。在学校、政府和企业的共同支持下，小李成功筹集到了启动资金，并得到了专业团队的技术指导。最终，他的项目在市场上取得了不俗的成绩。

（四）融合闽南文化实施创业教育

高职院校应将闽南文化与创业教育紧密结合，设计出融合地方文化元

素的课程和活动,不仅可以帮助学生深入了解闽南文化的内涵和价值,还能培养他们的创新思维和创业能力。

例如,某高职院校开设了一门名为"闽南文化与创业实践"的课程。在这门课程中,学生们不仅学习了闽南文化的历史和传统,还通过实地考察、案例分析等方式,探讨了如何将闽南文化元素融入创业项目中。课程结束后,不少学生表示受益匪浅,对创业有了更深刻的认识。

综上所述,通过深入挖掘闽南特色文化资源、营造具有地方特色的创业氛围、构建全方位的支持生态系统和融合闽南文化实施创业教育等措施,泉州市的高职院校可以全面推动大学生创业生态系统的优化升级。这将有助于激发学生的创业热情、提升他们的创业能力,并为闽南文化的传承和发展注入新的活力。

 创新案例设计 9-3

闽南茶文化创业项目——茶韵生活

小张,一个对闽南茶文化有着深厚感情的高职院校学生,决定将这种文化情感转化为创业动力。他创立了"茶韵生活"品牌,旨在传承和弘扬闽南茶文化。

小张深入研究了闽南乌龙茶的制作技艺,并结合现代消费者的口味和需求,研制出多款融合传统与现代元素的茶饮产品。为了打造独具特色的品牌形象,他还设计了富含闽南文化元素的茶具和茶叶包装,既体现了传统文化的韵味,又符合现代审美。

通过线上线下的营销推广,"茶韵生活"迅速在年轻消费群体中崭露头角。小张还定期举办茶艺表演和茶文化讲座,让更多的人了解和喜爱闽南茶文化。

这个项目不仅展现了小张对闽南茶文化的热爱和传承之心,更体现了他将文化资源转化为商业价值的创业智慧。

 创新案例设计 9-4

"泉韵"手工艺品创业计划

1.创业项目设计

项目名称:泉韵手工艺品

项目理念:传承和发扬泉州传统手工艺,打造具有地方特色的文化品牌。

项目内容:

(1)挖掘和整理泉州传统手工艺,如木偶制作、剪纸、刺绣等。

(2)设计和制作融合泉州文化元素的手工艺品,如将开元寺、清净寺等泉州标志性建筑融入产品设计。

(3)通过线上线下相结合的方式销售和推广产品,打造"泉韵"品牌。

2.实施过程

(1)组织学生走访泉州各地的手工艺人,学习传统手工艺制作技艺,并提炼相关的文化元素。

(2)在校园内开设手工艺制作课程,邀请泉州本地的手工艺人进校指导,培养学生的手工艺制作技能。

(3)组织学生进行手工艺品设计和制作,鼓励他们将所学的技艺和提炼的文化元素融入产品中。

(4)通过校园电商平台和社交媒体进行产品推广和销售,同时组织线下文化活动,如手工艺品展览、文化讲座等,提升品牌影响力。

3.文化价值体现

在整个创业过程中,学生不仅能够学习到泉州的传统手工艺制作技艺,还能深入了解泉州的文化历史和民俗风情。通过设计和制作融合泉州文化元素的手工艺品,学生能够更好地传承和发扬泉州的文化特色。同时,通过创业实践,学生还能学习到先进的管理理念和市场营销策略,为未来的自主创业打下坚实的基础。

总之,"泉韵"创业计划旨在通过结合泉州的文化实际,为高职院校大学生提供一个具有地方特色的文化创业平台。通过挖掘和整理泉州的传统手工艺,设计和制作融合文化元素的手工艺品,并通过线上线下相结合的方式推广和销售产品,打造具有泉州特色的文化品牌。这不仅能够增强学生的文化素养和创业能力,还能为泉州的文化传承和发展贡献力量。

四、借助企业资源建立创业导师团队,优化辅导支持要素

结合高校大学生创业生态系统理论和能量流动模型,结合泉州市社会经济发展情况和高职院校分布特点,我们提出如图 9-1 所示的实施路径,旨在优化泉州高职院校大学生创业生态系统,实现能量的有效输入与流转。

(一)建立泉州市大学生创业导师人才库

泉州是民营经济大市,民营经济呈现出"七八九九九"的特征,即贡献约七成的税收、八成的 GDP,以及九成的研发投入、城镇就业和企业数。2023年,泉州市地区民营经济占比排在全国 24 个万亿 GDP 城市首位。因此,我们建议由泉州市人力资源和社会保障局、教育局、工信局和泉州市企业与企业家联合会一起构建高职院校主要来自民营企业的大学生创业导师人才库。创业导师人才库面向泉州市内各民营企业,广泛开展创业导师选聘培育工作。按照择优选拔、动态管理原则,通过民营企业择优推荐、统筹评选和专家考核等多种途径和方式,建立创业导师人才库,为泉州市高职院校大学生创业提供辅导和孵化导师联盟,进而逐步扩大至其他本科高校。

(二)开展创业导师辅导能力提升培训

由泉州市人力资源和社会保障局牵头,教育局、工信局和泉州市企业与

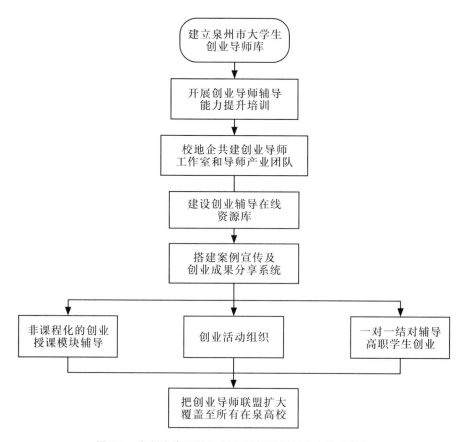

图 9-1　泉州市高职院校创业导师联盟创建实施路径图

企业家联合会配合,开展大学生创业导师辅导能力提升政府公益培训,培训资金从政府创业孵化基地建设资金列支,主要进行创业咨询、创业培训、项目论证、融资辅导、信息服务、企业诊断等方面指导,帮助民营企业中的大学生创业导师提高创业辅导(包括课程教学)能力,提高民营企业大学生创业导师队伍整体的载体管理、基础服务、项目辅导、创业服务的能力,能够从容地为泉州高职院校大学生创业者提供共享式的辅导和孵化导师服务。

(三)校地企共建创业导师工作室和创业导师产业团队

　　为了提升创业导师联盟的素质和工作针对性,加强创新创业教学骨干教师和教学团队的培养培育,发挥优秀创业导师的引领、辐射和带动作用,我们要在泉州高职院校的共享式创业导师联盟里设立一批创业导师工作室。工作室可以分别设置在高职院校或者企业中,启动经费由市财政从创业孵化基地建设经费列支。如果设置在企业里,可以让企业支持建设经费,设置在高校则由高校支持建设经费,市财政提供补助经费,实现高校、地方政府和企业三方共建创业导师工作室和创业导师产业团队的目标,发挥来自企业优秀创业导师的创业管理经验优势和来自高校创业导师的理论引领、辐射和带动优势,构建一批高校创业导师骨干队伍,校地企共建共同指导大学生创业工作。

(四)依托校园网资源共享平台,建立创业辅导在线资源库

创业辅导在线资源库包括三方面内容:创业导师培训管理平台、创业项目辅导资源库和在线慕课系统。通过高校校园网和政府信息网,建立创业导师培训服务管理平台创业辅导项目资源库,通过开发、征集、购买等多种方式和途径,逐步建立创业培训服务信息化平台,为共享式创业辅导服务提供线上资源,供泉州市所有高职院校创业导师和学生免费共享使用。

(五)搭建案例宣传及成果分享系统

从"能量流动"的视角来看,搭建案例宣传及成果分享系统是推动创业生态系统中正能量流动的关键环节。这一系统不仅为创业者提供了一个展示和交流的平台,更重要的是,它通过宣传成功案例和分享创业成果,将成功的创业经验和智慧转化为可流动、可借鉴的能量,注入整个创业生态系统中。

为了充分发挥这一系统的作用,我们可以采取多种措施。首先,对编写出版创业导师指导学生成功创业的案例集等介绍创业导师培育工程成效的出版物给予相应的资助。这不仅可以鼓励更多的创业导师和学生分享他们的创业经历和成功经验,还能促进这些经验在更广泛的范围内传播和应用。

以泉州某高职学院在校大学生小张的创业故事为例,他在校期间便开始了自己的创业之路,通过结合所学专业知识,成功创办了一家专注于本土特色手工艺品的电商平台。这一成功案例不仅证明了大学生创业的潜力和能力,也为其他有志于创业的同学提供了宝贵的经验。通过搭建案例宣传及成果分享系统,我们可以将小张的故事以及更多类似的成功案例进行广泛宣传,让这股正能量在创业生态系统中流动起来。

其次,我们应该认真总结创业导师培育的优秀经验和成果,及时将这些有益的经验通过各类媒体进行宣传报道。这不仅可以扩大创业导师培育工作的影响力,提高社会对创业教育的认知度和认可度,还能吸引更多的社会资源和支持加入创业教育的行列中来。

在这个系统中,每一个成功案例和创业成果的分享都是一次能量的释放和传递。这些正能量不仅激励着更多的年轻人勇于尝试、敢于创新,也为整个社会的创业氛围注入了新的活力和动力。因此,搭建案例宣传及成果分享系统是推动大学生创业生态系统持续优化和发展的重要举措之一。

通过这种方式,我们可以构建一个充满活力、开放共享的创业生态环境,让每一个创业者都能在这个平台上找到自己的定位和发展方向,同时也为社会的繁荣和发展贡献自己的力量。

(六)开展创业辅导和结对辅导服务

(1)开展全员式的创业课程辅导教学,兼任4～6节创业课程,同时在课程教学中推行基于创业生态系统优化的"模块化""非课程化"的辅导式授课,"模块化""非课程化"的辅导式授课已经基本上颠覆原有的课程教学,成为高职院校创业生态系统非课程因素体系的组成部分。

(2)促成具有创业意愿的大学生与导师结对,深入推进创业辅导孵化工作的开展,原则上每位导师结对不少于4～6名有创业意愿的学生或者正在创业学生。结对辅导时要注意:加强项目对接服务,指导优质大学生创业项目入驻各级孵化基地,有针对性地帮助孵化成长;指导和帮助大学生创业项目申报创业扶持资金,为创业项目对接区域股权市场、扩大融资提供便利。通过结对活动的开展,构建创业导师实践能力与学生创业能力双提升的良性互动机制。

(3)协助学校创业工作室、创新创业学院等创业管理机构组织创新创业活动。

从泉州高职院校创业导师联盟的角度上,则要通过开设专门窗口,定期组织高职院校大学生和泉州高职院校创业导师联盟企业导师的交流活动,让企业导师在创业实践、模拟创业、创业大赛和创客平台建设等方面提供帮助;在电子商务、对外网络销售等合适的创业项目上,组织创业公益训练营活动,为高职院校大学生们搭建起一个提升创新创业工作水平、促进相互交流、推动能力提升的平台。

(七)联盟参与学校扩大至在泉所有高校

可以在第二个三年计划时把泉州高职院校创业导师联盟参与学校扩大至泉州的所有高校,包括泉州师范学院、仰恩大学、闽南理工学院、闽南科技学院、泉州信息工程学院、福建省电力职业技术学院(该校属于省教育厅与省电力公司所属,可以根据本校意愿选择是否在第一个三年计划里参与)、华侨大学(该校属于中央统战部所属,可以根据其意愿选择自愿参加),并将名称改为"泉州高校创业导师联盟"。同时,增加创业导师数量、提高创业导师质量,把福建省大学生创业孵化基地(泉州)等泉州市域内的创业孵化基地纳入统一管理,实施大学生创业孵化辅导的一条龙服务,实施大学生创业孵化辅导的全社会化共享式模式,真正建构全域式的区域大学生创业生态系统,促进泉州大学生创业生态系统向更高阶发展。

综上所述,通过以上实施路径,我们可以有效优化泉州高职院校大学生创业生态系统,促进创业支持和资源"能量"向创业高职学生种群有效流动,提升高职学生创业者的创业能力和成功率,推动泉州地区大学生创新创业的发展。

 创新案例设计 9-5

泉州创业导师联盟·能量传递计划

1.背景与目标

泉州市作为民营经济大市,拥有丰富的企业资源和成功的创业案例。为了充分利用这些资源,并结合泉州高职院校的教育资源,我们设计了"泉州创业导师联盟·能量传递计划",旨在通过优化辅导支持要素,为大学生创业提供全方位、多层次的辅导和支持。

2.核心思路

借助企业资源建立创业导师团队,通过政府、高校、企业三方的深度合作,实现能量的有效传递和增值。以创业导师为媒介,将成功的创业经验和资源转化为大学生创业的"能量源",注入大学生创业生态系统中。

3.实施步骤

(1)建立创业导师人才库

①由泉州市人力资源和社会保障局、教育局、工信局和泉州市企业与企业家联合会共同构建高职院校主要来自民营企业的大学生创业导师人才库。

②通过民营企业择优推荐、统筹评选和专家考核等多种途径和方式,建立创业导师人才库。

(2)开展创业导师辅导能力提升培训

①由政府部门牵头,开展大学生创业导师辅导能力提升政府公益培训。

②培训内容包括创业咨询、创业培训、项目论证、融资辅导等,提高民营企业大学生创业导师的辅导能力。

（3）设立创业导师工作室和产业团队

①在泉州高职院校或企业中设立创业导师工作室，实现高校、地方政府和企业三方共建。

②发挥企业优秀创业导师的管理经验优势和高校创业导师的理论引领作用，共同指导大学生创业工作。

（4）建立创业辅导在线资源库

①依托校园网资源共享平台，建立创业辅导在线资源库。

②资源库包括创业导师培训管理平台、创业项目辅导资源库和在线慕课系统，供泉州市所有高职院校创业导师和学生免费共享使用。

（5）搭建案例宣传及成果分享系统

①通过编辑出版创业导师指导学生成功创业的案例集等方式，宣传成功案例和分享创业成果。

②认真总结创业导师培育的优秀经验和成果，通过媒体进行宣传报道，扩大影响力。

（6）开展全员式创业课程辅导和结对辅导服务

①创业导师兼任创业课程教师，推行"模块化""非课程化"的辅导式授课。

②开展结对辅导服务，每位导师结对不少于4～6名有创业意愿或正在创业的学生，提供有针对性的帮助和孵化成长支持。

（7）扩大联盟参与范围

①在计划的后期阶段，将泉州高职院校创业导师联盟扩大至在泉所有高校，包括本科高校和职业院校。

②纳入更多创业孵化基地，实施大学生创业孵化辅导的全社会化共享式模式，构建全域式的区域大学生创业生态系统。

4.预期成效

（1）提升高职院校学生的创新创业能力，培养一批具有市场竞争力的创业人才。

（2）促进泉州市大学生创业生态系统的优化和发展，形成产教融合、校企合作的良性循环。

（3）为泉州市的经济发展注入新的活力，推动创新创业文化的普及和深入。

此创新案例充分利用泉州市的产业优势和高职院校的教育资源，通过政府、高校、企业的深度合作和创业导师团队的建立，为大学生创业提供全方位的支持和服务。这不仅有助于提高大学生的创业成功率和质量，也将为泉州市的产业发展注入了新的动力。

当然，以上创新案例是原则性思路，在推广前还需要进行充分调研并征求高职院校、企业及主管教育部门的意见后再确定详细的实施方案。

五、积极推动"整合政商资源支持创业生态系统优化"政策落地

结合高校大学生创业生态系统理论和能量流动模型，泉州高职院校在推动地级市政府实现"整合政商资源支持高校开展创业生态系统优化"政策落地的过程中，不仅依赖于市、县政府的支持与引导，同时也需要积极发挥自身的主观能动性。

（一）高职院校与地方政府、企业共同发力优化创业生态环境

及时向泉州市政府提出整合政商资源开展创业教育的建议报告，由泉州市教育局和人力资源局联合提出方案，以纳入市、县区的改革发展规划和人才培养支持体系。这将营造出校地齐抓共管、协作推进的局面，进而打造市级区域内校内外紧密结合的高校创新创业支持机制。

（二）县市政府构建具有地方特色的县区大学生创业辅导体系

考虑到泉州市地处东部沿海，所辖的县市经济实力和社会发展程度相

对较高,泉州市政府应鼓励和支持县市构建具有地方特色的县级大学生创业辅导体系。例如,全国百强县市中福建有七个县(市)上榜,其中泉州就有五个,分别为晋江市(第5位)、南安市(第20位)惠安县(第27位)、石狮市(第33位)、安溪县(第81位)[①]。可以依托晋江市、石狮市、南安市、安溪和惠安县等经济社会发展水平较高的县市,率先建立县区级创业导师联盟工作室或孵化基地,为大学生创业提供实质性的支持和指导。

1.构建县区级大学生创业辅导体系的必要性

随着经济的发展和产业结构的升级,创业已成为推动区域经济发展的重要力量。大学生作为创业的主力军,其创业活动对于激发市场活力、促进就业和创新具有重要意义。因此,构建具有地方特色的县区级大学生创业培养体系,对于提升大学生的创业能力、推动县市经济发展具有十分重要的作用。

2.构建县区级大学生创业辅导体系的策略

依托经济实力较强的县市建立创业导师联盟工作室或孵化基地。例如,在晋江市、南安市、惠安县等经济社会发展水平较高的县市,可以利用其丰富的资源和优势,建立县区级创业导师联盟工作室或孵化基地。这些机构可以为大学生创业提供实质性的支持和指导,帮助他们更好地了解市场、规划创业路径、解决创业过程中遇到的问题。

3.鼓励市管高职院校与有条件的企业共建创业教育的教研室或相应的孵化机构

这种校企合作模式将有助于将创业教育理论与实践相结合,让学生在实践中学习和成长。同时,企业也可以借此机会发现和培养潜在的创业人才,实现校企共赢。

以市管工业园区为依托,加快构建地方创业教育的示范推广体系。通

① 赛迪顾问.中国县域经济百强研究[R].北京:赛迪顾问,2023-07-25.

过打造地级市与市属高校共建的创新创业成果推广平台、创客培养平台和创业交流论坛等,可以形成一个多元化、互动性强的创业教育网络。这将有助于推广成功的创业经验和案例,激发更多大学生的创业热情和创新思维。

4.政府、高校和企业的角色与责任

政府在构建县区级大学生创业培养体系中应发挥引导作用,提供政策支持和资金扶持;高校应转变办学理念,深入研究市场趋势和导向,了解地方经济发展现状,并充分利用政商资源来推动创业生态系统的优化;企业应积极参与校企合作,为大学生创业提供实践机会和资源支持。

通过政府、高校和企业的共同努力和协作,可以推动泉州市高职院校创业生态系统的持续优化和发展。这将有助于充分发挥各自的优势和资源,促进能量向高职大学生的流转,为高职大学生乃至其他层次大学生创业提供更加有利的环境和友好度高的高校大学生创业生态系统。展望未来,随着政策的不断完善和资源的持续投入,泉州市的县区级大学生创业培养体系将更加成熟和完善,为区域经济的持续发展和创新提供源源不断的动力。

第十章 结论与展望

第一节 研究结论

经过深入的研究和探讨,我们深刻认识到大学生创业工作的推进需要课程教育因素与非课程教育因素并驾齐驱,二者缺一不可。本书聚焦于非课程教育因素对高职院校创业支持维度及大学生创业生态系统优化的重要性,创新性地提出了高校大学生创业生态系统学校创业支持维度的非课程因素体系概念。

大学生创业工作的推进需要课程教育因素与非课程教育因素共同发力,才能切实推动大学生创业工作迈入新的阶段。我们在本书首次提出高校大学生创业生态系统学校创业支持维度非课程因素体系要素的概念,首次基于"能量范式"(包括能量输入和能量流转)提出了我们的高校大学生创业生态系统模型,这样大学生创业生态系统优化和重构思路主要是两方面:一是外部"能量输入"策略;二是高职院校大学生创业支持生态维度优化策略。然后根据能量范式创业生态系统模型理论确认地方政府是高职院校大学生创业生态系统"能量输入"的责任主体,因此,高职院校大学生创业生态系统具有高校和地方政府"双责任主体",高校是"系统维护建构责任主体",地方政府是"能量输入和服务体系建构主导责任主体",双责任主体与高校大学生创业生态系统"城校共生"的特性相吻合。我们主要进行地方政府在高职院校大学生创业生态系统建设中"能量输入"主导作用发挥的调查,从高校创业支持维度、政府创业支持维度、社会环境支持维度三方面进行分析,重点反思福建省高职院校创业生态系统学校创业支持维度非课程因素体系存在的问题。

本书研究方向实现了从以"创业教育"为核心的"创业教育生态系统"提法向以"创业支持"为核心的"大学生创业生态系统"提法的转变,体现了大学生创业教育推进工作从"加强创业教育导向"向"加强创业支持导向"的思路转变。

本书提出了进行福建省高职院校大学生创业生态系统重构的三条重构路径策略:(1)地方政府发挥在政府创业支持生态维度和社会创业环境维度中的主导作用策略;(2)"能量流转"创业服务体系重构策略;(3)"能量流转"导向的学校创业支持生态维度的要素优化策略。

本书还以泉州市高职院校为例,对高职院校如何整合政商资源提升创业生态系统友好度进行了研究,提出了改革策略。

因此,本书对如何充分发挥高校支持大学生创业的非课程因素的作用,提升高职院校创业生态系统的"友好度",进而推动大学生创业水平的提升具有重要意义。重点紧扣三个因素:"地方政府"、"能量范式"(包括能量输入和能量流转)、"非课程因素"。

第二节 研究展望

当然,本书的研究仅仅是一个开头,本书初稿完成于2021年11月,因为涉及比较多数据、审核时间比较长,出版于2024年上半年,但不影响专著体系和理论的正确性,这些将在笔者后续的书中进行补充和完善。今后还有很多方面的工作要做,"非课程因素""能量范式"概念的内涵和外延还需要进一步厘清,它所蕴含的研究趋势势必引发高校创业教育及支持生态系统研究的一系列观念、人才培养模式的变化,理论模型还需要进一步完善,这不仅将对现行的高职院校创业生态系统构建提出严峻的挑战,也预示着未来中国高校创业教育必将在不断变革中发展。

后续研究将致力于理顺包括非课程因素体系在内的各种支持因素及体系的关系,提升地方政府在社会创业环境维度体系上的"引导"作用,发挥在政府创业支持生态维度优化的"主体"责任,促进外部"能量"向生态系统内部的"输入",促进"能量"在创业主体与参与主体之间的"流转",优化非课程因素体系,努力建立友好强大的高职院校大学生创业生态系统。通过这样的努力,我们期望各种支持因素、环境因素、要素和维度能够持续优化,形成合力,推动福建省高职院校大学生创业生态系统友好度持续提升,大学生创业工作在质和量上实现明显的提升,并迎来质的飞跃。

后　记

　　随着本书的完成,一段漫长而丰硕的学术旅程也告一段落。本书不仅是全国教育科学"十三五"规划教育部重点课题的项目成果,更是我20多年来对创业领域深入研究的结晶。从立项到最终完稿,前后历时数年,初稿成于2021年,后又历经两年的修改与完善,其中的艰辛与收获,都化为了本书的厚重。

　　在此,我要特别感谢我的合作伙伴和团队成员。方坪珍作为课题组的第一合作者,她的贡献无法用言语表达。这本书的完成还得益于一批有志于创业生态系统研究与实践的闽台两地的教育界同人的帮助,同时还要感谢华南师范大学赴台湾地区交流的硕士生王紫一同学。

　　此外,我还要衷心感谢那些在我们调查过程中提供无私帮助和支持的高职院校相关部门及人员。没有他们的协助,我们无法收集到如此全面和准确的数据。同时,本书的出版要特别感谢厦门大学出版社编辑江珏玙老师细致严谨的编审、专业耐心的修改,以及学校科研处、社科中心的大力支持和帮助。也要感谢高雄科技大学的俞克维、梁财春,贵州盛华职业学院的练卜鸣,泉州医高专的陈志艺,黎明职业大学的余大杭、张建鹏,漳州职业学院的李金莲,华侨大学的陈宏斌,泉州职业大学的傅志雄,华光职业学院的庄友辉、石东龙等人,他们的专业知识和独特见解为本书增添了不少亮点。

　　在本书的写作过程中,我还得到了许多政府机构和协会的帮助,包括团省委有关部门以及多个乡镇政府和行业协会。他们的支持和协助,使得本书的内容更加充实和具有实践价值。

同时，我要向所有为本书提供过帮助的学者、专家和行业同人表示衷心的感谢。他们的宝贵意见和建议，使得本书更加严谨和完善。在本书即将付梓之际，我怀着无比感激的心情，向所有评审专家和参考文献的作者们表示崇高的敬意。他们的辛勤工作和无私奉献，为本书的出版奠定了坚实的基础。

然而，学无止境。我深知本书还有许多不足和需要改进的地方，这将在我们下一步的研究中得到修正和完善。我期待着与更多的学者、专家和同行进行深入的交流和合作，共同推动创业研究领域的发展。

最后，我要感谢我的家人和朋友们。他们的支持和鼓励，是我走过这段学术旅程的强大动力。

洪少春

2023 年 12 月于泉州南安高盖山